安全管理者
選任時研修テキスト

中央労働災害防止協会

はじめに

　労働災害は、長期的には減少傾向にあるものの、毎年 900 人を超える労働者の尊い命が失われています。休業 4 日以上の被災者数は 12 万人前後で推移していますが、転倒災害の増加傾向等もあり、ここ数年必ずしも減少していません。また、第三次産業においては労働災害の発生件数が増加傾向にあります。

　こういった中で、事業場の実態に応じた安全管理を的確に進めるためには、そのキーパーソンである安全管理者の力量に負うところが大きいものとなります。かつて、安全の確保に必要な知識、経験、安全技術力の伝承の不足が指摘され、それを補うためにも、安全管理者の選任要件として、学歴と実務経験に加え、平成 18 年 10 月 1 日から、安全管理者選任時研修を修了していることが必要となりました。そのため、安全管理者の転勤、異動等により、安全管理者が未選任の状態とならないようにするためには、本研修修了者を複数人確保しておくことが望まれます。

　本書は、「労働安全衛生規則第 5 条第 1 号の規定に基づき厚生労働大臣が定める研修」を定める告示に基づいた教材として、必要な知識を分かりやすくまとめたものです。

　今回の改訂は、最新の法令に基づく内容の見直し、新たな指針の掲載、統計情報の更新、労働安全衛生マネジメントシステムの国際規格化等安全をめぐる新しい動向の紹介等を中心に行いました。

　本書が、安全管理者をはじめ広く関係者に活用され労働災害の防止に大いに役立つことを期待いたします。

令和 2 年 2 月

中央労働災害防止協会

安全管理者選任時研修の科目・範囲・時間

（「労働安全衛生規則第5条第1号の規定に基づき厚生労働大臣が定める研修」（平成18年2月16日　厚生労働省告示第24号）および「労働安全衛生規則第5条第1号の厚生労働大臣が定める研修に係る具体的事項について」（平成18年2月24日　基発第0224004号）より）

科　　目	範　　囲	時間
安全管理	・企業経営と安全 ・安全管理者の役割と職務 ・総合的な安全衛生管理の進め方 ・安全活動 ・労働災害の原因の調査と再発防止対策	3.0
事業場における安全衛生の水準の向上を図ることを目的として事業者が一連の過程を定めて行う自主的活動（危険性又は有害性等の調査及びその結果に基づき講ずる措置を含む。）	・危険性又は有害性等の調査及びその結果に基づき講ずる措置 ・労働安全衛生マネジメントシステム	3.0
安全教育	・安全教育の実施計画の作成 ・安全教育の方法 ・作業標準の作成と周知	1.5
関係法令	・労働安全関係法令（労働者派遣事業の適正な運営の確保及び派遣労働者の就業条件の整備に関する法律（昭和60年法律第88号）の関係条文を含む。）	1.5

上記の科目について、それぞれ右欄の時間以上行われるものであること。

なお、講師の要件等については、上記の告示および通達に定められている。

目　次

目　次

目　次

第1章
安全管理

この章で学ぶ主な事項

- ☐ 企業経営と安全
- ☐ 安全管理体制
- ☐ 安全管理者の役割・職務
- ☐ 総合的な安全衛生管理の進め方
- ☐ 安全活動
- ☐ 労働災害の原因の調査と再発防止対策

1　企業経営と安全

　産業安全の目的は、「働く人がその日の仕事についた身体の状態のままでその日の仕事を終える」ことにある。生活の糧を得るために働いている途中で、負傷したり、尊い命を失うことは、本人にとっても、家族にとっても、職場の仲間にとっても、大きな悲しみであり、不幸なことである。事業場においてすべての人が安全で安心して働ける職場環境を整備することは、人の生命を守るという人道的理念を実現することでもある。安全管理は、これらを実現するための具体的な活動の展開である。

　一方、企業は営利団体であることから、企業の存続と繁栄を求めて経営を行うために少しでも多くの利益を得るように事業活動や生産管理を行うが、事故災害の発生は生産（企業等が行う各種経済活動）や仕事の能率を阻害し、場合によっては企業経営を脅かしかねないものである。安全管理は、これらの事故災害の発生の防止を図るものであり、企業経営にも大きなプラスになるものといえる。

　さらに、企業の社会的な責任（CSR）の面からも、従業員の安全の確保は、非常に重要である。大きな事故災害が発生した企業に対する世論の批判や責任追及は厳しく、安全確保は「企業内の次元」から「社会次元」へとその重要性が高まっており、安全管理の着実な推進は、企業の社会的な信用を高めるものとなる。

【参考】CSR（企業の社会的責任）：企業は、社会的公正や環境などへの配慮を組み込み、労働者、投資家、地域社会など企業と何らかの利害関係を有する主体（ステークホルダー）に対して責任ある行動をとるとともに、説明責任を果たしていく必要がある。この考え方は、「企業の社会的責任」（CSR：Corporate Social Responsibility）と呼ばれ、欧米では企業が社会的責任を果たしているかどうかを基準に投資する社会的責任投資（SRI：Socially Responsible Investment）と呼ばれる投資活動が普及している。ステークホルダーには、労働者、投資家、地域社会のほか、顧客、株主、取引先金融機関、政府なども含まれ、これらに対する企業の社会的責任は、法令の遵守、社会的規範の遵守、収益の獲得と納税、株主利益の保護、情報開示、環境への配慮、社員の家庭生活との両立への配慮、社会活動への関与など多岐にわたっており、労働における安全衛生も重要な事項となっているが、このCSRの国際規格が、平成22年11月にISO 26000として発行された。わが国においても、日本語に翻訳され、JIS Z 26000「社会的責任に関する手引」として平成24年3月に制定された。

(1)　安全と生産

　産業安全の重要性は、総論としてコンセンサスが得られているが、現実の作業現場では、安全活動が定着しているとはいえない状態も見受けられる。その原因のひとつとしては、経営者の安全活動に対する姿勢の弱さがあげられるが、これは、「安全と生産は両立しない」、「安全は収益につながらない費用」と決めつけている経営トップがいるためでもあろう。

ア　安全と生産は両立する

　災害の根本的原因は、マネジメントの欠陥にあるが、直接的には機械設備や作業方法に問題（不安全な状態、不安全な行動）があることによる。この不安全な状態（不安全状態）や不安全な行動（不安全行動）を是正して、ムダ、ムラ、ムリ（3ム）を少なくしていくことは、災害の防止のみならず、生産能率や品質の向上にも好ましいことであり、安全管理と生産管理は表裏一体で「安全なくして生産なし」と言える。1906年、アメリカのU.S.スチール社（当時の世界最大の製鋼会社）のゲーリー社長が「安全第一、品質第二、生産第三」を社是として、これを全社に徹底したところ、災害が減少したことのみならず、生産も従来以上に伸び、製品の品質もまた著しく向上したという事実がこのことを証明している。多くの事業場で「安全第一」の標語を掲げているが、品質も第一、生産も第一となっていて、その位置付けが曖昧になっている。ゲーリー社長のように「安全第一」の次の「第二」、「第三」も明らかにすることが必要である。

イ　安全経費は必要経費である

　機械設備などの改善には経費が必要であるが、その改善によって安全性の向上のみならず生産能率も向上する。すなわち、安全投資は働く人の企業への信頼感を高め、品質や生産性を向上させる効果につながる投資でもあり、安全投資を怠るとかえって損失をもたらすことになる。実際、数百万円の機械設備の改善を惜しんで、非能率、不安全状態で不安全な作業を続けたばかりに大きな災害を起こして、数億円の損失が発生してしまう例も少なくない。

　なお、安全活動の中には、それほどの経費を必要とせず、大きな効果を期待できるものもある。例えば、4S（整理、整頓、清掃、清潔）、ツール・ボックス・ミーティング（現場打合せ）などは、事業場規模の大小を問わずに実施できるものである。

ウ　安全を織り込んだ生産

生産と安全との関係では、両者が別々（and）に存在するのではなく、安全と生産が一体となる（with）必要がある。それにより、能率の高い生産の達成と同時に安全水準の向上が期待できる。生産と安全は別物との考えでは、生産能率に意識が集中し、安全が軽視されることになって、安全意識が薄れて、災害が発生する確率が高くなる。安全を織り込んだ（with）生産という考え方に立てば、通常作業や生産の能率向上等の検討とともにリスクアセスメントを行うこととなり、その過程で、リスクの存在とその程度を知り、許容できるリスクかどうかを評価して必要な改善を行うことができることとなる。生産の前提として安全を常に意識し、災害を被ったりヒヤリ・ハット体験をする前に不安全状態や不安全行動に気づいて、予測と予防対策を的確に講じることができる。このことが、結果として、ムダ、ムラ、ムリを減少させ、生産能率の向上にも寄与する。

(2)　安全と経営損失の防止

大災害を発生させて尊い命を失い、莫大な経済的な損失、社会的な信用の失墜を招いた事例は少なくない。企業は、地域社会の一員として従業員、関係者のみならず、地域社会から「安全、安心」の評価が得られることが大切である。爆発事故などを起こした工場で、近隣の住民から操業停止を求められたり、立ち退かざるをえなくなった例もあり、その損失は計り知れないものがあるが、ここでは、一般的なハインリッヒの研究結果についてその概要を説明する。

ア　ハインリッヒの研究結果

災害によって経営者に発生する経済的損失は災害コストといわれ、特に、アメリカでは古くから関心が持たれていた。アメリカの損害保険会社の安全技師ハインリッヒは、数多くの事例について研究した結果を発表しているが、それによると、法令に基づき被災者に支払われる労災補償費を直接コストとし、それ以外の損失を間接コストとした場合に、その比率は1：4になるとされている（**図**1-1）。

ハインリッヒが間接コストに算入した項目には、負傷者などの時間損失、機械設備

図 1–1　直接コストと間接コストの関係

の破損による損失などがある。

　この比率は、災害コストを簡単に表す方法としてしばしば利用されているが、業種などによって必ずしも一定でないので、これをそのまま個々の災害に当てはめたり、事業場の災害コストの計算に使用したりするのは適切ではない。しかし、災害がもたらす経済的損失が直接コストの数倍に達する事実は重く受け止める必要がある。

イ　使用されている「災害コスト個人調査表」

　日本で実際に使用されている「災害コスト個人調査表」の例を**図 1–2** に示す。重大な災害のみならず、不休災害に至るすべての災害についてこの災害コストを算定すれば、安全管理の重要なことが理解される。災害に関して、被災者または関係者から企業に対して行われる損害賠償請求は高額となることが多い。災害による損失コストを考える場合、この損害賠償金が企業にとって大きな負担となる。

(3)　事業者の安全責務

ア　災害と事業者責任

（ア）　労働安全衛生法の主たる義務者は「事業者」

　労働安全衛生法の主たる義務者は、「事業者」とされている。事業者とは「事業を行う者で、労働者を使用するものをいう。」と定義されており、具体的にはその事業における経営主体のことで、個人企業では事業主、会社その他法人では法人そのもののことである。

【参考】労働基準法の「使用者」とは、事業主その他その事業の労働者に関する事項について事業主のために行為をするすべての者をいい、各事業において、労働基準法各条の義務について実質的に一定の権限の付与がなされていれば課長、係長などでも使用者となる。

年　　月　　日作成

| 負傷 | 月　日 | 曜日 | | 所属別 | 職名 | | 氏 | | 年　　月　　日生 | 年齢 | | 歳 |
| 日時 | 時　分 | 天候 | | | 番号 | | 名 | | 年　　月　　日入社 | 勤続 | 年　　月 |

| 傷害の種類 | 負傷の部位 | 傷害の程度 | | | | | 負傷の結果および傷害等級 | 休業見込 | 本人平均賃金 | （工場）平均賃金 | 家族関係 |
| | | 死亡 | 永久全労働不能 | 労働永久一部不能 | 一時労働不能 | | （　級） | 日 | 円 | 円 | |

| 災害発生の概況と原因 | | | 原因分類 | |

直　　接　　費				間　　接　　費				
項　目	内　訳	金　額		項　　目	人数	延時間	金　額	
法定補償	療養補償費	診　療　料		本人	人的損費	当日の時間損失	1		
		薬剤、治療材料				休業中の　〃			
		処置、手術等				その他の　〃			
		入　院　料			本人以外の者	救助、連絡、介添			
		看　護　料				調査、対策、記録			
		移　送　料				整　理、復　旧			
		小　　計				作　業　手　順			
	休業補償費	（保険給付）				見　舞、付　添			
	障害補償費	〃				葬　儀、会　葬			
	遺族補償費	〃				そ　の　他			
	葬　祭　料	〃				計			
	（打切補償費）	〃		物的損費	項　　目	内　訳	金　額	
	計				建　物、設　備			

項　　目	金　額		物的損費	機械、器具、付属品		
会社補償	休　業　手　当（保険給付外）			材料、加工品、製品		
	療養費、見舞金（　〃　）			保　護　具　類		
	障害手当、退職金加算額			動　力、燃　料		
	そ　の　他			消　耗　品		
	計			そ　の　他		
				計		

		生産損失	項　　目	内　訳	金　額
			生産減少による損失	（他項の損失を除く）	
			生産回復のための経費	（他項の経費を除く）	
			計		

		その他の損失	項　　目	内　訳	金　額
			賠　償　費		
			旅　費、通　信　費		
			社　葬　費		
			そ　の　他		
			計		

| 直接費合計 | | 円 | 間接費合計 | | 円 |
| 直接費＋間接費＝ | | 円 | 直接費：間接費＝ | | ： |

図1-2　災害コスト個人調査表の例

（イ）　両罰規定

労働安全衛生法第122条では、「法人の代表者又は法人若しくは人の代理人、使用人その他の従業者が、その法人又は人の業務に関して、第116条、第117条、第119条又は第120条の違反行為をしたときは、行為者を罰するほか、その法人又は人に対しても、各本条の罰金刑を科する。」と規定している。これは、いわゆる「両罰規定」であり、「行為者を罰する」の文言は法令違反の実際の実行行為を行った自然人（人）を罰することを、また、「その法人又は人に対しても、各本条の罰金刑を科する」は事業主体である事業者そのものに対しても罰金刑を科することを規定している。この場合、事業主体についてはその事業主体が「法人」であれば「法人そのもの」を、事業主体が個人事業主であれば「個人事業主そのもの」に対して罰金刑が科されることになる。

企業は資本を投下して、機械設備を導入し、労働者を雇い入れるなどして生産を行っているが、これらの企画、検討、実施の段階において、経営者がその詳細な事項まで自分がすべて決定しているわけではなく、社員や外部の専門家に任せていることが多い。このため、工場長や部長・課長、現場の職長などの管理監督者に一任している生産の段階で災害が発生した場合には、その災害の責任は管理監督者にあって事業者にはないのではないかと考えられがちであるが、それは誤解である。労働安全衛生法違反に実際に関わった実行行為者（例えば、社長自ら、あるいは製造部長、課長など）個人が罰せられるとともに、事業者（法人の場合にはその法人、個人事業主の場合にはその人）に対しても罰金刑が科される。

（ウ）　災害が発生した場合の責任

災害が発生した場合の責任としては、刑事責任、民事責任、社会的責任が問われることとなる。また、行政機関からの行政処分等への対応をしなければならないこともある。

＜刑事責任＞

災害が発生すると、労働基準監督署の職員がその発生状況や原因を調査し、労働安全衛生法違反の疑いがあり、必要と認めた場合には、労働基準監督官は刑事訴訟法上の特別司法警察職員として労働安全衛生法違反の被疑事件としての捜査を行う。この場合、工場長や作業所長、管理監督者などの実行行為者から事情聴取が行われるのみならず、たとえ本社から遠く離れた地方の事業場の災害であっても、法人の代表である社長またはこれに準ずるトップも労働基準監督官の事情聴取を受けることがある。

　また、労働安全衛生法は両罰規定となっているため、その結果によって実行行為者が送検されると事業者も送検されることとなる。

　さらに、警察による業務上過失致死傷の違反の有無などについての捜査も行われる。これらの捜査の結果、労働基準監督機関および警察機関から管轄の地方検察庁へ事件送致される。送致された事件は、担当検察官により起訴するかどうかについて聴取調査などが行われることから、この際、事業者としての責任の有無を判断するためには会社の代表者を含め責任者に出頭を求めて、被疑者としての取調べも行われる。この結果、必要に応じ起訴されることとなる。

<民事責任>

　労働災害によって被った労働者の身体・生命・健康などの損害について、事業者に対し行われる民事損害賠償請求の事案は多く、その損害賠償額は高額となることも多い（資料2の表参照）。この請求には、不法行為責任が問われる場合と債務不履行が問われる場合があるが、最も多く問われているのは債務不履行すなわち「安全配慮義務」違反である。事業者が安全管理に万全を尽くしていないために災害が発生したならば、労働安全衛生法令に違反していなくても、被災者などの利害関係者から安全配慮義務違反として損害賠償責任を問われることにもなる。

　「安全配慮義務」は、労働契約法（平成19年法律第128号。最終改正：平成30年法律第71号）第5条で、「使用者は、労働契約に伴い、労働者がその生命、身体等の安全を確保しつつ労働することができるよう、必要な配慮をするものとする。」と明文化されている。そもそもは、民事訴訟の判例で「労働者の生命及び身体等を危険から保護するよう配慮すべき義務」とされ、事業者の責任の根拠とされてきたものである。事業経営を行う者が労働者を雇い入れた場合に事業者に課されるもので、事業者は労働契約に従って労働者を働かせるにあたり、業務の遂行に関して労働者の身体や生命に生じる危険から労働者を保護する義務を負っているのである。

　どういう場合に安全配慮義務違反が認められるかは、労働者の職種、労務内容、労務提供場所等安全配慮義務が問題となる当該具体的状況等によって異なるとされているが、安全配慮義務を果たすためには、次の事項等に注意する必要がある。

　　①　労働安全衛生法令（努力義務規定も含む。）を遵守すること

　　②　行政指導、労働基準監督署の監督指導事項を遵守すること

　　③　現場労働者・責任者等からの指摘事項への必要な措置をとること

　　④　危険を防ぐための具体的な教育の実施と不安全行動を認容しない指導を行うこ

と

⑤　危険予知活動、リスクアセスメントと、それらに基づく具体的な労働災害防止
対策の実施等に組織的に取り組むこと

つまり、安全配慮義務を果たすためには、「法定基準を守るのみではなく、災害を
予見し、災害という結果を回避することが可能な災害防止措置を講じなければならな
い」ということになる。この安全配慮義務の対象は、いわゆる事故といったものにと
どまらず、過労自殺、健康への配慮、セクシャルハラスメント、パワーハラスメント
への対応等にも及んでいる。

＜社会的責任＞

事業場において、災害の発生、有害物の発散、長時間労働などによるストレスの増
大などで労働者の安全と健康が損なわれた場合には、企業には大きな経済的損失が生
じるのみならず、例えば、近隣地域の住民に直接・間接に損害や不安を与えるなどし
て、厳しい責任追及を受けることがある。企業は、平成 22 年 11 月に国際規格とされ
た ISO 26000 にも規定されている CSR（企業の社会的責任）の観点からも安全衛生
対策に万全を期すことにより、地域社会から信頼される安全で安心な企業となること
がますます重要となっている。

＜行政処分等への対応＞

労働基準監督署の災害調査時や臨検監督時において、労働安全衛生法違反として機
械設備の使用停止命令や作業停止命令などの行政処分が行われたり、法令違反の是正
を勧告されることがある。また、建設業などでは、労働安全衛生法違反の死亡災害や
重大災害が発生した場合には、労働基準行政が国土交通省（建設担当部署）にその事
実を通報すること等によって、その災害を発生させた事業者は、許可を取り消された
り、その後公共工事の入札の参加が一定期間について停止されることもある。

イ　経営トップの安全任務

経営トップ（法人企業の最高責任者および個人企業の個人事業主をいう。）は、企
業の経営を統括する者であり、経営権と人事権という強大な力を有している。その経
営トップ自らが自分の言葉で安全方針を示し、安全確保の重要性について自ら語り、
現場に出て率先して安全に取り組むことが大切である。経営トップは、安全方針を明
確に表明し、各組織の責任者を通じて、それを全組織に徹底させなければならない。

なお、経営トップは、全従業員の安全確保のために次のことを行わなければならない。

① 安全管理の基本方針を明らかにする。

② 生産ラインの各級管理監督者の安全責任と任務および権限を明確にする。

③ 全組織における安全スタッフの役割と具体的な職務を定める。安全スタッフは、トップの安全に関する事務局的な役割を担うことを明らかにする。

④ 安全目標、安全計画を作成し、その実施を計画的に進める。

⑤ 生産活動と安全作業が一体となって行われるよう、規程・基準類を整備する。

⑥ 構内下請事業場に対する指導・援助を十分に行う。

⑦ 構外系列事業場の安全活動の促進を図る。

2　安全管理者の役割と職務

安全管理者は、事業場が安全管理を進めるための具体的事項を企画し、実行する重要な職責を担う者である。安全管理者の選任義務のある事業場は、次の【参考】の業種に属するもので常時50人以上の労働者を使用するものである。

なお、法定の安全衛生管理体制として選任すべき者（安全管理者等）等については、第4章関係法令の3の(6)を参照のこと。

安全管理者が、安全管理組織の中核となって災害防止の実効をあげるためには、安全管理者が自らの役割を正しく認識して積極的に活躍することが重要である。

以下、安全管理体制全般について解説し、安全管理体制における安全管理者の役割と職務および安全委員会について解説する。

【参考】安全管理者の選任を要する業種

① 建設業などの屋外産業的業種

　　林業、鉱業、建設業、運送業及び清掃業

② 製造業などの工業的業種及び第三次産業の特定業種

　　製造業（物の加工業を含む）、電気業、ガス業、熱供給業、水道業、通信業、各種商品卸売業、家具・建具・じゅう器等卸売業、各種商品小売業、家具・建具・じゅう器小売業、燃料小売業、旅館業、ゴルフ場業、自動車整備業及び機械修理業

　　なお、情報通信技術（ICT）の進展など時代は常に変化しており、安全管理についても、時代の変化に対応し新たな技術を活用し進展させようといった姿勢が必要となるであろう。また、平成30年2月に、厚生労働省は「第13次労働災害防止計画」を策定してい

る。この計画は、2018 年 4 月 1 日〜2023 年 3 月 31 日の 5 か年を期間とし、安心して健康に働くことができる職場の実現に向け、国、事業者、労働者等の関係者が目指すべき目標、取組みを示したものであり、安全管理を進めるうえでも把握しておくべきものである。資料 13 に概要を掲載している。

(1)　安全管理体制

　労働災害は、生産活動の中で発生する。生産活動は、生産のために構築した生産組織を通じて行われているので、労働災害を防止するための活動も生産組織とともに組織的に行うのが効果的である。この労働災害を防止するための活動を組織的に行う体制を安全管理体制という。

　労働災害のない安全で健康的な職場は、何の努力もなしに実現することはできない。日ごろから職場の中に潜んでいる危険有害要因を取り除く活動を積極的に進める必要があるが、この活動を個々の労働者に頼って進めるだけでは効果があがらない。それを進めるための安全管理体制を確立し、計画的な活動を進める必要がある。

　事業場での安全管理の責任は事業者にあるが、事業者だけが安全管理に取り組むのでは労働災害はなくならないであろう。一方、個々の労働者が気をつけるだけでも労働災害はなくならない。労働災害をなくすための効果のあがる安全管理を行うためには、経営トップから各級の管理監督者に至るまで、それぞれの役割、責任、権限を明らかにした安全管理体制を整備し、事業場全体で計画的に安全管理活動に取り組む必要がある。また、労働者の意見を聴く場を設けることももちろん重要なことである。

　安全管理の最終的な責任を有する事業者は、安全管理体制を整備し、各級の管理監督者に必要な権限を委任した場合でも、事業場の安全管理の実状、各級の管理監督者の職務遂行状況を把握し、監督し、必要な指揮、指示を行う必要がある。

　どのような安全管理体制にするかは、業種、業態、規模、生産方式などによってさまざまであるが、労働安全衛生法令上、義務づけられている管理などを十分考慮に入れた上で、その事業場の実態に即した、生産活動と一体になった体制とすることが必要である。

　生産活動と一体となった安全管理体制

とするためには、例えば、安全計画の作成を生産ライン部門の協力のもとに、安全スタッフ部門がまとめるとともに、その計画に沿った活動を生産ライン部門が行い、活動の点検、評価を安全スタッフ部門が行うというような生産ライン部門と安全スタッフ部門とが密接に連携できていることが大切である。

　一方、請負構造のもとで元請（元方事業者）および下請（関係請負人）の労働者が同一の場所で混在して作業を行う場合には、以上のような安全管理体制に加え、このような混在作業による災害を防止するため、元方事業者による関係請負人も含めた事業場全体にわたる総合的な安全管理体制を整備し、安全活動を進める必要がある（本章の3参照）。

　ここでは以下、一般的な安全管理体制下での安全管理者の役割と職務について述べる。

ア　安全管理組織の型

一般的な安全管理組織には、次の3とおりがある。

（ア）　ライン型

ライン型は、経営トップが表明した安全方針、事業場として策定された安全目標や安全計画の実施がすべてライン管理者を通じて行われるもので、比較的小規模な事業

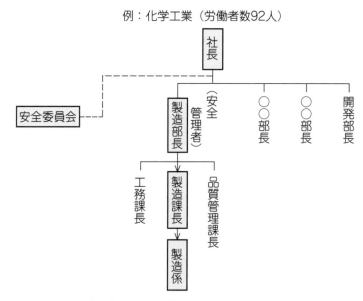

例：化学工業（労働者数92人）

図1-3　ライン型の安全管理組織（例）

場に適している（**図1-3**）。安全に関する指示は、ライン管理者を通じて生産活動とともに行われるので、その指示や必要な改善措置が迅速に徹底されやすい長所がある。

　一方、ライン型の短所としては、管理監督者が日常の生産関係業務に追われ、法令改正など安全に関する知識を身に付ける余裕に恵まれず、その時々に対応した安全対策がとりにくいことにある。また、現場のことを日常の作業の中で熟知しているものの、生産活動に関心が高くなりすぎて安全活動への関心が薄れる傾向にあること、日常の作業方法に慣れすぎていること、安全についての各管理者の理解の度合いに差があること、経営トップの考え方が現場に徹底しないおそれがあることなどがあげられる。

（イ）　スタッフ型

　スタッフ型は、安全担当組織を整備し、専属の安全担当スタッフを配置して、経営トップの安全方針に沿って、安全目標や安全計画を作成し、それらに関わる諸事業の実施などを行わせるものである。安全担当スタッフは、安全のエキスパートとして社内外の情報を収集して全体の流れをつかむことができ、他の職場の状態をよく知っていること、幅広い観点から安全対策を指摘できる長所がある。

　一方、安全担当スタッフは、自ら生産ラインの安全業務を行うものではないため、ライン管理者のようにその現場のことを詳しく知る立場にない。また、安全担当スタッフが職場パトロールで改善すべきところを指摘すると、ライン管理者から何かと反発されることがある。経営トップ自らが安全に関して安全担当スタッフの指導に従うことを全員に指示するなど、上層部の安全への特段の理解がないと安全活動が現場部門に浸透しないおそれがある。

【参考】「ライン管理者」とは日常的に労働者と接する現場の管理監督者をいい、「安全（衛生）担当スタッフ」とは直接の生産活動から離れて事業場全体の安全（衛生）業務を担当している者をいう。

（ウ）　ライン・スタッフ型

　ライン・スタッフ型は、ライン型とスタッフ型の両方の要件を兼ね備えたものである。安全担当組織を整備して専属の安全担当スタッフを配置し、一方、生産ラインの各層にも兼任あるいは専任の安全担当者を配置して、主な安全活動は安全担当スタッフ部門で企画し、これを生産ラインの安全担当者を通じて実施するものである（**図1-4**）。

例:鉄鋼業（労働者数15,000人）

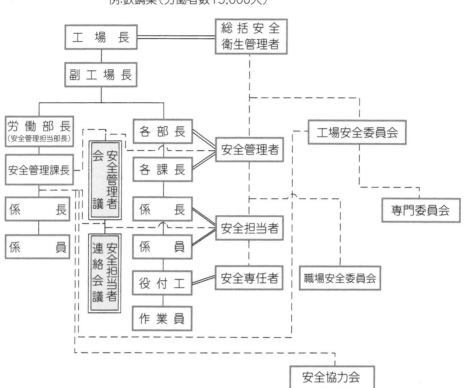

図1-4　ライン・スタッフ型の安全管理組織（例）

このライン・スタッフ型は、安全についての企画、立案、調査、研究などが専門の安全担当スタッフ部門で行われるため、生産技術の進歩発展に即応した安全対策を講じることができ、さらに、生産ラインの各級管理者に安全管理の責任と権限を付与しているので、安全活動が生産と乖離_{かいり}するおそれがない。その運用が適切に行われれば、理想的な組織といえる。

イ　ライン管理者の職務等

安全活動は、人命尊重の面から生産ラインの各級管理監督者にとって最優先すべき職務であり、円滑な生産活動の維持の面からも欠かせないものである。現場では、ある物を所定の納期までに生産しているが、工場長は、その旨の指示を担当部長に出し、各部長は課長を、課長は現場の監督者や現場作業者を指揮してその職責を果たそうとする。このように各職制などそれぞれの立場においてその任務を遂行することにより、その集大成として工場の機能が発揮され、工場長はその職務を果たすことができる。

しかし、災害が発生した場合には、人的、物的に多大な損失を生ずるとともに、その時点で生産計画を見直さざるを得なくなるなど甚大な影響が出てくる。

（ア）　安全は生産ラインの管理監督者にとって重要な職務

災害の発生は、機械設備や作業方法が本来のあるべき状態になかったことが要因の中で大きな部分を占めており、このような状態では生産計画の円滑な推進にも支障をきたすこととなる。安全活動は、生産活動と一体のものであり、生産ラインの管理監督者にとって最も重要な職務である。

生産活動の中で安全活動を的確に行うには、各級の管理監督者がそれぞれの立場で安全管理責任を遂行する必要があり、各人が具体的に何をなすべきかを明確に定めなければならないが、これを成文化したものが安全管理規程や安全衛生計画である。

また、生産ラインの新設や変更については、計画作成の当初の段階から安全スタッフが作成に加わることが必要である。

（イ）　安全管理規程は安全管理の基本

安全管理規程は、安全に関する事業場の基本方針と施策を定めたもので、①安全管理の方針、目標および計画、②安全管理体制、③安全管理者の選任、権限、④安全委員会などの開催、⑤安全教育、⑥労働安全衛生マネジメントシステム・リスクアセスメントの運用、⑦災害調査など、安全活動を展開するための基本となるべきものである。ある企業の管理監督者の職責について定めた例を示す（**表1-1**）。これは、管理監督者の職位別に、安全管理体制上のその職責の機能を管理・推進・訓練に分けて定めたものである。

ウ　安全担当スタッフの機能

生産ラインにおける各級管理者は、生産設備や生産方法には精通していても、安全についてはそれほどの専門知識をもっていないケースも多い。また、職場間の安全点検などの実施に際しては、仕事が分かりすぎるため、相手方の身になって現状を安易に認めてそれに妥協するおそれがある。

生産ラインの中に安全活動を定着させるためには、安全に関する情報や資料を積極的にライン管理者に提供するとともに、生産ラインの各級管理監督者に安全活動の推進について適切な助言指導を行う安全担当スタッフの役割は重要である。また、安全担当スタッフは、生産ラインでの安全活動が適正に行われているかどうかを点検し、

表1-1　管理監督者の主要職責の例

職位別／職能別	工 場 長	部 長	課 長	係 長	作 業 長
管理	○安全衛生管理体制の確立 ○規程・基準の認可 ○方針の表明、目標計画の認可 ○危険有害設備の改善計画の認可 ○健康保持増進計画の認可 ○指定業務従事者の指名 ○安全衛生活動の評価 ○工場安全衛生委員会の招集	○部の安全衛生管理体制の確立 ○規程・基準作成の統括 ○危険有害作業の認定と設備改善計画の認可 ○新生産工程、新原材料使用の認可 ○部の安全衛生活動の評価 ○部の安全衛生会議の招集	○課の安全衛生管理体制の確立 ○作業手順作成の統括 ○安全装置・保護具の決定 ○災害防止対策の決定 ○不安全、不衛生設備の改善計画の企画、立案 ○危険有害作業の規程・基準の作成 ○リスクアセスメントの実施・統括 ○安全衛生設備の定期点検の実施 ○課の安全衛生活動の評価	○作業手順の作成 ○機械、装置、治工具などの日常点検基準の作成 ○施設、作業環境、生産方式の改善に関する意見具申 ○安全装置、保護具の保守管理 ○従業員の健康の保持増進の指導 ○災害、事故調査報告書の作成 ○作業長の安全衛生活動の評価	○従業員の安全衛生指導 ○作業手順に関する検討、意見具申 ○整理整頓、不安全状態、不安全行動の点検是正
推進	○安全衛生管理の統括 ○安全衛生計画の進捗状況のチェック ○下請協力業者の指導援助	○部の安全衛生管理の統括 ○部の安全衛生計画の推進とチェック ○下請協力業者の指導援助	○課の安全衛生管理の統括 ○課の安全衛生計画の推進とチェック ○規程、基準の実施についての確認、促進 ○不安全、不衛生設備の改善計画の実施、促進 ○管理記録の保存整備の統括 ○下請協力業者の指導援助	○リスクアセスメントの実施 ○作業長の業務の統括 ○作業主任者の業務確認 ○整理整頓の推進 ○作業手順遵守状況の巡視と違反是正	○リスクアセスメントの実施 ○作業手順の励行監督 ○設備、機械等の日常点検 ○保護具着用の監督と管理の指導
訓練	○管理監督者の教育訓練	○部の管理監督者の教育訓練	○監督者、従業員の教育訓練 ○危険有害業務の教育内容の制定	○新入社員・配転者の教育計画の作成と実施 ○危険有害作業者の特別教育の計画作成と実施 ○作業長の教育指導	○従業員の日常的な教育訓練

不十分である場合には直ちにその改善を要請しなければならない。新規採用者に対する安全教育（現場配属後の個別教育を除く。）など各部門に共通の事項については、安全担当スタッフ部門で実施するほうが効果的である。安全担当スタッフにはこのような役割が期待されており、生産現場の中でこうした役割を円滑に果たすためには、次のようなことに留意する必要がある。

（ア）　生産ラインにおける安全活動への支援

安全担当スタッフは、生産ラインの関係者に必要な災害事例の検討結果、安全関係資料を作成し、これらのデータを現場部門に配布して、生産ラインにおける安全活動を支援することが大切である。現場における不安全状態や不安全行動の排除は、生産ラインの各級管理監督者に課された責務であり、安全担当スタッフの機能はそれらを支援する立場にある。安全担当スタッフは、現場の各級管理監督者や作業者が、経営首脳が目指している方向に協力して行動してくれるように、平素から意思の疎通を図る必要がある。

（イ）　安全担当スタッフと現場の各部門との緊密な連絡

安全担当スタッフは、現場の各部門や設計、企画部門との連携を緊密にすることが必要である。特に、新しい設備や生産方式を採用する場合、または生産ラインのレイアウト、作業方法などを変更する場合には、安全担当スタッフの意見などが必ず反映されるような体制をつくる必要がある。このことも、「安全を織り込んだ生産」（1の（1）のウ）につながる一つの方策である。

エ　総括安全衛生管理者

機械設備、作業環境、作業方法などにリスクがある場合には、その低減を進め、働く人たちの命と健康を守ることは、経営トップの最重要事項である。日常の生産活動の中に安全が組み込まれて円滑に実践されるためには、経営トップ自らが高い安全意識を持って、各級の管理監督者を指揮する必要がある。

経営トップは、生産計画、金融関係などの業務に忙殺され、安全についての情報を収集したり、現場の第一線における安全活動の状況をチェックしたりする時間的な余裕がない場合がある。また、多くの業種では、生産技術の進歩に伴って、機械設備やプロセスの改変がしばしば行われ、その都度に経営トップ自らがその安全性をチェックすることは現実的でない。

　そこで、生産技術の進歩に即応した安全活動を企業の中に確立するためには、常に生産現場の安全状態を点検して確認するとともに、安全に関する施策について経営トップに助言する体制づくり、すなわち安全管理体制が必要になる。

　安全活動が生産ラインの現状などと遊離している場合には、この安全管理体制が機能していないことになる。そこで、労働安全衛生法では一定の規模以上の事業場（2の冒頭の【参考】の①の業種では常時100人以上、②の業種では常時300人以上、その他の業種では常時1,000人以上の労働者を使用する事業場）に総括安全衛生管理者の選任を求め（表4-1参照）、その事業場において事業の実施を統括管理している者、つまり、その事業場のトップをもって安全衛生全般の統括管理を行わせることとしている。

　総括安全衛生管理者は、その事業場において事業の実施を統括管理する者、すなわち、工場の場合には工場長が就任することになるが、具体的な安全衛生業務を総括安全衛生管理者にすべて実施させることは困難である。

　そこで、労働安全衛生法では、一定の事業場については、安全管理者および衛生管理者の選任を求め、総括安全衛生管理者の職務としては、安全管理者および衛生管理者を指揮するとともに次の業務を統括管理することを定めている。

①　労働者の危険又は健康障害を防止するための措置に関すること。

②　労働者の安全又は衛生のための教育の実施に関すること。

③　健康診断の実施その他健康の保持増進のための措置に関すること。

④　労働災害の原因の調査及び再発防止対策に関すること。

⑤　安全衛生に関する方針の表明に関すること。

⑥　労働安全衛生法第28条の2第1項又は第57条の3第1項及び第2項の危険性又は有害性等の調査及びその結果に基づき講ずる措置に関すること。

⑦　安全衛生に関する計画の作成、実施、評価及び改善に関すること。

(2)　安全管理者の役割

　安全管理者は、総括安全衛生管理者が行うべき安全管理業務のうち、安全に係る技術的事項の管理を担当する者であるが、その職務を実効あるものとして果たすには、生産ラインの管理監督者や設計部門、調達部門などの担当者の理解と協力を得なければならない。

　安全管理者の行う重要な事項として「作業場等を巡視し、設備、作業方法等に危険のおそれがあるときは、直ちに、その危険を防止するため必要な措置を講じなければな

表 1-2　専任の安全管理者を必要とする事業場

区　分	業　　　　　　　種	労働者数
1	建設業 有機化学工業製品製造業 石油製品製造業	300 人以上
2	無機化学工業製品製造業 化学肥料製造業 道路貨物運送業 港湾運送業	500 人以上
3	紙・パルプ製造業 鉄鋼業 造船業	1,000 人以上
4	安全管理者の選任を必要とする業種で1～3に掲げる業種を除いたもの	2,000 人以上

（注）労働者数は、常時使用する労働者の数とする。

らない。」と定めるとともに、事業者も「安全管理者に対し、安全に関する措置をなし得る権限を与えなければならない。」ことを定めている（労働安全衛生規則第6条）。

　巡視の結果、即時是正が困難な場合には、総括安全衛生管理者に報告してその指示を受けなければならない。

　総括安全衛生管理者に課された安全に関する職務を遂行するにあたり、2人以上の安全管理者を選任した場合にはその各々が担当する範囲を明確にする必要がある。また、総括安全衛生管理者の選任を要しない事業場においては、安全管理者は直接に事業場のトップの指揮を受けることとなる。

　安全管理者は、他の業務を兼ねることはできるが、**表1-2**の事業場では、安全管理者のうち少なくとも1人を専任の安全管理者とする必要がある。ただし、この表1-2のうち、4の欄の業種にあっては、過去3年間の災害による休業1日以上の死傷者数の合計が100人を超える事業場に限られている。

　なお、特殊化学設備（発熱反応等異常化学反応等で爆発、火災のおそれがあるもの）を設置していて、都道府県労働局長の指定を受けた事業場では、指定生産施設の単位ごとに、操業中に常時、前述した安全管理の具体的事項を管理するのに必要な安全管理者を選任することが定められている（労働安全衛生規則第4条第1項第3号）。

(3)　安全管理者の職務

　安全管理者の職務は（1）エの①～⑦の内の安全に係る技術的事項の管理であるが、講じなければならない安全の措置は、次の事項等である。

ア　建設物、設備、作業場所、作業方法に危険がある場合の措置等

　建設物、設備、作業場所、作業方法などについては、定期的にリスクアセスメントを実施し、十分な安全面の検討が行われなければならない。しかし、実際の運転に入るといろいろなトラブルが生ずることがある。こうしたトラブルや異常状態を発見した場合には、作業停止などの応急措置を講じ、原因究明を行って危険性の排除に努めるとともに、さらに進んで同種の異常が再発しないよう根本的な措置を検証し講じなければならない。

　特に、建設工事現場のように作業内容が日々変わるところでは、作業内容の変化に伴い危険の有無も変化するので、前日に巡視したときは異常がなかったからといって、安心してはならない。

イ　安全装置、保護具等の定期的点検等

　安全装置、保護具のような危害防止用の設備や器具に依存して安全を確保している場合、これらがその機能を失っていると、極めて危険な状態となる。これらの設備や器具は、使用時間の経過とともに衝撃や振動、じん埃（あい）などでその機能が低下することがあることから、あらかじめ点検の周期と点検方法を定め、これに基づいて点検を励行し、異常の早期発見に努めなければならない。異常を発見した場合、直ちに所要の是正措置を講じなければならない。

ウ　安全教育訓練の実施

　新規採用者は、集合教育（OFF-JT）および現場配属後の個別教育（OJT）という二段構えで安全教育、訓練が行われる。また、作業内容が変更された場合も、新規雇入れと条件は同じであるので、新たに就こうとする業務に関して安全教育を実施しなければならない。さらに、一定の危険有害な業務に従事する者に対する特別教育、各級の管理監督者に対する教育も重要である。これらの安全教育は、通常、安全管理者が中心となって企画立案し、事業場のトップの決裁を得たのち、生産担当部門と協力して行う。

エ　災害原因の調査および対策の検討

　不幸にして災害が発生した場合には、直ちに被災者の救護、二次災害の防止などの応急措置を講ずる必要がある。それが一段落したら災害原因の究明を行わなければならない。この災害原因調査は、通常、現場部門の管理監督者の協力を得て行われる。

災害原因調査に当たっては、直接原因のみならず、その背後にある根本的な原因をも明らかにすることが重要である。

　災害の原因が明らかになったら、その原因を排除して同種災害の再発防止を図らなければならない。また、他の部門に同種の設備や作業がある場合には、その調査結果を活用し、事業場全体の安全水準の向上を図る水平展開が必要である。災害の後処理をするだけで終わってしまうのではなく、その原因の背後の根本的な要因を深く掘り下げ、安全管理のあり方、設備の改善、作業方式の変更などの根本的な解決を図ることが大切である。

　特に、災害件数の多い事業場などでは、どのような設備で、どのような型の災害が発生しているかなどを、具体的な対策に結びつけるための分析検討が大切である。これらの資料は、各級管理監督者、作業者などに対する安全教育の重要な資料になる。

オ　消火および避難の訓練

　火災、爆発その他の非常事態が発生した場合、直ちに消火、避難などの措置を講ずることは、被害者の救助と被害を最小限度に食い止めるために重要である。このような非常事態に際し、冷静に処置しうるためには、平素から必要な訓練を行っておくべきである。この訓練では、外部の専門家の指導を受けることも有効である。

カ　作業主任者の指導

　動力プレス機械を5台以上有する事業場でプレス作業を行う場合など、危険度の高い作業（労働安全衛生法施行令第6条）を行う場合には、法令により作業主任者の選任が義務づけられている（第4章 関係法令の表4-3参照）。事業場によっては、現場部門に専任または兼任の安全担当者を配置しているところがある。安全管理者は、これらの人たちが適正にその職務を遂行しているかどうかをチェックするとともに、必要がある場合には助言指導を行う。

キ　安全に関する資料収集および重要事項の記録

　技術の進歩に応じた災害防止対策を確立するためには、安全関係資料や情報をひろく収集し、関係者に提供することが必要である。また、安全に関する重要事項（安全方針、安全目標、安全計画、評価、改善、災害調査結果など）は、これを正しく記録するとともに、保存年限を定めて保管する。

ク　構内の下請事業場の指導

構内の下請事業場が行う安全活動への指導、支援を行う。元方事業者である場合には法令に基づいて連絡調整を行わなければならない。

ケ　リスクアセスメントの実施

建設物の設置・移転・変更・解体時や、設備、原材料、作業方法、作業手順の新規採用・変更時などに際するリスクアセスメントの実施により必要な改善措置を検討・実施することの技術的事項の管理を担当する（詳細は第2章）。

（4）安全（衛生）委員会

ア　安全委員会の機能

安全管理体制の中核は、安全委員会または安全衛生委員会（安全委員会と衛生委員会を設置すべき事業場においては、両者を合わせて安全衛生委員会を設置してもよい。）である。事業者は、安全委員会を月1回以上開催することとされている。安全委員会は、労使交渉の場ではなく、安全という労使の利害関係を越えた問題を調査審議する場であるので、十分な話し合いを基本とする。

安全委員会での調査審議は、事業場の安全衛生対策等に労働者の意見を反映させるものであり、事業者に対してその意見を述べるという位置づけにある。事業場の安全に関する方針などの最終の決定責任は事業者にあるが、事業者は安全委員会の調査審議の結果を尊重することが大切である。

なお、委員会の設置を義務づけられていない事業場においても、安全または衛生に関する事項について、関係労働者の意見を聴くための機会を設けるようにしなければならない。

イ　安全委員会の設置の義務のある事業場

安全委員会を設置しなければならない事業場は、次のとおりである（労働安全衛生法施行令第8条）。

（ア）　常時50人以上の労働者を使用する事業場で、次の業種に該当するもの

林業、鉱業、建設業、製造業のうち木材・木製品製造業、化学工業、鉄鋼業、金属製品製造業及び輸送用機械器具製造業、運送業のうち道路貨物運送業及び港湾運送業、自動車整備業、機械修理業並びに清掃業

（イ）　常時100人以上の労働者を使用する事業場で、次の業種に該当するもの

道路貨物運送業及び港湾運送業を除く運送業、木材・木製品製造業、化学工業、鉄鋼業、金属製品製造業及び輸送用機械器具製造業を除く製造業（物の加工業を含む。）、電気業、ガス業、熱供給業、水道業、通信業、各種商品卸売業、家具・建具・じゅう器等卸売業、各種商品小売業、家具・建具・じゅう器小売業、燃料小売業、旅館業、ゴルフ場業

ウ　安全委員会の構成

安全委員会の構成は、次のとおりである。

① 総括安全衛生管理者または総括安全衛生管理者以外の者で、その事業場においてその事業の実施を統括管理する者もしくはこれに準ずる者のうちから事業者が指名した者

② 安全管理者のうちから事業者が指名した者

③ その事業場の労働者で、安全に関し経験を有する者のうちから事業者が指名した者

委員の数は、前記のうち①の委員は1名であるが、②または③の委員については、業種、規模などを考慮してその数を定めるべきである。委員会の議長には、①の委員が就任する。

なお、①の委員以外の委員の半数については、その事業場に労働者の過半数で組織する労働組合があるときにおいてはその労働組合、労働者の過半数で組織する労働組合がないときにおいては労働者の過半数を代表する者の推せんに基づき指名しなければならない。事業の規模が大きくなると、中央安全委員会のほかに、職場委員会や専門委員会を設けることもある。

　エ　安全委員会の開催頻度

　安全委員会の開催の頻度については、毎月1回以上開催することが労働安全衛生規則第23条第1項で規定されており、原則的には通常の労働時間内に開催することとなっている。

　オ　安全委員会の付議事項

　安全委員会の付議事項としては、次の事項が定められている（労働安全衛生法第17条および労働安全衛生規則第21条）。

　①　労働者の危険を防止するための基本となるべき対策に関すること。

　②　労働災害の原因及び再発防止対策で、安全に係るものに関すること。

　③　安全に関する規程の作成に関すること。

　④　労働安全衛生法第28条の2第1項又は第57条の3第1項及び第2項の危険性又は有害性等の調査及びその結果に基づき講ずる措置のうち、安全に係るものに関すること。

　⑤　安全衛生に関する計画（安全に係る部分に限る。）の作成、実施、評価及び改善に関すること。

　⑥　安全教育の実施計画の作成に関すること。

　⑦　監督機関から文書で指示などを受けた事項のうち、労働者の危険の防止に関すること。

　カ　安全委員会の議事録の作成と保存

　安全委員会の意見およびそれを踏まえて講じた措置の内容と、それ以外の議事のうち重要なものは、議事録として記録するとともに、これを3年間保存しなければならない（労働安全衛生規則第23条第4項）。これは、議事録により、決定した事項が確実に実行されたかの確認がとれること、事業場の安全衛生上の問題点や課題を明確にすることができるなどの趣旨によるものである。

　安全委員会に参加していなかった関係者にとって議事録は貴重な情報源であるから、必要な情報が正確に伝わるよう作成する必要がある。タイトルや重要なことは太字を使い、資料の見出しには、資料1，2，……と記入することが望ましい。また、期限があるものは期限を明記する。

　議事録作成は、一般に事務局が担当するが、事務局は審議事項の説明など議事録作成以外の重要業務を担当することが多いので、補助的な記録者を置くか、録音機器などで記録を残しておくことが望ましい。

議事録の記載事項例

1. 開催日時	○月○日　○時～○時
	時間は終了時刻まで記載することが望ましい。
2. 場　　所	○○会議室
3. 出 席 者	○○、○○、○○、○○、○○○、○○
	出席者名は、できれば記載する。また、欠席者や遅刻者名も記載すると遅刻・欠席の防止にもなる。
4. 議　　題	議題は報告事項と審議事項を明確に分けて記載する。
5. 議事の概要及び合意事項	議事の概要を記載するとともに、その合意事項はわかりやすく表現する。担当部署・実施時期などについても記載することが望ましい。
6. そ の 他	特記事項を記載する。（関係資料の一覧を含む。）

キ　安全委員会の議事録の概要の周知

　安全委員会での報告事項や決定・実施事項などは、安全委員会の委員だけのものではなく、関係職場に知らせる必要があることから、議事録の概要を労働者に周知することとされている。そのことが、安全委員会の透明性を確保することとなり、安全委員会の活動の活性化に役立つものである。議事録の概要は、職場のラインを通じて説明するとともに、掲示などによって労働者に周知する。

ク　安全委員会を活性化させるための具体的な方策

　安全委員会を活性化させるためには、安全委員会の存在意義を社内的に認識させること、委員会での活発な議論を引き出すための効果的な取組みに配慮すること、関連する専門委員会、職場安全会議などとの有機的な連携のための方策を講ずることなどが大切である。
　そのために必要な具体的な方策は、次のとおりである。

（ア）　経営のトップが期待を表明する

　安全委員会にはできるだけ経営のトップが出席して、安全管理の基本方針を説明するなど事業者が安全委員会の活動に大きな期待を持っていることを態度で示す。

（イ）　委員に自覚と誇りを持たせる

　委員の任命にあたり、辞令を交付して委員に自覚と誇りを持たせるとともに、社内への周知を図ることにより、委員としての活動を行いやすくする。

（ウ）　日頃の活動に委員を参画させる

職場別の安全会議などに委員が参加するなど日頃の安全活動に積極的に参画させる。

（エ）　委員会の定例日開催等

委員会には、委員が全員出席できるようにする。そのためには事前に毎月の定例開催日と開催時間を決めておくとよい。

ある事業場では、毎月第3木曜日の午後3時から4時までと定めて100％の出席率を確保している。また、開催通知には、委員会の議題とあわせて、あらかじめ関係資料を配付している。

（オ）　委員会の運営

①　委員会には、議長（総括安全衛生管理者等）が必ず出席して議事の運営にあたり、事務局任せとならないようにしなければならない。

②　委員会の議事が単に事務局からの報告だけに終始しないようにするとともに、委員会の議事の進行に当たっては、全委員が討議に参加するように工夫する。

③　委員会での議事の概要および合意事項は、事業者に報告して事業者の指示を受け、ライン管理者などの職制へ伝達し、速やかに、積極的な対応を図る。また、委員会では、前回の委員会での審議結果に関して実施した事項について必ず報告するとともに、継続審議の事項については、結論を得るまで十分な審議を行う。

④　委員は、職場の関係者との日頃の会話に努め、職場の安全に関する要望、安全管理の実態、安全上の諸問題などについて、安全委員会で意見を述べる。

3　総合的な安全衛生管理の進め方

(1)　建設業および造船業の安全衛生管理

建設業および造船業については、業態の特殊性から次のことが義務化されている。

ア　建設業の共同企業体

建設業においてJV（ジョイント・ベンチャー：共同企業体）のように2以上の事業者が同一の場所で共同連帯して仕事をする場合、そのうちの一人を代表者として定めて所轄都道府県労働局長に届ければ、その共同事業の代表者とされ、労働者はその

代表者の労働者とみなされて労働安全衛生法が適用される（同法第5条）。

イ　建設業および造船業

　関係請負人を含めて常時50人以上の労働者が仕事をしている建設業（ずい道や一定の橋梁の建設にあっては30人以上）や造船業（特定元方事業者）では、統括安全衛生責任者を選任し（建設業ではさらに、その責任者の指揮を受け技術的事項を管理する元方安全衛生管理者を選任）、下請事業場では安全衛生責任者を選任して元方事業者との連絡調整を担当させることにより、下請事業場の労働者が混在する作業現場についての労働災害防止を図っている（労働安全衛生法第15条、第15条の2および第16条）。

　統括安全衛生責任者などの選任義務のない中小規模（労働安全衛生規則第18条の6）の建設現場を管理する店社には一定の資格（同則第18条の7）を有する店社安全衛生管理者を選任して、現場の巡視や指導援助を行わせることとなっている（同法第15条の3）。

　また、建設業や造船業においては同一の場所での混在作業による労働災害を防止するため、協議組織の運営等の措置を講じることとなっている（同法第30条）。

(2)　請負労働者の安全衛生確保

　製造業などでは、構内にある設備の修理・解体など危険性又は有害性の高い作業を関係請負人に請け負わせて作業をすることが多く、設備の状況もよく分からずに1つの場所で複数の請負人などが混在して作業を行うといったことも、労働災害発生の要因となっている。こうした作業では、一般に、設備の所有者である製造業などの事業者が、仕事の一部を自ら行うとともに、一部を関係請負人に請け負わせて行う場合が多い。この場合、製造業などの事業者は、労働安全衛生法上、元方事業者であるとともに一次下請けに関しては注文者としての義務を負うことになる。また、一次下請けは二次下請けの注文者となる（**図1-5**参照）。

　元方事業者は、その労働者および関係請負人の労働者の作業が同一の場所において行われることによって生ずる労働災害を防止するため、次の措置を講じることが労働安全衛生法で定められている。

　（ア）関係請負人及びその労働者に労働安全衛生法令の規定に違反しないよう、必要な指導を行うこと。違反していると認めるときは、是正のための必要な指示を行うこと。また、この指示を受けた関係請負人またはその労働者はその指示

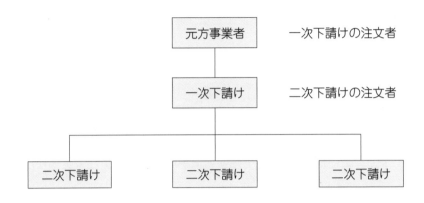

図 1-5　元方事業者等と注文者の関係

に従うこと（労働安全衛生法第 29 条）。

（イ）その労働者及び関係請負人の労働者の作業が同一の場所において行われること
によって生ずる労働災害を防止するため、作業間の連絡調整を行うことに関
する措置その他必要な措置を講じること（労働安全衛生法第 30 条の 2）。

元方事業者が講ずべき具体的措置の例を**表 1-3** に示す。

その他必要な措置としては、クレーン等の合図の統一、有機溶剤等の容器の集積箇
所の統一、警報の統一などがある。

このほか「製造業における元方事業者による総合的な安全衛生管理のための指針」
（平成 18 年 8 月 1 日付け基発第 0801010 号）において、総合的な安全衛生管理のため
の体制の確立、安全衛生計画の作成と実施などの元方事業者の実施すべき事項、元方
事業者との連絡調整等を行う責任者の選任など関係請負人が実施すべき事項が具体的
に定められている。

また、注文者に対しては、以下の措置を講じるべきことが定められている。

（ア）化学物質等を製造し又は取り扱う化学設備、特定化学設備及びその付属設備
で、改造、修理、清掃等でその設備を分解する作業又は設備の内部に立ち入る
作業に係る仕事の注文者は、その物について、仕事に係る労働者の労働災害を
防止するため必要な措置を講じなければならない（労働安全衛生法第 31 条の
2）。

必要な措置は労働安全衛生規則第 662 条の 4 に次のように定められている。

a　労働安全衛生法第 31 条の 2 の注文者（その仕事を他の者から請け負わない
で注文している者に限る。図 1-5 の場合では元方事業者となる。）は、以下の
事項を記載した文書を作成し、請負人に交付することとされている（**図 1-6** 参

表 1-3　元方事業者が講ずべき措置例

混在作業の状況	元方事業者が講ずべき措置
同一の機械等について、ある関係請負人が運転を、別の関係請負人が点検等を行う場合	それぞれの作業の開始又は終了に係る連絡、作業を行う時間帯の制限等の措置
複数の関係請負人がそれぞれ車両系荷役運搬機械等を用いた荷の運搬等の作業を行う場合	作業経路の制限、作業を行う時間帯の制限等の措置
ある関係請負人が溶鉱等の高熱溶融物の運搬等周囲に火災等の危険を及ぼす作業を、別の関係請負人がその周囲で別の作業を行う場合	周囲での作業に係る範囲の制限等の措置
ある関係請負人が有機溶剤の塗装を、別の関係請負人が溶接を行う場合	通風・換気、防爆構造による電気機械器具の使用等についての指導、作業を行う時間帯の制限等の措置
ある関係請負人が物体の落下を伴うおそれのある作業を、別の関係請負人がその下の場所で別の作業を行う場合	落下防止措置に関する指導、物体の落下のおそれがある場所への立入り禁止または当該場所で作業を行う時間帯の制限等の措置
ある関係請負人が別の関係請負人も使用する通路等に設けられた手すりを取り外す場合、設備の安全装置を解除する場合等	その旨の別の関係請負人への連絡、必要な災害防止措置についての指導等の措置
ある関係請負人が化学設備を開放し、当該化学設備の内部に立ち入って修理を、別の関係請負人がその周囲で別の作業を行う場合	化学物質等の漏洩防止に関する指導、作業を行う時間帯の制限、法第31条の2の化学物質等の危険性及び有害性等に関する情報の提供等の措置
その他、元方事業者と関係請負人および関係請負人相互が混在作業を行う場合	当該混在作業によって生ずる労働災害の防止を図るために必要な措置

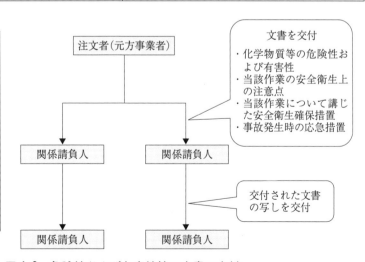

図 1-6　危険性および有害性等の文書の交付

照）。この文書の作成については、電磁的記録に代えてもよいとされている。

① 労働安全衛生法第31条の2に規定する物の危険性及び有害性

② 当該仕事の作業において注意すべき安全又は衛生に関する事項

③ 当該仕事の作業について講じた安全又は衛生を確保するための措置

④ 当該物の流出その他の事故が発生した場合において講ずべき応急の措置

　b　労働安全衛生法第31条の2の注文者（その仕事を他の者から請け負わないで注文している者を除く。図1-5の場合は一次下請けの者。）は、交付を受けた文書の写しをその請負人に交付することとされている。

　c　これらの文書の交付は、請負人が作業を開始するときまでに行わなければならない。

（イ）注文者は、その請負人に対し、当該仕事に関し、その指示に従って当該請負人の労働者を労働させたならば、この法令の規定に違反することとなる指示をしてはならない（労働安全衛生法第31条の4）。

　　多くの協力会社に支えられて事業が行われている大手の製造業などでは、自らの労働者と協力会社の労働者の安全衛生の確保のため、共に働く仲間として、上述した法令や行政の指針に基づいて、それぞれが協力し支えあっていくことが何よりも大切なことである。

(3)　派遣労働者の安全衛生管理

　製造業務への労働者派遣については、派遣の認められている他の業務に比べ、危険な機械や有害な化学物質を取り扱うことも多く、派遣先の職場環境に不慣れなこともあり、危険有害業務に就く場合などには、特に安全衛生上の配慮が必要とされる。派遣労働者の安全と健康を確保するために、派遣元、派遣先の事業者は、それぞれ労働者派遣法（労働者派遣事業の適正な運営の確保及び派遣労働者の保護等に関する法律（昭和60年法律第88号。最終改正：令和元年法律第37号））、労働安全衛生法に基づき、必要な措置を講じなければならない。

　派遣元または派遣先が負うべき責任、措置すべき事項は、**表1-4**に示すとおりである。

　なお、派遣元・派遣先の連絡調整、労働者死傷病報告等については、「第4章　関係法令」の4を参照のこと。

　また、「派遣労働者に係る労働条件及び安全衛生の確保について」（平成21年3月31日付け基発第0331010号。平成27年9月30日付け基発0930第5号で改正）で派遣元・派遣先事業者が実施すべき事項の解説がされている。

表 1-4　派遣元・派遣先における労働安全衛生法の適用

派遣元が責任を負う事項	派遣先が責任を負う事項
職場における安全衛生を確保する事業者の責務	職場における安全衛生を確保する事業者の責務
事業者等の実施する労働災害の防止に関する措置に協力する労働者の責務	事業者等の実施する労働災害の防止に関する措置に協力する労働者の責務
労働災害防止計画の実施に係る厚生労働大臣の勧告等	労働災害防止計画の実施に係る厚生労働大臣の勧告等
総括安全衛生管理者の選任等	総括安全衛生管理者の選任等
	安全管理者の選任等
衛生管理者の選任等	衛生管理者の選任等
安全衛生推進者の選任等	安全衛生推進者等の選任等
産業医の選任等	産業医の選任等
	作業主任者の選任等
	統括安全衛生責任者の選任等
	元方安全衛生管理者の選任等
	店社安全衛生管理者の選任等
	安全委員会
衛生委員会	衛生委員会
安全管理者等に対する教育等	安全管理者等に対する教育等
	労働者の危険又は健康障害を防止するための措置
	事業者の講ずべき措置
	労働者の遵守すべき事項
	事業者の行うべき調査等
	元方事業者の講ずべき措置
	特定元方事業者の講ずべき措置
	定期自主検査
	化学物質の有害性の調査
安全衛生教育（雇入れ時、作業内容変更時）	安全衛生教育（作業内容変更時、危険有害業務就業時）
	職長教育
危険有害業務従事者に対する教育	危険有害業務従事者に対する教育
	就業制限
中高年齢者等についての配慮	中高年齢者等についての配慮
事業者が行う安全衛生教育に対する国の援助	事業者が行う安全衛生教育に対する国の援助
	作業環境測定
	作業環境測定の結果の評価等
	作業の管理
	作業時間の制限
健康診断（一般健康診断等、当該健康診断結果についての意見聴取）	健康診断（有害な業務に係る健康診断等、当該健康診断結果についての意見聴取）
健康診断（健康診断実施後の作業転換等の措置）	健康診断（健康診断実施後の作業転換等の措置）
健康診断の結果通知	

医師等による保健指導 医師による面接指導等 健康教育等 体育活動等についての便宜供与等	病者の就業禁止 受動喫煙の防止 健康教育等 体育活動等についての便宜供与等 快適な職場環境の形成のための措置 安全衛生改善計画等 機械等の設置、移転に係る計画の届出、審査等
申告を理由とする不利益取扱禁止 報告等 法令の周知 書類の保存等 事業者が行う安全衛生施設の整備等に対する国の援助 疫学的調査等	申告を理由とする不利益取扱禁止 使用停止命令等 報告等 法令の周知 書類の保存等 事業者が行う安全衛生施設の整備等に対する国の援助 疫学的調査等

（資料出所：労働者派遣事業関係業務取扱要領（令和元年9月14日施行版）（厚生労働省））

4　安全活動

　安全管理体制が整備され、安全管理の仕組みが確立し、経営トップによる安全方針の表明、安全目標や安全計画の策定が的確に行われることは、安全活動の最重要事項であるが、現場の関係者の安全意識や熱意が低い場合には、その事業場の安全活動が成功していることにはならず、災害の減少にも繋がりにくい。経営トップの方針、目標、計画などが現場の労働者まで理解され、実行されてこそ事業場の安全水準の向上が期待できる。

　事業場のトップの積極的な取組みの下に、現場で実施する必要がある日常的な安全衛生活動の種類と概要は、次のとおりである。

(1)　危険予知活動（KYK）

　危険予知活動（K（キケン）Y（ヨチ）K（カツドウ））とは、現場で作業を開始する前に、その作業に伴う危険に関する情報をお互いに出し合い、話し合って共有化し、危険のポイントと行動目標を定め、作業の要所要所で指差し呼称を行って安全を確認してから行動するものである。

　危険予知活動が現場で的確に行われるためには、日頃から危険に対する感受性や集中力を高めて問題解決能力を高めるための訓練が必要である。この訓練を危険予知訓

練（K（キケン）Y（ヨチ）T（トレーニング：訓練））といい、このKYTは、有効な危険予知活動を実施するために大変に重要なものである。KYTは、「危険を危険として気づく感受性」（危険感受性）をミーティングで鋭くし、危険に対する情報を共有し合い、それをミーティングで解決していく中で問題解決能力を向上させ、作業行動の要所要所で指差し呼称を行うことにより集中力を高め、チームワークで実践への意欲を高める訓練を行うものであり、KYTの主な活用手法は「資料3」にあるとおりである。

　KYKの一環として行われる指差し呼称は、作業を安全に誤りなく進めるために、作業の要所要所で確認すべき対象をしっかり見つめ、腕を伸ばし、指を差し「スイッチ・オン　ヨシ！」、「右　ヨシ！　左　ヨシ！　前方　ヨシ！」などとはっきりした声で唱えて確認することで、意識を正常でクリアな状態にギア・チェンジし、集中力を高め、「うっかり、ぼんやり」などのヒューマンエラーによる事故を防ぐのに非常に有効である。

　指差し呼称の効果は実験によると、何もしない場合、呼称する場合、指差しする場合、指を差して呼称する場合の順で、だんだん行動の正確性が高まり、何もしないときに比べ、指差し呼称する場合には誤りの発生率が約6分の1になるというデータがある。

　また、職場のみんなが、お互いに手などを触れ合って「ゼロ災でいこう　ヨシ！」「一人ひとりカケガエノナイひと　ヨシ！」などとタッチ・アンド・コールで指差し唱和することは、その目標についてみんなの気合いを一致させ、チームワークを強め、一体感、連帯感を高める効果があることから、始業時・終業時ミーティングなどで実施されている。危険予知活動は、ゼロ災害全員参加運動（ゼロ災運動）における職場自主活動として行われている。

【参考】ゼロ災害全員参加運動（ゼロ災運動）とは

　ゼロ災害全員参加運動（ゼロ災運動）は、「一人ひとりカケガエノナイひと」という人間尊重の基本理念に基づいて、ゼロ災害・ゼロ疾病を目標に職場の危険や問題点を全員参加で解決し、危険予知訓練を活用して安全と健康を先取りし、いきいきとした職場風土作りを目指す運動である。

　このゼロ災運動は、人間一人ひとりを大事にしようという人間尊重運動で、「ゼロの原則」「先取りの原則」「参加の原則」の理念3原則に立ち、具体的には「トップの経営姿勢」「ライン化の徹底」「職場自主活動の活発化」の推進3本柱によって進められる。

タッチ・アンド・コール

指差し呼称の効果検定実験結果
（1996年　（財）鉄道総合技術研究所）

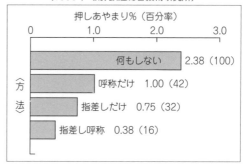

眼・腕・指・口・耳の感覚を総動員して
安全を確認する

指差し呼称

(2)　ヒヤリ・ハット活動

　事故と災害との関連を具体的に示したものとして、ハインリッヒの「1：29：300の法則」が有名である。この意味は、「1件重い災害があったとすると、軽傷災害が29回、傷害のない事故が300回起きている」というものである。また、300回の無傷害事故の背後には、多くの不安全状態や不安全行動があることを指摘している（**図1-7**）。このことから、災害をなくそうとすれば、1と29の傷害を伴う災害の防止だけに力を注ぐのみならず、不安全状態や不安全行動をなくすように努め、傷害の伴わない300の事故の発生の予防を図ることが重要である。

　「1：29：300の法則」とは、災害が発生していない事業場だからといって、安全管理がよい職場であるとは言い切れないことを示唆している。「安全管理が良い」ということは、人が傷つくような災害もなく、材料、設備、製品も損傷を受けないということに留まらず、災害発生の危険性（リスク）を低減または除去することによって将来において災害の発生可能性が十分低い状態にまでよく管理されていることをいう。

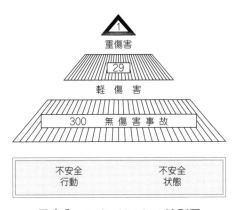

図1-7　ハインリッヒの法則図

ア　危険要因の発見と除去が重要

　安全管理の第一歩は、職場の危険要因を発見し、これを取り除くことなどによって災害の発生確率を低下させる危険管理にある。ヒヤリ・ハット活動は、危険管理の実践的な手法で、その効果が大きいものである。現場で働く労働者が自らの手で触り、目で見て、体験した危険を発見して報告する（**図1-8**）。管理者は、こうした「危険」が災害の発生に結びつかないように排除するため、直ちに応急措置を講じ、その後、速やかに抜本的な安全対策を講ずることによって、未然に災害を予防するものである。

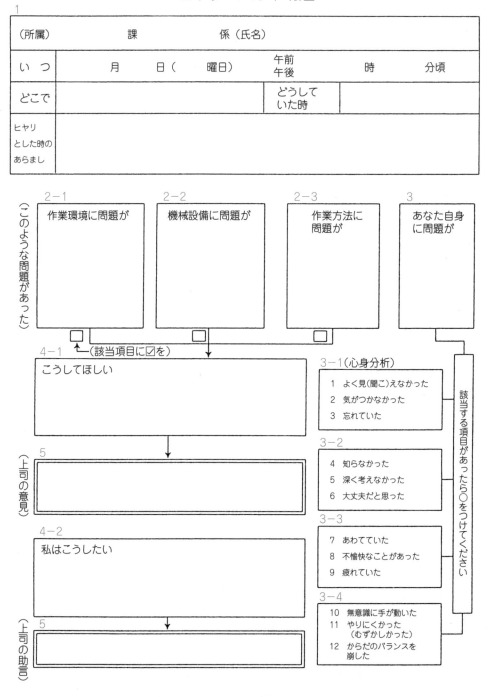

図1-8　ヒヤリ・ハット報告書（例）

イ　危険感受性の向上

ヒヤリ・ハット活動は、労働者の危険感受性（危険なものを危険と感じる感受性）を鋭くして、潜んでいる危険や小さな異常を的確に発見できるようにする（危険を見る目を育てる）ことが基本となっている。日頃からのヒヤリ・ハット活動を通じてこの感受性を向上させる必要がある。

(3)　安全提案制度

安全提案制度とは、機械・設備や作業方法についての安全上の問題点とその対策を職場から提案してもらう制度である。この提案制度の運用により、不安全箇所の摘出とその対策、安全措置、作業方法の安全化などについての提案を求め、これを実行に移すことによって災害防止対策の充実を期することができる。また、作業者から安全についての提案を求めることは、具体的な安全対策を立てるうえで役立つのみならず、提案の過程を通じ安全意識を向上させることにもなる。

この制度の運用に当たって留意すべき事項は、次のとおりである。

① すべての提案は誠意をもって公平に審査を行い、2〜3日以内に1回目の通知などを行う。
② 提案の内容にはなるべくクレームをつけない。
③ 採用したものはなるべく早く実施する。
④ 不採用のものについてはその理由を説明する。
⑤ 提案内容を公開するなどにより職場内の全員活動となるよう工夫して提案を出しやすいムードを作る。
⑥ 書くことの苦手な人も容易に提出することができるよう、簡単に記入できるような提案様式とする。
⑦ 採用した提案については、表彰などによってその労に報いる。

(4)　安全当番制度

災害を防止するためには、作業者一人ひとりの安全意識を高めることが必要である。安全当番制度は、作業者の安全意識の高揚を図り、安全活動に参画させるため、全員を交替で、安全当番、安全日直、安全週番などに任命する方法である。

安全当番は、平常どおり自分の作業をするほか、例えば、「自分の属する職場について不安全なところがないか」、「危険な作業をしているものはないか」などについてパトロールをする。安全当番は、「今日一日、自分はけがをしない。他人にもけがを

させない」という責任を自覚し、この当番を繰り返すことによって、自然と安全行動を身につけることができる。安全当番の役割としては、安全パトロールの他に、安全スピーチ、４Ｓ活動、保護具、防具の点検活動などいろいろ考えられるが、事業場の状況に合った方法で実施する。

　安全当番制度の留意事項は、次のとおりである。

①　なるべく全員が1〜2カ月に1回は当たるようにし、腕章などを与え自覚を促す。ただし、安全当番としての役目に不向きな人もおり、無理強いしてはならない。

②　安全作業に関して気がついた事項を安全日誌に記入させ、これを責任者が目を通す。

③　安全管理者または安全担当スタッフは、不安全状態や不安全な作業行動の見方について指導する。

(5)　安全パトロール

　安全パトロールは、職場に潜在する危険要因を見つけ出すため、職場を巡視し、その結果に基づいて、機械設備、作業方法などの改善を行うことにより、災害の防止を図るためのものである。

　安全パトロールの結果は、安全委員会の調査審議における重要なデータとして活用でき、安全委員会での活発な議論に役立つものである。

ア　安全パトロールの実施計画の作成

　安全パトロールは、年間を通じて計画的に行い、すべての職場を巡視し、その結果に基づいて必要な改善を指導し、その改善状態の確認まで行うことが必要である。

　安全パトロール実施年間計画を作る際には、その年、その月の安全活動の目標などを念頭に置くが、特に重点的にチェックする項目を決めておくことが有効である。

　この計画作成に際しては、次のような事項を考慮する。

①　実施時期、実施者、実施範囲、実施方法

②　記録の作成と活用方法、保存の方法

③　安全パトロールの際のチェックリストと重点事項

④　安全パトロール結果の検討および対策の指導

⑤　指導事項の是正の確認の方法

イ　安全パトロールのチェックリスト

　安全パトロールでの確認漏れを防ぎ、複数人でパトロールを行う場合における相互の指摘事項の調整が行えるようにするため、チェックリストを作成し、それを活用する。

　チェックリストの内容は、過去のパトロール結果などを考慮して作成する。

ウ　安全パトロール時の心構え

① どんなことでも見落とさないという厳しい姿勢で行う。
② 悪い点に注目するだけでなく、良いところは高く評価する。
③ あら探し的な態度や方法は避ける。
④ すぐにできることは、その場で改善させる。
⑤ 対話を通じ、どんな危険が潜んでいるか正しく認識させる。
⑥ 職場の安全水準を頭に入れて指導する。
⑦ 不安全行動が生ずる背後などの原因を把握する。

(6)　ツール・ボックス・ミーティング

ア　ツール・ボックス・ミーティングの役割

　ツール・ボックス・ミーティング（TBM）とは、職場で行う仕事の打合せのことである。ツール・ボックス、つまり、道具箱の付近にみんなが集まり、職長を中心に話し合うので、このように呼ばれている。朝、作業にかかる前に、5〜10分くらいで行われるのが普通であるが、昼食後の作業再開時に行われることもある。また、修理などの非定常作業は、その着手前に行うと効果的である。

　このミーティングの特長は、災害防止に関する身近な問題についてみんなで討議できることである。それだけに活発な意見が期待できるわけであるが、より意義のあることは、このミーティングを通じて、安全作業方法についての決定がなされ、それを確認して実行に移すことにある。

イ　ツール・ボックス・ミーティングの進め方

ツール・ボックス・ミーティングの進め方には、次の3つの段階がある。

（ア）　第1段階──導入する

テーマを提供し、関心を起こさせ、問題点に注意を向けさせる。

（イ）　第2段階──意見を引き出す

導入したテーマについて、参加者の意見や考え方を引き出す過程である。質問も出させてできるだけ全員に発言させるようにする。討論がわき道にそれないように、討議が混乱したり、1人に独占されたりしないように司会することが大切である。

（ウ）　第3段階──まとめる

この段階では、打合せの全体を振り返って対策などの結論を引き出すのである。結論が出たら、それをどのように実行するかについての方法を決める。結論が出なかった問題については、今後それをどう扱うかを決めなければならない。

要点は、安全意識が向上し、お互いが活発に意見を述べ合い、リーダーがそれをまとめて結論を出せばよいのである。なお、（イ）（ウ）を効率的、効果的に行う手段として、ワンポイントKYは有効である。

(7)　4S活動

ア　4S活動とは

4Sは「整理、整頓、清掃、清潔」の頭文字をとったものである。4S活動は、分かりやすく、みんなができて、安価であり、そして結果がすぐに見えることに特徴があることから、安全管理の基本として、あらゆる業種で広く導入されている。なお、4S活動に「躾」のSを加えた5S活動として実施している事業場もある。

「整理」とは、廃棄基準を定めておいてその基準に基づいて必要なものと不要なものを分類し、不要なものを廃棄することをいう。そのためには、必要物と不要物の分別を日常的に励行するとともに、定期的に行う大掃除などの機会にあらかじめ不要品を分類しておき、処分する必要がある。

「整頓」とは、必要なものを容易にいつでも取り出せるように工夫して収納することである。そのためには、使用頻度などを考慮のうえ、使いやすい便利な場所に安全な状態（作業の妨げ、危険な状態になるような配置をしないことを含む。）で収納す

る必要がある。

「清掃」とは、「掃き清めること」で、通路、作業床から機械設備、治工具、作業用具などを汚れ、屑(くず)、埃(ほこり)のない状態にすることをいう。清掃は、単に掃除するだけではなく、この清掃にあわせて整理・整頓の仕上げの役目も持っており、また、清掃中に機械設備のキズ、ゆるみなどの不具合、問題点を発見し、それを速やかに改善することも大切である。屑を発生源で容器に落とし込み、床に散乱しないように改善することなど工夫するとよい。

「清潔」とは、生産工程で発生する油、水、粉じん、汚れなどの発散を防ぎ、作業場のミスト、ガス、有機溶剤蒸気などを局所排気装置などで抑制することにより、作業場の汚染を防止し、作業者の服装などについても清潔を保持することをいう。

イ　4S活動の効果的な進め方

4Sを効果的に推進するためには、次のことが必要である。

① 経営トップの熱意と姿勢が重要である。

② 企業の全員での活動とする。

③ 職場での各人の分担する役割を決める。

④ 基準どおりに4Sが確保されているか、巡視と評価活動を繰り返す。

⑤ 間断のない日々の取り組みとする。

<参考>　4S点検チェック項目の例

整理

① 不要な物の廃棄基準があるか。

② 整理を推進する責任者が選任されているか。

③ その責任者は定期的に職場巡視をしているか。

④ 整理の担当区分が定められているか。

⑤ 整理のためのチェックリストは作成されているか。

⑥ 廃棄基準などの見直しなどの検討会は行われているか。

整頓

① 物の置き場所が定められているか。

② その置き場所ごとに置く物の種類や数量が定められているか。

③ 置き場所ごとに責任者が選任されているか。

④　置き場所には適切な置き方が表示されているか。

⑤　必要な物はすぐに見つかる状態になっているか。

⑥　通路や階段に物が置かれていないか。

⑦　整頓の推進のための検討が行われているか。

清掃

①　作業場の大掃除はなされているか。

②　日常の掃除が行われているか。

③　清掃の各人の受け持ち区域が定められているか。

④　汚れや埃の発生源対策が行われているか。

⑤　作業場にごみ箱が置かれているか。

⑥　清掃状態の評価のためのチェックリストが作成されているか。

⑦　清掃を推進する体制が整備されているか。

清潔

①　作業場が見た目で清潔な状態となっているか。

②　中毒が発生するようなところはないか。

③　作業場が汚染されていないか。

④　作業者の服装などは清潔な状態となっているか。

⑤　個人用の保護具は清潔に保たれているか。

　なお、4Sの維持や、働きやすさ、災害防止に有効な手法に「見える化」がある。「見える化」とは、だれが見てもすぐに分かるようにする工夫である。「どうすればよいか」、「それが何か」、「安全な状態か」等を、だれにでも、いつでも、記憶、慣れに頼らせず、余分な労力を使わせずに、即座に分からせる方法である。作業上の注意事項、禁止事項等を端的に可視化した図柄表示や、薬品等への注意喚起をするための表示、床の線引き・色分け、4S維持のための保管場所への区分表示、「非常口」等の場所を示す表示等がその例である。特定の人にしか分からず、対処できないことが減るので、特に交代制、担当者不在時等にも有効である。

(8)　安全点検

　労働災害では、機械設備、安全装置、作業環境などの物的条件の欠陥に関連してい

るものが多く発生しているという分析結果があるが、その中には、安全点検でその欠陥が事前に発見され、所要の改善措置がとられていたならば、未然に災害を防止できたものが多い。

　安全点検は、職場の機械設備など物的条件に不安全状態がないかどうかを点検することであるから、職場の事情に最も精通した生産ライン担当者によって実施するのが効果的である。安全点検の種類としては、法定の安全点検（定期自主検査、特定自主検査、作業開始前点検、暴風や地震後の点検、性能検査等）と事業場が自主的に行う安全点検がある（資料4）。

【参考1】特定自主検査

　定期自主検査のうち、機械設備の構造性能などについて十分な知識、検査能力を持った者が行わなければ、その機械設備の安全が確保できないものがある。労働安全衛生法では、動力プレス、フォークリフト、車両系建設機械および高所作業車については、1年以内に行う定期自主検査を特定自主検査とし、特定自主検査は厚生労働省令で定める資格を有する労働者に行わせるか、または登録を受けた検査業者に行わせなければならないこととなっている。

【参考2】性能検査

　ボイラー、第一種圧力容器、クレーン等（特定機械等）については、一定期間ごとに労働基準監督署長または国の検査代行機関の検査が義務づけられている。この検査のことを性能検査という。

ア　安全点検制度

（ア）　安全点検の実施者と点検の対象

　安全点検が生産ライン担当者によって定常的に行われるためには、経営トップが安全点検の実施とその重要性をあらゆる機会をとらえて強調するとともに、安全計画で安全点検の実施とその担当者を定めておくことが必要である。一般に安全点検の点検実施者と点検の対象は、**表1-5**のように区分されている。

　安全点検が確実に実施されるためには、安全管理者が、生産ライン担当者による安全点検の実施状況などをチェックする必要があるとともに、自ら安全点検の実施者にもならなければならない。

　安全管理者は、①生産ライン担当者がそれぞれの立場で確実に点検を実施しているかどうかを確認して、必要な指導を行い、②生産ライン担当者が見落としている不安全状態などを発見して是正の措置を指導する。

表1-5　安全点検の点検実施者と点検対象例

点検実施者	点検対象
事業場の トップ（工 場長など）	生産の量や質の変化が作業の安全に及ぼす影響 工場設備のレイアウトの適否 作業方法の自動化・機械化の可能性 安全についての基本施策の実施状況 現場幹部の安全に対する認識の度合い 関係現場と下請事業者または下請事業者相互間の連絡状況など
安全管理者	法令で定められた事項 建設物、設備、作業場所、作業方法などについての危険の有無 安全装置、保護具などの性能の良否
部課長	所管する作業場全般についての安全
現場監督者	所管する職場全般についての安全
専門技術者	危険な機械設備（ボイラー、クレーンなど）の安全性 点検にあたって特殊な技術を要する設備（電気設備、制御機器など）の安全性 危険物（爆発性、引火性薬品など）の取扱い、貯蔵の適否
作業者	自ら取り扱う機械設備、工具、安全装置、保護具などの性能の良否（作業開始前点検）

（イ）　安全点検の時期

　機械設備は使用時間の経過とともに腐食・摩耗などの損耗を起こす。このことから、安全点検は、日常の作業過程において継続的に実施されるべきものであるが、点検の対象によっては、多少変化しても安全上それほどの影響をもたらさないものもあるので、安全点検を一定の期間ごとに行えば足りるものもある。

　このように、安全点検を行う時期（安全点検の周期）は、点検の対象、作業内容、安全面からみた緊要度などに応じて定められるべきものである。

　点検の時期は、各対象ごとにあらかじめ設定しておくべきである。クレーン、動力で駆動される遠心機械やプレス機械など、労働安全衛生関係法令で定期自主検査が義務づけられているものについては、法定の周期に適合していなければならない。また、作業開始前の点検、暴風後などの安全点検が義務づけられているものもある（資料4参照）。

　イ　安全点検の結果に基づく欠陥の是正

　安全点検の結果によって発見された不安全状態などのうち、その職場で直ちに是正できるものは、関係管理者（監督者）の責任において直ちに是正しなければならない。

　それ以外のものについては、職場単位で点検結果の検討会をもち、現場関係者をも参加させて対策を検討し、その職場で解決できない事項は課や部などへ上げて解決する。

　安全上の欠陥が多数発見されて、一度に全部を是正することが困難な場合には、重大な欠陥および簡単に是正できる欠陥から先に改善を実施することとし、抜本的な改善措置の実施が困難な場合には、当面の措置として応急措置を講じた後に、時期をみて抜本的な対策を講ずる。

　こうした改善措置の内容とその実施時期は、スケジュールに組み、それぞれについて実施責任者を定めておくべきである。この改善措置は、適当な場所に提示し、実施責任者が工作担当部門などと連携して実施し、所定のルールに従って上司に報告する。これらの定期自主検査の結果や点検の結果は記録し、少なくとも3年間保存しておかなければならない。

　ウ　安全点検の方法
　（ア）　安全点検基準
　安全点検の実施に際して、点検者によって点検結果の判断が異なったり、同一の点検者でもそのときどきの自分の主観で判断するようでは、十分な点検を行ったとはいえない。このため、安全点検の対象ごとに、その点検の方法と点検結果に対する判定基準を定めておくことが大切である。

　安全点検は、安全関係法令（技術指針を含む）で定められている基準にとどまらず、各事業場や関連団体で制定されている自主的な安全基準に基づいて実施すべきである。安全点検基準は、定期的に検討し、機械設備や作業方法の改変に適応したものとしなければならない。

　点検の際、点検項目の見落としがないよう点検項目を列記し、点検結果を記入するようにした表（チェックリスト）を用いると、短時間に効率的な点検を行うことができる。ただし、機械設備や作業内容に変更があり、チェックリストに記載されていない項目でも点検の対象とすべきときがあるから、チェックリストにこだわりすぎてこのような大切な事項を見逃すことがあってはならない。

　なお、あらかじめ点検者に対し、点検のやり方、点検結果に対して判定基準などについて十分教育しておくことが大切である。

　（イ）　安全点検に当たっての留意事項
　安全点検の実施に当たっては、次の事項に留意すべきである。

①　職場の関係者に安全点検の意義をよく理解させ、協力を求める。点検に当たって、関係作業者から担当設備の調子や異常の有無を聴取することが重要である。

②　過去に災害が発生した箇所は、その要因がなくなっているかどうかを確認する。過去に災害が発生したということは、そこに不安全状態があったことを示すものであるから、それが完全に排除されていることを確かめる。

③　一つの設備で発見された不安全状態が他の同種の設備にもないかをチェックする。これにより、点検の成果を数倍に拡大することができる。

④　発見された不安全状態などについては、その是正措置を講ずるだけでなく、その不安全状態などがなぜ発生したかを調べ、根本的な対策（たとえば、レイアウトの変更、作業方法の改善など）を講ずる。

⑤　作業者に不要な同情をしない。例えば、安全装置を取り付けたら作業がやりにくくならないかと心配して安易な妥協をしたため、後で災害が起きたケースがある。

⑥　小さな危険の芽も見逃さない。こんなことぐらいと思って見逃したことが大災害を招く原因になることがある。

⑦　安全点検に当たっては、欠陥を指摘するのみでなく、よいことは評価する。

⑧　点検者は、服装、動作などについて模範的なものとすべきである。点検者が必要な保護帽を着用しないなどの不安全行動を示したのでは、安全点検の効果は期待できない。

（ウ）　安全点検チェックリストの作成

チェックリストは、その事業場の作業内容に適合したものとすべきである。チェックリストの作成に当たって留意すべき事項は、次のとおりである。

①　チェックリストの内容は、具体的であり、災害の防止に実効があるものとする。そのためには、その対象の機械設備や作業の危険性に対応したものでなければならない。

②　すべての機械設備や作業方法についてのチェックリストを一度につくることは、現実的でない。リスクアセスメントの結果などで緊急度の高いものから順次手がけるべきである。

③　チェックリストは、平易な表現に心がけて理解しやすい内容のものでなければならない。

④　チェックリストに盛り込むべき事項は、点検項目、点検事項、点検方法、判

定基準、判定などである。

(9) 安全朝礼

　毎日作業にかかる前に、作業場の前の広場などで朝礼を行い、お互いの「おはよう」のあいさつの後で、職場リーダーから仕事の注意とともに、安全について5分程度でよいから訓話なり注意を与える。朝礼のあとで、ストレッチなどの軽い体操を行い、あわせて作業者の健康状態について確認する。

(10) 保護具の着用の励行

　保護具は構造規格に適合するもの（型式検定対象のものについては型式検定合格標章があるもの）を正しく着用することが重要であり、その着用の有無が労働者の生死を決める場合もある。安全管理者は、生産ラインの管理監督者に対して危険な業務で保護具を使用する作業を特定して、その作業では適切な保護具を支給し、その使い方を説明し、その使用状況を点検して必ず着用させるように徹底する。

ア　保護帽

　保護帽には、墜落時保護用、飛来・落下物用、電気用（絶縁用）の3種類があるが、一般的に墜落時保護用と飛来・落下物用は併用となっている。高所作業で保護帽を着用していなかったことでの頭部損傷、保護帽は着用していたが顎ひもを十分に締めていなかったために墜落の衝撃で保護帽が脱げての頭部損傷、保護帽を着用せずに上下間の作業をして上部の物が落下しての頭部損傷など、保護帽の着用を怠ったり、その着用の仕方に不備があったりしたために多くの人が命を落としている。保護帽を正しく着用することが、万一の災害時の生死を分けることにもなる。

　また、電気関係の作業に際しては、頭上の活線に接触して感電するおそれがあるので、必ず電気用（絶縁用）保護帽を着用する必要がある。

イ　墜落制止用器具

　高さが2m以上の箇所で作業を行う場合、墜落により労働者に危険を及ぼすおそれがあるときは、作業床を設けなければならないが、それが困難な場合、防網を張り、労働者に墜落による危険のおそれに応じた墜落制止用器具（従来「安全帯」と呼ばれていた）を使用させる等、墜落による危険を防止するための措置を講じなければならないことが法令で定められている。なお、胴ベルト型の墜落制止用器具は、墜落時の

衝撃による内臓損傷、宙づり状態下での胸部圧迫等による重篤な危害発生の可能性が指摘されてきたことから、法令の改正によって、平成 31 年 2 月からは、高所作業で使用する墜落制止用器具はフルハーネス型が原則となり、また、Ｕ字つり型の器具は作業姿勢を保持するための器具であり、墜落制止用器具とは見なされないこととされた（ワークポジショニング用器具としてフルハーネスとの併用はある）。

(11)　安全意識の高揚

ア　安全の日

　毎月一定の日を「安全の日」とし、この日に経営トップが先頭にたち、全員が一丸となって、特に安全を強調することは効果的な方法である。毎月 1 日を「緑十字の日」あるいは「安全の日」とし、安全旗の掲揚、安全章の朗読、経営幹部の現場パトロールなどの行事を行っている事業場もある。

イ　安全表彰

　人間は誇りをもって考えたり、行動したりする場合には、最大の能力を発揮するものである。このため、安全について創意工夫をしたり、地道な安全活動を行ったりして優れた成績を上げた個人または職場を表彰することは関係者の安全意識を高揚させるとともに、他の作業者または職場の刺激にもなる。安全表彰は、全国安全週間や会社の創立記念日などの機会を利用すると効果的である。

ウ　ポスター、標語等による安全の PR

　ポスター、標語、壁新聞などによる安全の PR は、一般的に行われている方法である。これらを通じ、安全がいかに大切であるかということを従業員に訴えるものである。同じポスターをいつまでも掲示しているところをよく見かけるが、これは新しいものと貼りかえる必要がある。会社の入口や食堂などに安全掲示板を設け、安全目標や災害事例などを掲示する場合には、なるべく長い文章は避け、絵やグラフなどを使い、災害事例はその発生状況を分かりやすい図（例えば、イラストや図、漫画など）で表現する方が効果がある。

　作業者に安全活動への関心を持たせるため、安全のポスター、標語、写真、クイズなどを懸賞募集することも効果のある方法である。

エ　家族への呼びかけ

家庭の心配ごと、夜ふかしなどが災害の間接的な要因となることがあることから、安全に仕事が遂行されるためには、家族の理解と協力が望まれる。家族に安全への協力を呼びかける手段としては、経営トップ名による文書の発送、家族の職場見学会などがある。家族の職場見学は、仕事の実態、体調の重要性等を知ってもらえ、災害防止に対する家族ぐるみの協力に結びつくことを期待することができる。

オ　安全行事

（ア）　安全週間の行事

例えば企業としての安全週間を設定し、安全大会、無災害表彰、スローガン、標語の設定、ポスター、安全ビデオ、安全活動の写真などのコンクールの実施、職場間や関係企業間の職場見学会などをすると効果的である。労働衛生週間においてもこれらと同様の活動を行うとよい。

【参考】全国安全週間と全国労働衛生週間

1　全国安全週間

　国は、「産業界における自主的な労働災害防止活動を推進するとともに、広く一般の安全意識の高揚と安全活動の定着を図ること」を目的に、昭和3年以降、戦中、戦後の動乱期を含め一度も中断することなく、6月をその準備期間として、7月1日～7日の一週間に実施している。企業の安全週間は、この時期に合わせて実施するところが多くみられる。

2　全国労働衛生週間

　国民の労働衛生に関する意識を高揚させ、事業場における自主的労働衛生管理活動を通じた労働者の健康の保持増進と快適な職場環境の形成を推進するため、昭和25年以降に9月をその準備期間として、10月1日～7日の一週間に実施している。

（イ）　安全大会

安全週間と相まって安全大会を実施し、出席者の安全に対する気運を醸成し、意識の高揚を図ることも効果的な方法である。安全大会では、企業の規模や業態に応じ、全社員の参加による実施ができないときには各職場の代表などに限って実施したり、関係企業と一体となって実施してもよいが、安全大会が出席者など一部の関係者だけのためのものとなって、関係者全員の安全に対する気運の醸成、意識の高揚につなが

らないということのないよう、大会の持ち方などに創意工夫を続けることが大切である。

　また、大会で実施する事項としては、多くの場合、各種表彰、有識者の講演などが多いが、全国産業安全衛生大会での研究発表、特別講演、シンポジウムなどで得た他社の事例、新しい知識を積極的に紹介することにより、先取りの安全対策を進める工夫も必要である。

【参考】「全国産業安全衛生大会」

　全国規模の安全大会として昭和7年に始まったもので、中央労働災害防止協会の主催で毎年秋にいずれかの都市で1万人規模の参加者のもとに3日間開催される。初日の総合集会では各種表彰式や記念講演が、また2日目、3日目に安全衛生のテーマごとに開催される分科会では、時代を反映した事例・研究発表や講演、シンポジウムなどが行われ、安全管理者を含む安全衛生の第一線で活躍する管理監督者に貴重な情報を提供している。

（12）　第三次産業における対策

ア　第三次産業における労働災害発生状況

　第三次産業で発生する労働災害は増加の傾向にあり、休業4日以上の死傷災害は全産業の5割に近づいている。

　業種別にみると、小売業などの商業で最も多く、第三次産業全体の3割以上を占めている。次いで、社会福祉施設、医療保健業などの保健衛生業が多く、3番目に飲食

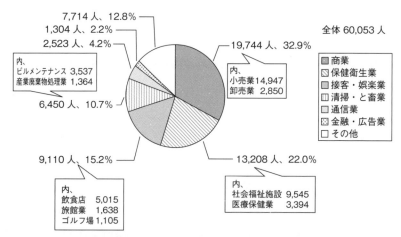

図 1-9　第三次産業の業種別災害発生状況（休業4日以上の死傷者数）（平成30年）
（資料出所：「労働者死傷病報告」）

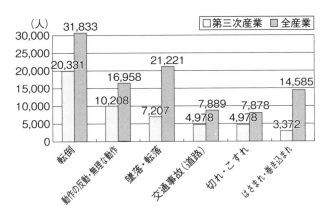

図 1-10　第三次産業における事故の型別災害発生状況（平成 30 年）
（資料出所：「労働者死傷病報告」）

店などの接客・娯楽業、4 番目にビルメンテナンス業などの清掃・と畜業と続き、こ
れらの業種で第三次産業全体の労働災害の 8 割を超えている（**図 1-9**）。

　事故の型別の災害発生状況は「転倒」が最も多く、第三次産業の災害の 3 割以上を
占め、次いで、「動作の反動・無理な動作」、「墜落・転落」、「交通事故（道路）」と続
き、これら 4 種の事故の型で第三次産業の災害全体の 7 割を占めている（**図 1-10**）。

イ　事故の型別対策

　第三次産業に多い事故の型別に対応した労働災害防止対策としては、次の対策が挙
げられる。

（ア）　転倒災害
　①　床は、くぼみ、段差のない滑りにくい構造のものとすること。
　②　床を濡らしている水は直ちに拭き取らせること。
　③　履物は滑りにくいものを着用させること。

（イ）　動作の反動・無理な動作（腰痛対策）
　①　中腰など、無理な姿勢での長時間の作業は行わせないこと。
　②　重い物を運ぶときや人を介助する場合、無理をさせず、台車等の使用や複数
　　　人により行わせること。
　③　腰痛予防体操を行わせること。

（ウ）　墜落・転落災害
　①　階段には、手すりや滑り止めを設けること。
　②　はしご、踏み台、脚立は安全に配慮した正しい使用方法で用いさせること。

　　③　倉庫などの高所の床の端には、周囲に手すりやさくを設けること。

（エ）　交通労働災害

　　「交通労働災害防止のためのガイドライン」（平成 20 年 4 月 3 日付け基発第
0403001 号。最終改正：平成 30 年 6 月 1 日付け基発 0601 第 2 号）に基づき、
管理者、運転者に対する教育を徹底すること。

（オ）　はさまれ・巻き込まれ災害

　　①　機械設備の危険な部分にはガード、安全装置を設けること。

　　②　機械を点検・修理する場合は、停止してから行わせること。

　　③　機械の運転を開始するときは、定められた合図を行わせること。

（カ）　切れ・こすれ災害

　　①　包丁など刃物類はよく研ぎ、十分に教育訓練を行ってから使わせること。

　　②　刃物の使用後は所定の場所への保管を徹底させること。

　ウ　4S 活動による自主的活動の推進

　第三次産業は全産業の労働災害発生件数の内の大きな割合を占めているが、さらに、
災害発生率は、建設業、製造業等と比べて高い業種も少なくない。

　第三次産業の事業場においても、事業場全体の労働災害防止への関心を高め、自主
的活動を推進していくことが必要であり、転倒災害が多い第三次産業では、特に、4
S 活動（整理、整頓、清掃、清潔）に取り組むことが効果的である。

　4S 活動は職場の安全確保のための基本的活動であるが、事業場として比較的取り
組みやすく、また、品質管理、生産性向上、顧客満足、ひいては経営改善にも役立つ
活動でもある。

　エ　小売業における対策

　小売業の事業場における労働災害防止対策では、次の対策が重要である。

　　①　安全衛生管理体制の整備

　　②　安全推進者の配置（平成 26 年 3 月 28 日付け基発 0328 第 6 号）

　　③　4S 活動の実施

　　④　リスクアセスメントの実施

　　⑤　「交通労働災害防止のためのガイドライン」に基づく交通労働災害の防止対
　　　策の実施

　　⑥　労働安全衛生規則第 130 条の 2～第 130 条の 9 施行についての留意事項（平

成 25 年 4 月 12 日付け基発 0412 第 13 号）、「食品加工用機械の労働災害防止対策ガイドライン」および「食品包装機械の労働災害防止対策のガイドライン」（平成 7 年 4 月 7 日付け基発第 220 号の 2）に基づく機械の安全化の促進ならびに使用時の安全の確保

⑦　一般動力機械および荷役運搬機械の点検整備の励行

⑧　倉庫、加工場所等での作業における安全な作業方法の徹底

⑨　「職場における腰痛予防対策指針」（平成 25 年 6 月 18 日付け基発 0618 第 1 号）に基づく腰痛予防対策の徹底

⑩　燃焼器具使用時の換気の徹底による一酸化炭素中毒防止対策の徹底

⑪　雇入れ時や作業内容変更時等における安全衛生教育の徹底

⑫　安全管理者等の安全衛生担当者の能力向上教育の実施

⑬　安全衛生管理担当者に対する安全衛生教育の実施（平成 24 年 3 月 22 日付け基安安発 0322 第 2 号等）

【参考 1】荷による災害防止のポイント

①　倉庫内では必ず安全な通路を確保する。

②　重い物や大きい物は下に積み、荷崩れや荷が落下しないように積む。

③　棚に商品を置くときは、幅木などを設けることにより、振動や衝撃で落ちないようにする。

④　いつも使うものは、取りやすい場所に置く。

【参考 2】台車の安全な使い方のポイント

①　台車は決められた場所に置く。

②　積む荷の形や大きさに応じた台車を使う。台車は押して使う。

③　荷崩れしないように積む。前が見えない高さまで積まない。後で降ろす物の順から先に積む。

④　他の作業者やお客様などに衝突しないようにする。このため、バックヤードでは台車の通行範囲を定め作業区域と交わらないように白線で区画する。

⑤　曲がり角ではいったん停止し、左右の安全を確認する。

【参考3】店舗での安全衛生チェックリスト（場所別）

（出典：「こうしてつくる！小売業の安全・健康職場」中災防（平成22年））

1　倉庫

①　倉庫内に安全な通路を確保しているか。

②　落下の可能性のある積み方になっていないか。

③　重量物は下段に置くなどの原則を定め、守らせているか。

④　不要な什器など廃棄すべきものを置いていないか。

⑤　棚と棚を結束するなどの転倒防止対策を講じているか。

⑥　出入り口付近に通行を妨げる物の設置・放置を禁止し、その旨をペイントなどで表示し、守らせているか。

⑦　床にゴミ、水のよごれ、凸凹などがないか。

⑧　商品などを床にじか置きしていないか。

⑨　照明器具の清掃を定期的に行っているか。

2　通路・床・壁

①　不要な掲示が残っていないか。

②　壁に金属などの出っ張りがないか。

③　物を放置していないか。

④　出入り口付近、曲がり角、エレベーター前、消防関係設備などに、ごく一時的であっても物を置くことを禁止しているか。また、その旨をペイントなどで表示し、守らせているか。

⑤　床上でコード類がむき出しになっていないか。

⑥　水のこぼれなどを取り除く方法を決め、守らせているか。

⑦　照明器具の清掃を定期的に行っているか。

3　階段

①　階段、踊り場に物を放置していないか。

②　滑り止め、手すりを設置しているか。

③　階段の滑り止めがはがれたりしていないか。

④　照明器具の清掃を定期的に行っているか。

4　荷さばき場

①　物や台車の置き場をペイントなどにより明示し、守らせているか。

②　台車がスムーズに通れる通路をペイントなどで表示し、確保しているか。

③　照明器具の清掃を定期的に行っているか。

5 厨房

① フライヤーなどの排気ダクトに、油カスなどが付いていないか。

② スライサーの刃物にカバーを付けているか。

③ スライサー、チョッパーなどの作業、清掃、点検の手順を決め、守らせているか。

④ スライサー、チョッパーなどで手をけがしないように、押し機などの補助具を使いやすい状態で備えているか。

⑤ ガス機器にガス漏れ検知器を備え付けているか。

⑥ 機械の清掃、点検修理は、機械を停止してから行っているか。

⑦ 掃除用具は収納場所があるか。

⑧ 排水溝を清潔な状態に保っているか。

⑨ コード、ガスホースに破損がないかを定期的に点検しているか。

⑩ 閉店後の器具栓の閉止をチェックする規則を定め、実行しているか。

⑪ 包丁は洗浄方法や収納場所を定め、放置していないか。

⑫ 消毒液、洗剤などが入った容器は、名称、使用目的を明示しているか。

⑬ 作業に必要のない物を置いていないか。

6 休憩室・社員食堂・トイレ・ロッカー

① 休憩室の一部を倉庫代わりに使っていないか。

② 休憩室はくつろげる空間になっているか。

③ ロッカーの上に物（特に重量物）を置いていないか。

④ 休憩室などは換気を適切に行っているか。

⑤ 喫煙について場所、時間、吸殻の処理方法などを定め、守らせているか。

（編注：労働安全衛生法の改正により、平成27年6月より、労働者の受動喫煙を防止するため、事業場の実情に応じた適切な措置を講ずることが事業者の努力義務となった（同法第68条の2）。また、健康増進法の改正により、一般の事務所や工場では、令和2年4月より、喫煙専用室等を除き、屋内は禁煙）

オ　社会福祉施設における対策

（ア）　重要な労働災害防止対策

社会福祉施設における労働災害防止対策では、次の対策が重要である。

① 安全衛生管理体制の整備

② 安全推進者の配置（平成26年3月28日付け基発0328第6号）

③ 4S活動の実施

④　危険予知（KY）活動の実施

⑤　「在宅介護サービス業におけるモデル安全衛生規程及び解説」（平成17年3月）を活用した介護作業に係る労働災害防止対策の徹底

⑥　「交通労働災害防止のためのガイドライン」に基づく交通労働災害の防止対策の実施

⑦　墜落・転落災害の防止対策の徹底

⑧　「職場における腰痛予防対策指針」に基づく腰痛予防対策の徹底

⑨　雇入れ時や作業内容変更時等における安全衛生教育の徹底

⑩　安全衛生管理担当者に対する安全衛生教育の実施（平成24年3月22日付け基安安発0322第2号等）

（イ）　危険予知（KY）活動の実施

　社会福祉施設の職員の業務は、利用者の生活に密着して、食事・入浴などの生活支援と介助、生活指導など広く多岐にわたるが、これを限られた人員で対応している場合がある。こうした職場環境の中で労働災害防止を進める場合、施設の運営者、管理者、職員がそれぞれの持場・立場の任務と責任を明確にして、全員で取り組むことが効果的である。

　事故が起こらないように、職員みんなで話し合って、安全を「先取り」する活動手法としてKY活動がある。KY活動は製造業等の多くの業界で長年にわたって実践され、災害防止に大きな成果をあげており、社会福祉施設においても有効な対策である。

（ウ）　腰痛予防の対策の実施

　社会福祉施設においては、介護者に対して腰部に過重な負担のかかる作業があるため、腰痛の予防対策に取り組むことが重要である。

　職場における腰痛予防対策については、「職場における腰痛予防対策指針」（平成25年6月18日付け基発0618第1号）において、一般的な予防対策のほか、介護作業等腰痛の発生が比較的多いとされる作業について、個別対策が示されている。また、リスクアセスメントの手法を踏まえて、介護作業において腰痛を発生させるリスクを見つけ出し、リスク低減対策を講じて腰痛を予防することを目的として、平成21年4月に厚生労働省から「介護作業者の腰痛予防対策チェックリスト」が公表されている。さらに、平成21年11月には「社会福祉施設における安全衛生対策マニュアル〜腰痛対策とKY活動〜」が、また、平成22年3月には「社会福祉施設における安全衛生対策テキスト〜腰痛対策とKY活動〜」が公表されている。

カ　飲食店における対策

飲食店における労働災害防止対策では、次の対策が重要である。

① 安全衛生管理体制の整備

② 安全推進者の配置（平成26年3月28日付け基発0328第6号）

③ 4S活動の実施

④ 労働安全衛生規則第130条の2〜第130条の9施行についての留意事項（平成25年4月12日付け基発0412第13号）、「食品加工用機械の労働災害防止対策ガイドライン」および「食品包装機械の労働災害防止対策のガイドライン」（平成7年4月7日付け基発第220号の2）に基づく機械の安全化の促進ならびに使用時の安全の確保

⑤ 倉庫、加工場所等での作業における安全な作業方法の徹底

⑥ 「職場における腰痛予防対策指針」に基づく腰痛予防対策の徹底

⑦ 燃焼器具、とりわけ厨房におけるガス燃焼器具の使用時の換気の徹底による一酸化炭素中毒防止対策の徹底

⑧ 火災防止のための火気管理等の徹底

⑨ 雇入れ時や作業内容変更時等における安全衛生教育の徹底

⑩ 安全管理者等の安全衛生担当者の能力向上教育の実施

【参考】業種別の対策

　労働災害の多い、または増加しているいくつかの業種については厚生労働省から、モデル安全衛生規程、労働災害防止のためのガイドライン、安全衛生対策マニュアル等が示されている。

1　小売業

① 流通・小売業における行動災害のリスクアセスメントのすすめ方　店舗におけるリスクアセスメントの実施のために

② 安全な店舗づくりの進め方〜4S活動で転倒・転落災害を防ぎましょう〜

2　社会福祉施設

① 安全衛生チェックリスト（在宅介護サービス業用）

② 社会福祉施設における安全衛生対策テキスト〜腰痛対策とKY活動〜

③ 社会福祉施設における安全衛生対策マニュアル〜腰痛対策とKY活動〜

④ 介護作業者の腰痛予防対策のチェックリストについて

3　ビルメンテナンス業（警備業）

　① 　ビルメンテナンス業におけるリスクアセスメントマニュアル

　② 　ビルメンテナンス業における労働災害防止のためのガイドライン

　4 　産業廃棄物処理業

　① 　産業廃棄物処理業におけるリスクアセスメント～災害ゼロをめざして！

　② 　産業廃棄物処理業におけるモデル安全衛生規程及び解説

　③ 　安全衛生チェックリスト（産業廃棄物処理業用）

(13)　交通労働災害の防止

　労働災害による全死亡者のうち、交通労働災害による死亡者は約 5 分の 1 を占めている。業種別にみると、自動車の運行を中心的業務とする陸上貨物運送事業のみならず、建設業、商業、製造業、交通運輸業等幅広い業種で発生している。

ア　交通労働災害防止のためのガイドライン

　交通労働災害の多くが事業場の外の道路上で発生することもあり、一般の労働災害と比較して、事業場において積極的な対策が十分に講じられているとはいえない。

　しかしながら、交通労働災害は、業務の遂行と密接な関係の中で発生するものであり、事業者は、その防止のため、自動車等の運転を行う労働者に単に交通法規の遵守を求めるだけでなく、一般の労働災害防止対策と同様に総合的かつ組織的に取り組むことが必要である。

　このようなことを踏まえ厚生労働省から「交通労働災害防止のためのガイドライン」（平成 20 年 4 月 3 日付け基発第 0403001 号。最終改正：平成 30 年 6 月 1 日付け基発 0601 第 2 号）が公表されており、同ガイドラインに基づき、交通労働災害防止のための対策を実施することが必要である。

イ　管理者、運転者に対する教育

　アのガイドラインを周知し、実効あるものとするには管理者や運転業務従事者に対する安全衛生教育を推進することが重要である。厚生労働省からこれらの教育について、次の実施要領が示されているので、これらに基づき教育を行うことが必要である。

　① 　「交通労働災害防止担当管理者教育実施要領」（平成 13 年 3 月 30 日付け基発第 236 号）

　② 　「自動車運転の業務に従事する労働者に対する安全衛生教育実施要領」（平成 9 年 8 月 25 日付け基発第 595 号）

(14)　高年齢労働者の安全

　わが国は、急速に高齢社会に移行しつつあり、労働力人口に占める高年齢労働者の割合も急速に増加している。

　高齢社会においては、高年齢労働者が活力を失わずにその能力を十分に発揮することが必要であり、そのような職場を作っていくことが、本人のためにはもちろんのこと、企業や社会全体の活力を維持するために非常に大切なことである。

　高年齢労働者は、一般に、豊富な知識と経験を持っていること、業務全体を把握した上での判断力と統率力を備えていることが多いことなどの特徴があるが、一方で加齢に伴い心身機能が低下し、労働災害発生の要因の１つとなっている。

　高年齢労働者の労働災害発生状況をみると、災害発生率が20〜49歳の労働者に比べて高くなっており、また、高年齢労働者は、若年労働者に比べて被災した場合に休業日数が長くなるなど、その程度が重くなる傾向がある。

　高年齢者の雇用延長などにより労働者の高齢化が進んでおり、高年齢労働者の労働災害を防止すること、すなわち、職場の安全を確保することは最も重要な課題の１つといえる。加齢に伴う心身機能の低下、新しい技術への対応、若年労働者とのコミュニケーションのあり方を考慮して、機械設備・作業環境・作業方法の改善、健康の保持増進、快適な職場環境の形成、安全衛生教育の実施などの対策を講ずる必要がある。

　高年齢労働者に適した安全対策は、すべての労働者に対しても有効であるとの認識のもとに、具体的な対策を実施する必要がある。

　次に示す表は、高年齢労働者が働きやすい職場を作るために、具体的にどのような点に配慮すべきか整理したものである。

就労条件への配慮	あらかじめ作業標準などで作業内容を具体的に指示し、作業者本人が事前に作業を計画できる。
	少なくとも２時間以内に、１回以上の休憩時間を入れている。
	夜勤はなくしているか、やむを得ず夜勤をする場合には夜勤形態や休日に配慮している。
	半日休暇、早退制度などの自由度の高い就業制度を実施している。
	作業から離れて休憩できるスペースを設けている。
	事業の状況について情報を提供している。

作業者への配慮	年齢・個人差を考慮して仕事の内容・強度・時間等を調整している。	
	職場配置にあたっては、本人の意向を反映させている。	
	作業者本人が仕事の量や達成度を確認できるようにしている。	
	作業者からのヒアリングの機会を積極的に設けている。	
作業負荷低減への配慮	素早い判断や行動を要する作業には就かせないようにしている。	
	作業者が自主的に作業のペースや量をコントロールできるようにしている。	
	強い筋力を要する作業や長時間筋力を要する作業を減らしている。	
	高度の注意力の集中が必要な作業は一連続作業時間を1時間未満としている。	
作業姿勢への配慮	背伸びする、腰・ひざを曲げる、体をひねる、腕をあげるなどの不自然な姿勢となる作業を減らしている。	
	必要に応じて作業時に椅子などを用いて立位作業を減らしている。	
	無理なく手の届く範囲で作業ができるようにしている。	
	個人に合わせて選択・調整できる工具、椅子、作業台などを提供している。	
安全への配慮	熟練者にありがちな慣れによる事故を防ぐ工夫をしている。	
	できる限り危険な作業場での従事機会を減らしている。	
	転倒防止のため段差・傾斜がなく、滑りにくい床面にしている。	
	警告音の音程、音調は聞き取りやすくする工夫をしている。	
	取り扱う物の重さが一目で分かる工夫をしている。	
	高年齢者に配慮し、職場に合った上記以外の安全対策を実施している。	
健康への配慮	腰痛予防のための教育を積極的に受けさせている。	
	身体機能維持のための運動、栄養、休養に関するアドバイスを受けさせている。	
	健康診断の結果の説明を作業者に受けさせている。	
	生活習慣病などに対する健康指導・健康教育を受けさせている。	
	健康状態を配慮して適正配置を行っている。	
新しい職場への適応の配慮	職務内容の難易度に応じて適切な導入教育期間の調整を行っている。	
	新規の作業に従事する場合には、過去の作業経験との関連性を活かした教育を行っている。	
	作業標準を守っているかどうか確認を行っている。	
	職務習熟のための機会や手段が用意、提供されている。	

　また、高年齢者の特性に配慮した作業環境や作業方法等の主な改善例をまとめると次のようなものがある。

直接的対策	墜落・転落防止対策	高所作業をできるだけ地上の作業に置き換える。
		垂直はしごを階段に改善する。
		階段をスロープに改善する。
		高所作業台（高所作業車）を活用する。
		作業床を設置する。
	転倒防止対策	つまずきの原因となる段差をなくす。
		作業床の滑り防止を徹底する。
		ノンスリップ靴を着用する。
	重量物等取扱い方法の改善	手押し車等を活用する。
		運搬用ロットの大きさ、重量の面から改善する。
		持ち上げ、運搬に動力運搬機等を活用する。
		バランサー等を活用する。
	作業姿勢の改善	装置、作業台等の活用、作業点・作業方法の変更等により、前屈姿勢作業等を改善する。
	視聴覚機能の補助等	照明を改善する。
		作業指示票、図面等の表示を拡大し、簡素化する。
		拡大鏡等を取り付ける。
間接的対策	高年齢者の技能・知識を活かす職務への配置	新技術に対応するため、対話型のME（マイクロ・エレクトロニクス）機器を採用する。
		試作、開発部門で熟練技能者として知識・経験を活かす。
	健康管理の充実	健康づくりを指導する。
		朝礼などのミーティングの実施の際に、一人ひとりの健康状態を把握してムリのない仕事に就かせる。

　上記の2つの表は、厚生労働省から平成21年3月に公表された「高年齢労働者に配慮した職場改善マニュアル〜チェックリストと職場改善事項」、平成22年3月に公表された「高年齢労働者に配慮した職場改善事例（製造業）」および「高年齢労働者の身体的特性の変化による災害リスク低減推進事業に係る調査研究報告書」からの引用等である。

　なお、高年齢労働者の安全と健康に関しては、平成30年に中央労働災害防止協会が開発した「エイジアクション100」がある（100の取組を盛り込んだチェックリストを活用して職場の課題を洗い出し、改善に向けての取組を進めるための職場改善ツール。中央労働災害防止協会ホームページhttps://www.jisha.or.jp/に掲載）。

（15） 労働者の健康等に対する配慮

　全国の定期健康診断の結果では、有所見率は上昇傾向にある。この有所見率の上昇は、労働者の高年齢化、運動不足、食習慣の変化、ストレスなどによる生活習慣病関連要素の増加が主な原因である。生活習慣病は、遺伝の要素と生活習慣の要素の組合わせで発症するとされている。遺伝の要素は変えられないが、生活習慣の要素はその人の努力で変えることができる。生活習慣病は適度な運動、健全な食生活、ストレスのコントロールなどの健康的な生活習慣を身につけることで、予防し、発症の時期を遅らせ、発症の程度を軽くすることが可能とされている。心とからだが健康で、持てる能力を十分に発揮して活躍し、退職後も健康を維持できることは本人のみならず、労働災害防止の面からも、事業の活性化の面からも必要である。管理監督者が朝のミーティングなどの機会を利用して部下の心身の健康状況を把握して、持病や生活習慣病に関連して身体的機能が低下している者やメンタル面で不安定な状況にある者については、不慮の不安全行動による災害を防止するために、その者を危険な作業に従事させないこと、やむを得ず作業に従事させることがあったとしたら特別な注意を払うことが必要である。

　なお、健康診断に加え、ストレスの程度を把握するための検査（ストレスチェック）の実施、その結果の医師等から労働者への通知（結果を本人の同意なく事業者に提供することは禁止）、申出に応じた医師による面接指導等が、平成27年12月より事業者の義務となった（労働者数50人未満の事業場は当分の間努力義務）（労働安全衛生法第66条の10）。

　また、長時間労働の是正、多様で柔軟な働き方の実現、雇用形態にかかわらない公正な待遇の確保等を目的とした「働き方改革を推進するための関係法律の整備に関する法律」により、平成30年7月に、労働基準法、労働安全衛生法等が改正された。これにより、長時間労働の是正のための労働時間に関する制度の見直し、産業医の機能の強化等が図られることになった（企業規模・業種に応じ平成31年4月等からの施行）。

【参考】THP（心とからだの健康づくり運動）

　労働安全衛生法第69条で労働者の健康保持増進措置が事業者の努力義務と規定され同法第70条の2に基づいて厚生労働大臣が「事業場における労働者の健康保持増進のための指針」（健康づくり指針）を公表している。同指針に沿って労働者の健康保持増進措置

を普及するため、厚生労働省、中央労働災害防止協会は「心とからだの健康づくり運動（「THP」（トータル・ヘルスプロモーション・プラン））」を推進している。THP の進め方は、経営トップが表明した健康づくりのための方針に基づき、衛生委員会の審議を経て健康づくりのための目標（指標）や健康保持増進計画を作成し、衛生管理者などのコーディネイトの下にライン管理者の協力を得て、健康指導スタッフ（産業医、運動指導担当者、運動実践担当者、心理相談担当者、産業栄養指導担当者および産業保健指導担当者）がチームを組んでその個々人の健康情報をもとに健康教育などを進め、その結果を評価し、必要に応じて改善するというものでこの PDCA サイクルを回しながら「健康的な生活習慣を身につけるようにモチベーション」を高めることを目的としている。事業場内で健康保持増進計画の実施に必要な健康指導スタッフの確保ができない場合には外部の専門機関（労働者健康保持増進サービス機関や労働者健康保持増進指導機関）に依頼して健康教育を進める。

5　労働災害の原因の調査と再発防止対策

　災害がもし起こった場合には、その発生原因を明らかにすることにより適切な災害防止対策を見いだし、類似災害の発生を未然に防止しなければならない。災害の原因は、決して単一ではなく、人、機械、原材料、作業方法、環境、管理状況などの要因が複雑に絡み合っていることが多いので、災害原因の分析を的確に行い、類似災害の防止対策を講じる必要がある。また、こうした分析は、リスクアセスメントの貴重な資料となるものである。

(1)　災害発生のメカニズム

　災害の原因は、いろいろな要素が複雑にからみあっていることが多い。原因の実態を把握するには、原因の元となる要素の組み合わされた構造を想定し、いくつかの要素に分解してみることが必要である。**図** 1-11 は、災害発生のメカニズムを現象面でとらえた最も簡単で基本的なモデルを示したものである。この図では、災害を物が人に直接接触した現象とか、危険なエネルギーにばく露された現象として示し、物と人との組合わせとして表現している。そして、この物と人とが組み合わされた接触の現象・形態を「事故の型」として示している。

ア　不安全な状態

物の要因を「不安全な状態」（不安全状態）とし、その「不安全な状態」があった物を「起因物」として示している。「不安全な状態」とは、事故災害を起こしそうな状態または事故災害の要因をつくり出しているような状態をいう。一般的には、この物の「不安全な状態」を物的欠陥として災害要因としている。

イ　不安全な行動

「不安全な行動」（不安全行動）とは、災害の要因となった「人の行動」をいう。この「不安全な行動」の中には、知らなくて不安全な行動をした、知っていてもできなかった、故意にしたという場合がある。ここでいう「人」は被災者本人の場合もあり、第三者の場合もある。

物の「不安全な状態」と人の「不安全な行動」が存在し、これらの組合わせによって災害が発生する。また、そうした事業場内の状況を見過ごした管理の欠陥を「安全管理上の欠陥」として示してある。

ウ　起因物と加害物

図1-11の物のうち、直接人に触れて危害を加えた物を「加害物」として、起因物→加害物→〈現象〉として表しているが、この起因物と加害物とは、同じ物の場合もあり、異なる場合もある。

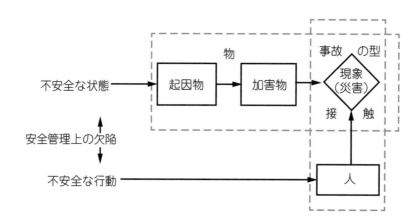

図 1-11　災害発生の基本的モデル図

(2) 不安全な状態と不安全な行動

ア 「不安全な状態」と「不安全な行動」の関係究明

　図1-11のモデル図では、災害の原因としては「物と人」との両面を明らかにすることが重要であることが示されている。物の「不安全な状態」と人の「不安全な行動」との関係を究明することが災害防止対策につながる。労働災害原因要素の分析（平成25年厚生労働省）によれば、製造業全体の休業4日以上の死傷災害について、不安全な状態があって災害の発生したものは91.2％、不安全な行動によって発生したものは89.2％、この両方が組み合わされた（不安全な状態があり、かつ、不安全な行動があった）ことによって発生した災害は85.6％となっている。

【参考】労働災害原因要素分析結果は、厚生労働者の職場のあんぜんサイト（https：//anzen info.mhlw.go.jp）の「労働災害統計」で入手できる。

イ 「根本的な原因」の究明

　「不安全な状態」および「不安全な行動」は「直接的な原因」であり、なぜ「不安全な状態」があったのか、なぜ「不安全な行動」をしたのかというその奥に存在する「根本的な原因」を究明することが重要である。災害が発生すると、「なぜ気がつかなかったのか、なぜ事前に対策をしなかったのか」がいつも問題になる。現実には事前に全く対策がなされていなかったということはまれで、普通は何らかの対策が行われているが、その対策が不十分であった場合が多い。この問題は、どうして事前に十分な対策ができなかったのかであり、この問題の背景にある管理的な面を含めた要因究明が類似災害防止の決め手となる。

　人間─機械─環境システムを正常にして、安全に運営していくためには、①人間的要因、②設備的要因、③作業的要因、および④管理的要因の4つの項目に分類して検討する必要がある。

(3) 災害調査

ア 災害調査の目的

　災害調査の目的は、類似災害を発生させないため、災害原因となった「不安全な状態」および「不安全な行動」を発見し、これをさらに分析検討し、その背後にあって災害発生の重要な契機となった根本的な原因を明らかにし、適正な対策をたてること

にある。災害調査は、調査することが目的ではなく、関係者の責任を追及することが目的でもない。災害調査で大切なことは、真実を知り、事後の安全対策を的確に講じることである。このことから、災害が発生した場合は、被害の大小にかかわらず、常に徹底的にその原因を追究することが重要である。

イ　災害調査の方法および注意事項

（ア）　事実を集める

事実をできるだけ集めるため、次のことを行う。

① 災害現場は、変更されやすいから、調査は災害発生直後に行う。この場合、調査が終了するまで現場はありのままの状態で保存する。

② 物的証拠を集め保管する。災害に関係のある物件の中には、詳細な材料試験、化学分析を要するものもある。

③ 災害現場の状況を記録にとどめるため、写真を撮る。

④ 目撃者および職場の責任者の協力のもとで調査を進める。

⑤ 可能な限り被害者の話を聞く（後でもよい）。

⑥ 特殊な災害や大きな災害で専門家による調査が必要と認められる場合には、協力を依頼する。

（イ）　留意事項

災害調査に携わる者は、特に次の事項に留意する。

① 「なぜ」は後でも分析検討できるので、「どうであったか」という事実を先に集める。

② 目撃者がいう「こうに決まっている」（断定）、「こう思った」（憶測）とか「なぜ」（原因）は、事実とは区別して参考として記録する。

③ 調査は、責任を追及する態度に陥りやすく、そのために関係者が警戒し、事実を隠すことがありえることから、責任の所在を決めるよりも、類似災害の再発防止の方が大切だという基本的態度を堅持する。

④ 二次災害の発生要因を除去した後に、迅速に調査を行う。

⑤ 「だれそれの不注意による」というように人の面の要因だけを取りあげることがないようにする。このような場合には、物の面の要因が見過ごされていることが多い。

⑥ 第三者の立場で公正に調査を進めるため、2人以上で調査を行う。

ウ 災害原因の分析

災害調査の第1段階である事実の確認ができた後は、災害原因の究明を行わなければならない。災害原因の究明を正しく行うことは、災害調査の最も重要な事項であり、このことが不十分であったり、誤っていれば、災害の再発防止対策も的確さを欠くこととなる。

なお、災害原因の分析については、(4) のアであらためて説明する。

エ 再発防止対策の樹立

以上のことができれば、類似災害の的確な防止対策を講じることができる。

類似災害の防止対策は、具体的で、実行可能なもので、事業場全体の賛同が得られるものでなければならない。この対策は、災害発生の職場のみならず、他の職場の安全水準の向上を期するために参考として活用されるべきである。類似災害の防止対策の内容は、災害発生部門と安全管理者から安全委員会に提出され、その審議と承認を得て実施されることが大切である。

(4) 災害原因（背景要因を含む）の分析および結果の活用

ア 災害原因（背景要因を含む）の分析

災害発生の原因を構成するものとしては、災害を起こす引金となった「不安全な状態」と人の「不安全な行動」、すなわち直接原因と通常いわれているものだけでなく、これらの直接原因の存在の背景にある根本的な原因がある。

後者は、従来は間接原因といわれていたが、この用語では、災害発生とあまり関係のない事実でも数多く挙げれば原因分析を綿密に行ったと誤解したり、逆に直接原因の背後にあった本質的な欠陥の究明をあいまいにしかねないことなどのために、間接原因ではなく、「根本原因」ということもある。

（ア）　直接原因の背後にある根本原因

　直接原因は、深層にある問題が現象として現われたものであって、その根本原因を明らかにすることによって、真に効果的かつ永続的な安全対策が可能となる。「ベルトコンベヤで移送中の部品に異常を認めたので取り除こうと手を出したら、部品の鋭角部分で手指の先端を切り受傷する」という災害があった事例を例として説明する。移送中の部品の取り除き作業は、必ずベルトコンベヤを止めて取り扱うルールになっていたので、災害の直接原因は、「作業者のルール違反による不安全行動」と「部品の危険部分の無防護による不安全状態」とされた。コンベヤを停止させて移送中の部品を取り除くという作業者のルールを守ることに対する意識の問題もあるが、この災害の最も根本的な問題は、むしろ作業者の作業位置の付近にベルトコンベヤの非常停止用スイッチがなかったこと、コンベヤに手を伸ばしたら光線式安全装置が作動して自動停止する装置などが設けられていなかったこと、異常のあった部品をコンベヤから取り除くのではなく、つまり検品をコンベヤ上で行うのではなく別の所で行うことになっていなかったことなどにあった。

（イ）　原因分析における留意事項

　　a　直接原因である物的原因すなわち「不安全状態」と人的原因すなわち「不安全行動」に該当する事実の有無を明らかにする。これらに該当するかどうかの基準は、資料5の3および4の厚生労働省の分類によると便利である。事業場独自の基準がつくられていれば、それを利用する。

　　b　直接原因には、「不安全状態」と「不安全行動」の両方が存在する場合が大部分である。

　　c　根本原因は、「不安全状態」と「不安全行動」のそれぞれについて検討を行う。その主な内容は次のようになる。

　　（a）　人間的要因

　　①　作業者の心理的要因（無意識行動、危険感覚の欠如、憶測判断、錯覚、忘却、考えごとなど）

　　②　作業者の生理的要因（疲労、睡眠不足、身体機能の低下、疾病、飲酒など）

　　③　職場の要因（職場の人間関係、チームワーク、コミュニケーション、監督者のリーダーシップなど）

　　（b）　設備的要因

　　①　設計上の欠陥

    ② 危険防護（原材料などを含む。）の不良

    ③ 本質安全化の不足

    ④ 人間工学的配慮の不足

    ⑤ 標準化の不足

    ⑥ 点検整備の不足

  (c) 作業的要因

    ① 作業情報（打合せ・連絡・指示などの内容）の不適切

    ② 作業方法の不適切

    ③ 作業姿勢、作業動作の欠陥

    ④ 作業空間の不良

    ⑤ 作業環境の不良

  (d) 管理的要因

    ① 管理組織の欠陥

    ② 規程・マニュアル類の不備、不徹底

    ③ 安全管理計画の不良

    ④ 教育、訓練の不足

    ⑤ 部下に対する監督・指導の不足

    ⑥ 適正配置の不十分

    ⑦ 健康管理の不良

 d 「不安全状態」および「不安全行動」のいずれにも、cの要因が背後に存在しうる。たとえば、「作業者の錯覚（思い違い）」のために「点検整備の不足」があったという「不安全状態」が発生した、「人間工学的な配慮が不足していた設備」を取り扱ったために作業者が「不適切な作業方法」をとったという「不安全行動」が発生したなどの例は多い。

イ　災害統計の活用

（ア）　災害統計

　安全管理を進めるうえで災害統計は有用である。その効用の一つは他と比較する資料として用いられること、他の一つは自己の事業場の災害の実態と傾向を知り、今後の指向すべき安全管理の重点を知ることができることである。各種の災害統計によって、次の事柄について具体的に知ることができる。

　① 最近の安全成績はどうであるか。

②　他の同業事業場または同業種平均の安全成績と比較して、どのような位置にあるか。

③　過去の実績と現状を比較してどんな傾向になっているか。

④　安全の成績と他の事業実績との関連はどうなっているか。

⑤　どんな種類、原因の災害が多いか。

⑥　災害の程度は、災害による損失はどうであったか。

⑦　今後の安全管理の目標と重点をどこにおくべきか。

⑧　今後の安全管理の実施事項、災害防止対策として何をなすべきか。

⑨　それらの実施事項や対策によって十分な効果が期待できるか。

　その他いろいろの事実を災害統計により知ることができる。災害統計の対象とする災害は、原因調査で業務上の災害として明らかとなったものであるが、休業1日以上の災害のみならず、不休災害もすべて統計対象にする必要がある。

（イ）　災害の分類（厚生労働省）

　安全計画を作成し、その計画の必要性を経営者や生産ラインの責任者と労働者までに理解させるためには、個々の災害事例を引用して説明するとともに、災害が発生している事実を統計で示すことが必要である。

　厚生労働省では、製造業、建設業、陸上貨物運送事業、港湾荷役業、林業について詳細に原因要素分析を行っている。個々の災害1件ごとに、被災者の性別・年齢・経験、傷病の性質、傷病の部位、傷病の程度、職種、作業の種類、事故の型、起因物、起因物の部分、不安全な状態、不安全な行動などの多項目にわたる分類を行い、要素ごとの組合わせで統計を作成している。これらの項目のうち、事故の型、起因物、不安全な状態および不安全な行動については、資料5のように分類している。

（ウ）　災害率の算定

　安全成績について評価する場合に、最も容易に得られる尺度として災害率の算定が行われる。日本で用いられている災害率を説明する。

a　年千人率

　　年千人率とは、1年間に労働者1,000人当たりに発生する死傷者数を示すもので、次の式で表される。

$$年千人率 \ = \ \frac{年間死傷者数}{平均労働者数} \ \times \ 1,000$$

　年千人率は、労働時間数とか労働日数に変動が多い事業場には不向きであるが、算出が容易で、分かりやすいのが長所である。

b　度数率

　度数率とは、100万延実労働時間当たりに発生する労働災害による死傷者数を示すもので、次の式で表される。

$$度数率 \ = \ \frac{労働災害による死傷者数}{延実労働時間数} \ \times \ 1,000,000$$

　この式において分子と分母の集計期間が同じであればその期間は任意としてよいが、一般的には他と比較するために1カ月、半年あるいは1年などの期間において算定される。

c　強度率

　強度率とは、1,000延実労働時間当たりの災害によって失われる労働損失日数を示すもので、次の式で表される。

$$強度率 \ = \ \frac{延労働損失日数}{延実労働時間数} \ \times \ 1,000$$

　延労働損失日数を個々の災害について求めることはかなり困難であるので、同程度の災害については同じ損失があるものと仮定し、統計的見地から一定の基準が設けられている。日本では、労働損失日数の算定基準を次のように定めている。

① 死亡　7,500日

② 身体障害を伴うもの

身体障害等級	1～3	4	5	6	7	8	9	10	11	12	13	14
損失日数	7,500	5,500	4,000	3,000	2,200	1,500	1,000	600	400	200	100	50

③ 身体障害を伴わないもの

$$延労働損失日数 \ = \ 休業日数 \ \times \ \frac{300}{365}$$

ウ　災害の再発防止対策

災害の発生は不幸なことであるが、その災害を将来の類似災害防止に十分に活用するならば、何にも優る貴重な情報ともいえる。ここでは、災害調査から災害原因の分析結果の活用に至るまでの一連の諸活動について一般的な例を紹介する。

①　災害が発生した場合、その部門長は安全担当部門（安全管理者を含む、以下同じ。）などと共同で災害調査要領に基づき、発生現場での調査、関係者へのヒアリングを行ってその原因の究明を行う。

②　その部門長は災害調査結果に基づき、災害の発生状況、直接原因、根本原因など詳細な情報を含んだ災害発生報告書案を作成し、安全委員会の審議を経て安全担当部門から事業場のトップに提出する。この場合、その原因の把握を補完し、今後の災害の防止に資することを目的として、災害が発生した作業や起因物となった機械設備に対し、リスクアセスメントを併せて実施する。

③　事業場のトップは、災害発生報告書案を検討して承認する。

④　その部門長は承認された災害発生報告書に基づき、安全担当部門と協議の上、再発防止対策を立案し、事業場のトップの承認を得る。

⑤　その部門は、安全担当部門の協力の下、承認された機械設備の改善、安全作業手順、安全教育の実施などの再発防止対策を実施する。

⑥　安全担当部門は、事業場のトップの指示の下に災害発生報告書および類似災害防止対策を全部門へ周知させ、各部門長に類似災害防止のための必要な措置を実施させるとともに、これら報告書を本社へ報告する。

⑦　安全担当部門は、上記①から⑥の事項に資するよう、他事業場および同業他社の災害情報の収集に努めるとともに、その情報を従業員などの関係者に周知する。

(5)　災害事例とその防止対策

（災害事例の概要）

フォークリフトを後進運転中、排水溝の蓋に乗り上げ、フォークリフトの底部に引っかかった排水溝の蓋により急停車して転落

（発生状況）

X事業場は電気機械器具製造業で、S職場は、小型のモーターの検査、梱包および製品倉庫までの運搬を受け持っている。この職場は、班長A以下12名で、検査係3

名、フォークリフト運転士2名（B、C）（フォークリフト運転技能講習修了者）、梱包係2名（D、E）ほかの構成である。

9月29日夕方、S職場に、発送係から明日（30日）午前中に製品を製品倉庫内に届けるようにと連絡があった。このため、S職場における30日の運搬量は通常より多くなった。

9月30日、朝の作業開始前のミーティングで班長（A）は、フォークリフト運転手である（C）が当日急に欠勤したため、フォークリフト運転士（B）および梱包係である（D）、（E）の3名に対し、（D）、（E）は梱包作業を行いながら、手の空いた者がフォークリフト作業を（B）と一緒に行うよう命じた。命じた作業内容は、11時半までに製品を製品倉庫内に納入することであった。フォークリフトは2台あり、それぞれバッテリーフォークリフト1tと、リーチ型フォークリフト0.7tであった。

（D）はフォークリフト運転の特別教育修了者であり、運転の経験があった。（E）は同教育未修了で、2か月前に（A）に同教育の受講を申し出ていたが、（A）は日常業務に追われ上司に具申するのを失念していた。

11時20分頃、梱包作業が一段落した（E）は、空いていたリーチ型フォークリフトを運転して、製品（ダンボール箱に収納の製品、200kg詰め）をパレットに2段積みにして、梱包場から製品倉庫へ最後の運搬を始めた。10分後、コンクリート舗装されている製品倉庫内に入り、荷卸場に近づいたので前進から後進に移った。（E）は運転台に立ち、右後写鏡が破損していたので右後方を見ながら運転していたとき、左後車輪が排水溝の蓋（鉄板製、四角形、中央が凹み、周辺が反り返っていた。）に乗り上げ、その反動で蓋が踊り、フォークリフトの底部に引っかかって急停車した。ちょうど急ブレーキがかかった状態で、（E）は運転台から振り落とされ、頭部および右肩を打撲して休業14日の負傷をした。

なお、当該フォークリフトは年次点検（特定自主検査）は実施されていたが、月次および作業開始前点検は実施されていなかった。

注①　フォークリフトの資格は、技能講習修了者（最大荷重1t以上）、特別教育修了者（最大荷重1t未満）である。

注②　作業者の服装は会社の規定通りであったが、保護帽は着用していなかった。

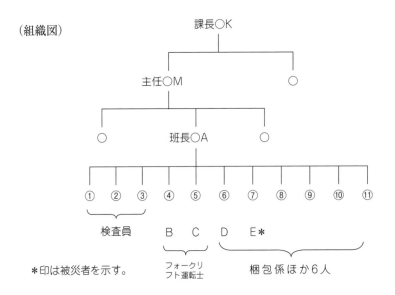

（組織図）

＊印は被災者を示す。

（原因）

本災害の原因としては、次のことが挙げられる。

① フォークリフト作業について明確な作業手順書および作業計画（運転者の指名を含む）が作成されていなかった。

② 欠勤したフォークリフト運転士（C）の代わりに特別教育修了者である（D）にリーチ型フォークリフトの運転をさせるべきところであるが、班長Aはその作業指示を行わずに、結果として特別教育修了者でない(E)にその運転を行わせた。

③ フォークリフト運転資格者の養成計画が未整備で、特別教育未修了者（E）の受講申し出が放置されていた。

④ 月次および作業開始前点検を実施しておらず、フォークリフトの右後写鏡の破損が放置されていた。

⑤ （E）がフォークリフトの運行ルートをはずれ、排水溝に乗り上げた。

⑥ 日常の職場の安全パトロール等が不十分であったため、排水溝の蓋が反り返っていたにもかかわらず、それが放置されていた。

⑦ （E）は保護帽を着用していなかった。

（再発防止対策）

同種の災害の発生を防止するための対策としては、次のことが挙げられる。

① フォークリフト作業について明確な作業手順書および作業計画を作成するとともに、適宜見直しを行う。

リーチ型フォークリフト（0.7t）

右後写鏡破損

排水溝の蓋

後進運転中 ⟶

災害現場見取図

　　作業手順書において、フォークリフトの運行経路の規制、フォークリフトの運転者への保護帽着用の義務づけ、班長によるキーの保管、運転者氏名の表示等を定め、関係労働者に対し周知徹底する。

②　無資格者がフォークリフト運転作業を行うことがないよう、フォークリフト運転資格者の養成計画を整備し、職制を通じ関係作業者に周知するとともに、適宜運用状況の確認、能力向上教育を含む安全衛生教育等により管理を徹底する。

③　フォークリフトの月次および作業開始前点検を励行し、故障箇所を速やかに補修するとともに、それまでの間の使用を禁止する（右後写鏡が破損しているフォークリフトは使用しない。）。

④　日常の職場の安全パトロールや安全点検等を励行し、排水溝の蓋が反り返っている場合には排水溝の蓋を十分な強度の物に改修する。

【参考】厚生労働者の職場のあんぜんサイト（https：//anzeninfo.mhlw.go.jp）において各種の労働災害事例を見ることができる。

第2章
危険性又は有害性等の調査及びその結果に基づき講ずる措置等

この章で学ぶ主な事項

- ☐ 労働安全衛生マネジメントシステムとは何か
- ☐ 労働安全衛生マネジメントシステムによる安全衛生管理活動の進め方
- ☐ リスクアセスメントの基本
- ☐ リスクアセスメントの実施方法
- ☐ リスクアセスメントの結果に基づき講ずる措置

　事業実施の一環として、事業者が率先して、労働者の協力の下に、自主的な安全衛生活動を体系的・継続的に行い、労働災害の防止を図っていく仕組みが、労働安全衛生マネジメントシステムである。同システムについては、「労働安全衛生マネジメントシステムに関する指針」（資料8）が公表されているが、その実施事項の中核をなすのが、危険性又は有害性等の調査（リスクアセスメント）である。

　労働者の就業に係る危険性又は有害性を特定し、特定された危険性又は有害性によって生ずるおそれのある負傷または疾病の重篤度および発生する可能性の度合い（リスク）の程度を見積もり、リスク低減の優先度を設定し、リスクを低減するための措置を検討し、その結果に基づき低減措置を実施して職場の改善を行うこと（リスクアセスメントの実施）は、労働災害防止対策を進めるうえで極めて効果的である。

　リスクアセスメントは、労働安全衛生法において、実施が努力義務（一部化学物質については、義務付け）とされており、総括安全衛生管理者の職務とされ、安全衛生委員会での調査審議事項となっている。リスクアセスメントの基本的な考え方および実施事項について、「危険性又は有害性等の調査等に関する指針」（資料9）が公表されている。この指針に関連する指針として、「化学物質等による危険性又は有害性等の調査等に関する指針」（資料10）、「機械の包括的な安全基準に関する指針」（資料11）が公表されている。なお、さらに別途「機能安全による機械等に係る安全確保に関する技術上の指針」（資料12）も公表されている。

＜参考＞労働安全衛生マネジメントシステムの定義

労働安全衛生マネジメントシステムに関する指針（平成11年4月30日労働省告示第53号。最終改正：令和元年7月1日厚生労働省告示第54号）

（定義）

第3条　この指針において次の各号に掲げる用語の意義は、それぞれ当該各号に定めるところによる。

1　労働安全衛生マネジメントシステム　事業場において、次に掲げる事項を体系的かつ継続的に実施する安全衛生管理に係る一連の自主的活動に関する仕組みであって、生産管理等事業実施に係る管理と一体となって運用されるものをいう。

　イ　安全衛生に関する方針（以下「安全衛生方針」という。）の表明

　ロ　危険性又は有害性等の調査及びその結果に基づき講ずる措置

　ハ　安全衛生に関する目標（以下「安全衛生目標」という。）の設定

　ニ　安全衛生に関する計画（以下「安全衛生計画」という。）の作成、実施、評価及び改善（第2項　略）

<参考>労働安全衛生法におけるリスクアセスメントに関する規定

労働安全衛生法

（事業者の行うべき調査等）

第28条の2　事業者は、厚生労働省令で定めるところにより、建設物、設備、原材料、ガス、蒸気、粉じん等による、又は作業行動その他業務に起因する危険性又は有害性等（第57条第1項の政令で定める物及び第57条の2第1項に規定する通知対象物による危険性又は有害性等を除く。）を調査し、その結果に基づいて、この法律又はこれに基づく命令の規定による措置を講ずるほか、労働者の危険又は健康障害を防止するため必要な措置を講ずるように努めなければならない。ただし、当該調査のうち、化学物質、化学物質を含有する製剤その他の物で労働者の危険又は健康障害を生ずるおそれのあるものに係るもの以外のものについては、製造業その他厚生労働省令で定める業種に属する事業者に限る。

②　厚生労働大臣は、前条第1項及び第3項に定めるもののほか、前項の措置に関して、その適切かつ有効な実施を図るため必要な指針を公表するものとする。

③　厚生労働大臣は、前項の指針に従い、事業者又はその団体に対し、必要な指導、援助等を行うことができる。

（第57条第1項の政令で定める物及び通知対象物について事業者が行うべき調査等）

第57条の3　事業者は、厚生労働省令で定めるところにより、第57条第1項の政令で定める物及び通知対象物による危険性又は有害性等を調査しなければならない。

②　事業者は、前項の調査の結果に基づいて、この法律又はこれに基づく命令の規定による措置を講ずるほか、労働者の危険又は健康障害を防止するため必要な措置を講ずるように努めなければならない。

③　厚生労働大臣は、第28条第1項及び第3項に定めるもののほか、前二項の措置に関して、その適切かつ有効な実施を図るため必要な指針を公表するものとする。

④　厚生労働大臣は、前項の指針に従い、事業者又はその団体に対し、必要な指導、援助等を行うことができる。

1　労働安全衛生マネジメントシステム

　労働安全衛生マネジメントシステムは、労働安全衛生規則第 24 条の 2 に基づいて厚生労働大臣から「労働安全衛生マネジメントシステムに関する指針」（資料 8）として公表され、国際的には国際労働機関（ILO）から「労働安全衛生マネジメントシステムに関するガイドライン」（ILO-OSH 2001）が公表されている。

　こうした中、平成 30 年 3 月には、労働安全衛生マネジメントシステムの国際的な規格として、国際標準化機構（ISO）による ISO 45001 が発行され、同システムへの取組みは ISO 45001 認証が軸となることとなる。また、ISO 45001 の国内での普及のため、同規格の JIS 規格化（JIS Q 45001）と、それと併せ、同規格と一体となって運用されることでより高い労働災害防止効果が期待できる、日本独自の追加要求事項（KYT、4 S、ヒヤリ・ハット等）を定める JIS 規格（JIS Q 45100）が制定された。

　労働安全衛生マネジメントシステムの内容は、事業者が労働者の協力のもとに、労働災害防止活動に関する方針や目標の達成のために螺旋状の階段を上る（スパイラルアップ）ように PDCA のサイクルを実行し、連続的、継続的な安全衛生活動を自主的に行い、顕在的な危険性や潜在的な危険性を低減することを求めるものである。なお、労働安全衛生法では、リスクアセスメントを含むマネジメントシステムを適切に運用等している事業場に対し、労働基準監督署長が一定の要件を満たしていると認めた場合には、計画届けが免除される規定が設けられている。

　なお、同指針の令和元年 7 月の改正により、システムに従って行う措置を実施する単位として、従来事業場ごととしていたものを、小売業や飲食業といった第三次産業の多店舗型企業等様々な業態等で同システムが導入されることを想定し、法人が同一である複数の事業場を併せて一の単位とすることもできることとなった。

＜参考＞　PDCA

1　目標の設定、計画の作成（PLAN）	3　点検、監査など（CHECK）
2　実施と運用など（DO）	4　見直し、改善（ACT）

---

(1)　安全衛生方針の表明

　事業場のトップが安全と健康の確保が何よりも重要であることを認識し、それを言動や行動で示すことで、各職制は安全衛生活動をさらに力を入れて行う気になり、労

働者や関係者も力を入れて行動すること
となる。事業場のトップが表明する安全
衛生方針では、労働災害の防止、リスク
の低減などの基本的な事項を明示するこ
ととなるが、これは事業場の規模、事業
態様、企業文化（社風）、今までの安全
衛生活動の実績、安全衛生水準、安全衛
生計画の進捗状況、労働災害の発生状況
などの実態を踏まえたもので、関係者全
員の理解と協力が得られる必要がある。

また、この安全衛生方針には、次の事項が含まれている必要がある。

① 事業場トップ自らの安全衛生に関する基本的な考え方を示すこと。

② 労働災害の防止を図ること。

③ 労働者の協力の下で安全衛生活動を実施すること。

④ 労働安全衛生関係法令、事業場の安全衛生規程などを遵守すること。

⑤ 労働安全衛生マネジメントシステム（OSHMS）を適切に実施し、および運用すること。

⑥ 労働災害の減少および健康づくりに向けての方向を明示すること。

(2)　労働者の意見の反映

安全衛生目標の設定ならびに安全衛生計画の作成、実施、評価および改善に当たっては、安全衛生委員会等の活用など労働者の意見を反映する手順を定めるとともに、この手順に基づき、労働者の意見を反映することが必要である。

安全衛生委員会等の設置が義務づけられていない事業場にあっては、労働者の意見を聴くための場を設けることが必要となる。

(3)　体制の整備

安全衛生管理体制は、事業場のトップが表明する安全衛生方針に基づいた安全衛生目標、安全衛生計画の作成やこれらを計画的、継続的に進めるための安全衛生活動の基本となるものである。一定の規模以上の事業場には、安全衛生管理体制として総括安全衛生管理者、安全管理者、衛生管理者、産業医、安全衛生推進者などの選任と安全衛生委員会の設置が労働安全衛生法で義務づけられている。安全衛生管理体制は、

安全衛生方針（例）

　私は、従業員の安全と健康の確保が企業活動の基盤であるとの認識の下、安全で働きやすい職場環境を確保するよう活動を進めていきます。

1.　リスクアセスメントの一層の強化により、労働災害の防止を図っていきます。

2.　労働安全衛生関係法令及び工場安全衛生規程を遵守します。

3.　労働安全衛生マネジメントシステムを活用し、従業員と協力して継続的な安全衛生水準の向上を目指します。

4.　健康増進のための取組みを実施して、従業員の健康づくりを推進していきます。

5.　・・・・・・・・・・・・・・・・・・・・・・・・・・・・・・・・・・・

6.　・・・・・・・・・・・・・・・・・・・・・・・・・・・・・・・・・・・

7.　・・・・・・・・・・・・・・・・・・・・・・・・・・・・・・・・・・・

　　　　　　　　　　　　　　　　　　　　　○○年４月１日

　　　　　　　　　　　　　　　　　　　　　○○株式会社△△工場

　　　　　　　　　　　　　　　　　　　　　　　工場長　　○○○○

事業場全体のレベルで整備されていれば良いのではなく、部課のレベルにおいてもその立場や実態に沿った体制が整備されている必要がある。

　マネジメントシステムに従って行う措置を適切に実施するためにも体制が整備されている必要があるが、この体制は次の要件が備わっている必要がある。

①　システム各級管理者（事業場においてその事業を統括する者および生産・製造部門、安全衛生部門などにおける部長、課長、係長、職長などの管理者または監督者であって OSHMS を担当する者）が指名され、そのシステム各級管理者の役割、責任および権限が定められ、システム各級管理者の役割、責任および権限が労働者、関係請負人その他の関係者に周知されていること。

②　事業者、管理者、職長などに安全衛生対策の推進に関するそれぞれの役割が理解されていること。

③　OSHMS に係る人材および予算が確保されていること。

④　労働者に対して OSHMS に関する教育が実施されていること。

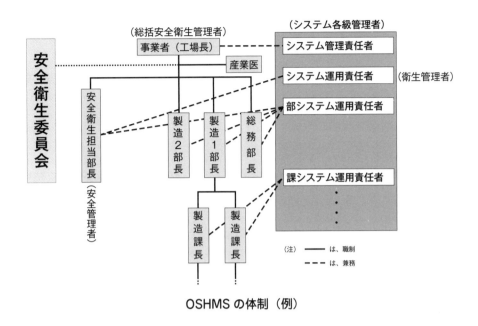

OSHMS の体制（例）

⑤　OSHMS に従って行う措置の実施に当たり、安全衛生委員会などが活用されていること。

(4)　明文化および記録の保存

ア　明文化

　各種の安全衛生活動が担当者の熱意や知識、経験などにたよって実施されている場合には、当該担当者の転勤や退職によって円滑かつ有効に行われなくなる可能性がある。そうならないために、その活動の進め方等に関して文書により定めること（明文化）により、継続的な活動を行うことが可能となる。また、明文化された安全衛生活動に関する文書によって過去の失敗や成功が分かり、現在と将来への教訓となり、安全衛生活動の進行状況の理解や安全衛生技術の継承に有用である。

　安全衛生活動のすべてを明文化することは困難であるので、明文化すべきものを事前に決めておく。文書は、文書管理の手順が定められ、その手順に基づいて保管、改訂、廃棄が確実に行われ、常に最新の文書が閲覧できるようにする必要がある。明文化すべきものは、次のとおりである。

　（ア）　安全衛生方針

　（イ）　措置の実施の単位

　（ウ）　システム各級管理者の役割、責任および権限

　（エ）　安全衛生目標

（オ）　安全衛生計画

（カ）　OSHMS における手順

① 安全衛生目標の設定および安全衛生計画の作成などに当たり労働者の意見を反映する手順

② 文書を管理する手順

③ 危険性又は有害性等の調査を実施する手順

④ 法令などに基づき実施すべき事項および危険性又は有害性等の調査結果に基づき実施すべき事項を特定する手順

⑤ 安全衛生計画を実施する手順

⑥ 安全衛生計画を実施するために必要な事項を労働者、関係請負人その他の関係者に周知させる手順

⑦ 安全衛生計画の実施状況などの日常的な点検および改善を実施する手順

⑧ 労働災害、事故などの原因調査および改善を実施する手順

⑨ システム監査を実施する手順

なお、③、④には機械、設備、化学物質などの取扱いに関する事項のうち必要な事項を労働者に周知させる手順が含まれていることが必要である。

緊急事態が発生した場合に労働災害を防止するための措置の明文化も望まれる。

イ　記録の保存

記録として保存しておく事項としては次のようなものがあげられる。

① 安全衛生計画の実施状況

② 安全衛生計画の実施に関する評価および改善状況

③ 危険性又は有害性等の調査結果

④ 安全衛生教育の実施状況

⑤ 労働災害、事故等の発生状況

⑥ システム監査の結果

なお、これらのほかに、法令で定められているもの、その他必要と考えられる事項も検討し、記録として保存しておく。記録は電子媒体の形でも差し支えない。その場合、保管責任部署や保管責任者を定め、記録の保存基準を作成し、どの記録を、どのくらいの期間、事業場として保管するのかまたは職場として保管するのかを事前に区分し、どのような方法で、誰が責任をもって保存するかのルールを決めておく必要がある。

(5)　危険性又は有害性等の調査及び実施事項の決定

　危険性又は有害性を特定し、それを見積もり、リスクの低減のための優先度を設定し、リスク低減のための措置を検討し、実施することにより、職場の改善を計画的に行うことは、労働災害防止対策を進めるうえで効果的である。安全衛生方針や安全衛生目標が設定された後、これらを実施するための安全衛生計画を立てることになるが、その前に事業場や各職場のどこに危険性や有害性があるのか、その実態を把握する必要がある。

　この危険性又は有害性等の調査とその実施事項の特定に際しての必要な事項は、次のとおりである。

ア　労働安全衛生関係法令等の遵守

①　労働安全衛生関係法令、事業場安全衛生規程などに基づき実施すべき事項を特定する手順が定められていること。

②　①の手順に基づき、実施すべき事項が特定されていること。

③　②により特定された実施すべき事項を速やかに実施するか、または安全衛生計画に盛り込んでいること。

イ　危険性又は有害性等の調査及びその結果に基づく措置

①　危険性又は有害性を特定する手順が定められていること。

②　①の手順に基づき、危険性又は有害性が特定されていること。

③　②の特定は、管理監督者およびその作業に従事する労働者が関与し、必要な場合には専門的知識を有する者の助言などを得ていること。

④　②で特定された危険性又は有害性を除去または低減するために実施すべき事項を特定する手順が定められていること。

⑤　④の手順に基づき、実施すべき事項が特定されていること。

⑥　⑤の特定に際しては、その使用部門の管理監督者などが参加しており、必要な場合には専門的知識を有する者の助言などを得ていること。

⑦　⑤により特定された実施すべき事項を速やかに実施するか、または安全衛生計画に盛り込むこと。

⑧　危険性又は有害性等の調査及びその結果に基づく措置を講じた後の残留リスクの内容と対処方法が関係者に周知されていること。

(6)　安全衛生目標の設定

　安全衛生目標は、「休業災害0件」や「機械設備の本質安全化の徹底」といったスローガンではなく、安全衛生方針に基づき、リスクアセスメントの実施結果、過去の安全衛生目標の達成状況、安全衛生水準や労働災害発生の現状などの実態を踏まえつつ、簡潔で分かりやすく、実現可能な高い目標（目標が高すぎず、低すぎないもの）で、できるだけ数値化されたものを設定する。

　安全衛生目標は、安全衛生委員会の活用など労働者の意見を反映する手順を経て各事業場、部課ごとに設定し、労働者、関係請負人その他の関係者に周知する。また、安全衛生目標は、労働災害の発生、関係法令の改正、安全衛生活動の評価、システム監査結果など安全衛生活動に関して変化があった場合には、安全衛生委員会で審議して一定の手続きを経て見直す必要がある。

(7)　安全衛生計画の作成および実施等

ア　安全衛生計画の作成

　安全衛生計画は、安全衛生方針を示し、安全衛生目標を達成するために行うべき安全衛生活動の実務を具体化するものである。過去の安全衛生計画の実施状況および安全衛生目標の達成状況、事業場の安全衛生水準、労働災害等の原因の調査結果、事業場の安全衛生に係わる各種の調査、システム監査結果などの実態を踏まえつつ、安全衛生委員会の活用など労働者の意見を反映する手順を経て事業場全体の安全衛生計画を作成する。

　安全衛生計画には、安全衛生方針、安全衛生目標の達成のための具体的内容が明確にされていなければならない。また、これとは別に法に基づき定期的に実施すべき事項も明確になっていなければならない。これらはその実施時期、担当者、職制ごとの職務が明確にされていることが必要である。

　各部門では事業場の安全衛生計画に基づいて、事業場として実施する事項と、部門特有のものとして実施する事項を明確にして部門の安全衛生計画を作成し、労働者、関係請負人その他の関係者に周知する。また、安全衛生計画は、安全衛生目標の場合と同様に、安全衛生活動に関して変化があった場合には安全衛生委員会で審議して一定の手続きを経て見直す必要がある。

　この安全衛生計画には、次の事項が含まれている必要がある。

　①　危険性又は有害性等の調査の結果に基づく措置の内容、実施時期

②　危険予知活動、ヒヤリ・ハット活動、４Ｓ活動、安全衛生改善提案活動、健康
　づくり活動、職場巡視などの日常的な安全衛生活動に係る事項

③　健康の保持増進のための活動の実施に関する事項

④　安全衛生教育、健康教育の内容、実施時期

⑤　関係請負人に対する措置の内容および実施時期

⑥　安全衛生計画の期間

⑦　安全衛生計画の見直しに関する事項

イ　安全衛生計画の実施等

　安全衛生計画を適切かつ継続的に運用するためには、安全衛生計画を運用する手順を定め、この手順に基づいて安全衛生計画の実施などを行う。この手順には、安全衛生計画に基づく活動などを実施するに当たっての具体的内容の決定方法、経費の執行方法などがある。

　また、安全衛生計画の実施に当たっては、労働者、関係請負人、契約業者などの外部の関係者の理解と協力が必要であることから、この実施や運用に必要な事項についてこれら関係者に周知する手順を定めるとともに、この手順に基づいて周知する。この周知方法は、これらの全員が誰でも簡単に入手できる方法が望まれる。

(8)　緊急事態への対応

　緊急時において被害を最小に食い止め、かつ拡大を防止するための措置を迅速、的確に対応できるようにするため、緊急時用のマニュアルを作成して関係者に周知する必要がある。緊急時用のマニュアルの有用性は、いざというときにその緊急用のマニュアルのとおりに緊急体制を組み、緊急時の担当者を決め、関係機関などへ連絡し、現場の指揮を執るなどの行動ができ、特に初動の緊急対応が適切に行えることにある。

　特に、リスクが高い事業場、施設、機械設備については、職場や施設などにおいて事前に緊急事態が生ずる可能性を評価し、その緊急時の具体的な対応の規定を設け、指揮者の選任、救助（護）班、関係機関などへの連絡班、自衛消火の体制などを整備し、全員を対象とした訓練を定期的に行うことが重要である。

　この緊急事態が発生した場合の措置には、次の事項が含まれている必要がある。

①　消火および避難の方法

②　被災した労働者の救護の方法

③　消火設備、避難設備および救助機材の配備

事業場の安全衛生計画（例）

○○工業㈱○○工場 令和○年度　安全衛生計画	○○工業㈱○○工場　安全衛生方針
	私は、従業員の安全と健康の確保が企業活動の基盤であるとの認識の下に、安全、健康で快適な職場を実現するため、下記の目的の実現及び課題の解決を目指し、このたび確立した労働安全衛生マネジメントシステムを適切に実施運用することにより、効果的に安全衛生活動を推進し、継続的な改善を図ることとしました。 　ついては、私も、自らすべきことは実行しますし、そのために必要な措置を講じますので、皆さんも、このことに理解いただき、私と一緒に取り組んでいただきたい。なお、お互い労働安全衛生に関する法令及び当社規程をきちんと守ることは当然のことですから、今後ともお互い心掛けることとします。 　　　　　　　　　　　　　　　　　　　　記 　1　近年、労働災害の減少が足踏み状態にあるので、向こう３年間のうちに、その相当程度の減少を実現すること。 　2　従来から健康管理が個別的かつ断続的に行われるに留まっているので、できるだけ早い時期に総合的かつ継続的な健康管理の推進に切り替えること。 　3　計画期間は、令和○年度１年間とする。 　　　　　　　　　　　　　　　　　　　　　　　　　　　　　　○年４月１日　　工場長　○○　○○

前年度の概要	重点実施項目	内容	到達目標	実施目標	実施部門	計画フォロー	実施スケジュール											
							4	5	6	7	8	9	10	11	12	1	2	3
●昨年度計画の反省 昨年度の計画について、以下の点について達成できなかった。 ・KYTの実施率が目標に対し82%であったこと ・職長以上を対象にしたマネジメントシステム教育が課長以上までしか実施できなかったこと ・健康診断実施率が一次が95%、再検対象者が60%であったこと ・これらは、今年度の重点実施項目とする。	既存設備の安全化	(1) はさまれ・巻き込まれ箇所の改善 前年度リスクアセスメントで特定された機械設備（57箇所）を対象とする。	全て改善	少なくとも対象課は２件改善／月	各課及び保全課	安全衛生課				●	●	●	●	●	●	●	●	
		(2) リスクアセスメントの実施 作業方法についても対象	リスクが高いと思われる作業について重点的に実施 低減対策の実施によりリスクレベル4以上撲滅、3は40%削減	3年間で全作業のRAが完了するようにする（リスクが高いと思われる作業から始め、およそ全作業の3分の1実施する）	各課	安全衛生課	●	●	●	●	●	●	●	●	●	●	●	●
	安全衛生健康教育の実施	(1) 法に基づく有資格者教育の実施	免許取得又は修了	原則として充足率120%を維持（外部教育機関等を利用）	安全衛生課	総務課 安全衛生課	●						●					
		(2) 階層別教育の実施 ① 新任部・課・係・職長研修 ② ベテラン教育（経験年数20,25,30年の者対象）	対象者全員が参加 理解度テスト70点以上	教育・テスト1回／年	総務課	総務課 安全衛生課			● 20年 25年					● 30年				
●災害の発生状況 休業―2件 （第一1、組立1） 不休―5件 主な要因 は、さまれ箇所が未是正。作業方法の徹底不足。		(3) 作業内容変更時教育	対象者全員に実施作業テスト全員合格	主に段取替時に各課毎に実施	各課	各課長	●			●		●		●				
		(4) KYリーダー研修	新規のKYリーダー全員に実施 KY活動でのリーダーシップがとれる（職長評価）	2回／年（中災防実施）（予定8名）	各課	安全衛生課						●						
		(5) RST研修	新規副長全員実施	2回／年（中災防実施）（予定7名）	各課	安全衛生課						●			●			
		(6) マネジメントシステム教育MSの概論、各立場での役割等について	職長以上全員に実施	2回／年（第2回は外部専門講師）	安全衛生課	安全衛生課				●					●			
	職場自主活動の推進	(1) KY活動の実施 始業時前ミーティングを活用したKYTおよび各グループ毎の討議	危険予知訓練熟練度測定 各グループ平均0.8点アップ／年	始業時前KY1回／日 G討議KY1時間／月			● 標準	●	● 教育	● 実施	●	●	●	●	●	●	●	● 測定
●リスクアセスメント実施概要 前年度に実施したリスクアセスメントの結果、組立工程以外の現場のワーク搬送設備の巻き込まれ、挟まれ箇所が多いことが判明した。		(2) ヒヤリハット事例の抽出・改善	重大ヒヤリはすべて改善	1人3件／月	各課	各課長 安全衛生課	●	●	●	●	●	●	●	●	●	●	●	●
		(3) 4S活動の実施 4S活動に関するテーマをグループ毎に決めて実施。毎月報告書提出	パトロールでの指摘ゼロ	1グループ1時間／月			●	●	●	●	●	●	●	●	●	●	●	●
リスクの高いものは、前年度中に対応したものの、残りの部分について、今後、計画的に低減対策を実施する必要があると考えられる。	安全衛生パトロールの強化	(1) 幹部パトロールの実施	指摘箇所すべて改善	1回／月（部長以上）	安全衛生課	安全衛生課	●	●	●	●	●	●	●	●	●	●	●	●
		(2) 安全衛生スタッフパトロールの実施		2回／月	安全衛生課		●	●	●	●	●	●	●	●	●	●	●	●
		(3) 課長パトロール		2回／月	各課		●	●	●	●	●	●	●	●	●	●	●	●
		(4) 協力会社との合同パトロール		1回／月	各課		●	●	●	●	●	●	●	●	●	●	●	●
●内部監査の概要 監査の結果、安全衛生事項として、計画の継続状況の確認への対応（計画進捗状況比較）が形骸化しつつある項目がいくつかあることが判明した。	作業環境測定の実施	………	……	……	……													
	安全大会の開催	………	……	……	……													
	健康診断の実施	………	……	……	……													
●●・…	健康保持増進	………	……	……	……													
●●・…	計画の見直し	………	……	……	……													

④　緊急事態発生時の各部署の役割および指揮命令系統の設定

⑤　緊急連絡先の設定

⑥　二次災害の防止対策

(9)　日常的な点検、改善等

　安全衛生計画の円滑な運営に資するためには、安全衛生計画の実施状況等の日常的な点検および改善を実施する手順（進行管理および成果管理ならびにその実施状況の点検、問題点の把握等を含む。）を定め、この手順に基づいて安全衛生計画の実施状況の点検、問題点の把握などを行う。

　安全衛生計画の実施状況などの日常的な点検および改善を実施する手順には、次の内容が明らかにされていることが必要である。

①　手順には、点検時期、点検方法および点検の実施責任者、必要な改善方法、改善結果の確認者および改善の実施責任者が含まれ、この手順に基づき、安全衛生計画の実施状況などの日常的な点検および改善が実施されていること。

②　日常的な点検および改善には、安全衛生目標の達成状況の把握や改善状況の把握が含まれること。また、計画の実施の途中で新しい課題や計画の変更の必要性などが生じた場合には、安全衛生委員会の活用などで労働者の意見を反映して調整等を行う。

　安全衛生計画は、生産計画の変更、生産方法や人員構成の変化などに伴って変更が必要となる場合がある。また、安全衛生目標や計画の達成が困難となった場合や進行管理が予定どおりに進められなくなった場合には、その設定した安全衛生目標や計画が高すぎたのか、それを達成するための方法に無理があったのかなどの問題点を早期に明らかにして、その問題点を改善することで当初の安全衛生目標や計画の達成を期し、次年度における安全衛生目標や計画の設定、展開につなげていくことができる。

　そのため、少なくとも四半期ごとの頻度（できれば毎月）で安全衛生計画の実施状況などの日常的な点検や改善の手順、方法、その実施責任者を決め、安全衛生目標や計画の達成の度合を点検して問題点があれば改善する。また、日頃必ず行われている法定点検や4S（整理、整頓、清掃、清潔）など、従来から日常作業として習慣化している安全衛生活動に関する事項は、安全衛生計画に盛り込まれていない場合が多くみられるが、これらについても日常的点検の時に確実に点検の対象とする。

(10)　労働災害発生原因の調査と類似災害の防止

ア　災害調査

　災害調査では、労働災害に直接関係したハード面やソフト面の要因のみならず、安全衛生管理活動やOSHMSの欠陥などの背景要因を明らかにして、類似災害の発生を予防することが重要である。現象面のみを捉えて、単に労働者の「うっかりミス」や操作ミスであるとか、安全装置が有効に作動していなかったなど、表面的な結論を出して決着すべきではない。災害調査の基本的な考え方は、労働災害の現象面の要因の調査にとどまることなく、企業経営の中に潜む根本原因まで調査することにある。

　労働災害の調査を確実に行うためには、労働災害調査体制の整備、その実施責任者の選任、災害調査から改善に至る手順の制定、この手順に基づく災害調査および改善の実施が必要である。

　また、労働災害の規模、社会的影響、重大性などの程度によっては、経営トップを中心とした災害対策本部や外部の専門家を含めた調査団を設置して原因の究明を行う必要がある。

イ　類似災害の防止

　災害調査がある程度進んだ時点、あるいは災害調査の結果がまとまった時点など、適切な時期に災害発生原因とその再発防止対策の全容を全社的に公開して、類似災害が発生する危険の箇所はないかどうかを全社的に再点検し、危険箇所を特定してそれの改善を求め、全員の安全衛生意識を高める。

　事業場全体の取り組みとしては、安全衛生委員会で災害調査結果が十分に審議され、OSHMSの導入や運用などを含めて根本的な安全衛生対策が講じられる必要がある。類似災害の防止のための改善が確実に実施されるためには、その実施責任者が選任され、その改善の方法、改善の結果の確認、改善の評価などを行う手順を定め、この手順に基いて、必要な改善等を進める必要がある。

(11)　システム監査

　システム監査は、システム監査を実施する手順に基づき、事業場のトップから指名されたシステム監査者が年1回以上、また、安全衛生計画の期間中に1回以上実施することが必要である。

　システム監査では、安全衛生方針や安全衛生目標の達成状況、安全衛生にかかわる

法令、基準、作業規程などが遵守されているかどうかなどシステムに従って行う措置が適切に実施されているか、安全衛生活動が適切に実施されているか、安全衛生活動の欠点や優れている点などについて、文書や記録の調査、作業場の視察、関係者との面接によって評価し、実施するものである。この監査は、監査対象となる部署に属していない者が行うことが必要である。このため、外部の者が行う社外監査という方法もある。

　いずれの場合でも、システム監査の結果必要があると認めるときは、OSHMSに従って行った措置の実施について改善が行われなければならない。

　システム監査について必要な事項は、次のとおりである。

（ア）　定期的なシステム監査の計画を作成すること。システム監査を実施する手順には、次の事項が含まれていること。

　　①　システム監査の範囲

　　②　定期的な実施（年1回または安全衛生計画の期間中に少なくとも1回は実施）

（イ）　システム監査には、安全衛生目標の達成状況の把握や問題点の把握が含まれていること。

（ウ）　システム監査は、必要な能力を有し、公平かつ客観的な立場にある者が選任され、文書、記録などを調査し、および作業場等を視察して実施されていること。

　このシステム監査のほかに、安全衛生専門機関などによる認定があるが、この認定を受けていれば、OSHMSで安全衛生活動を推進していることが公証され、企業の社会的責任（CSR）の中のステークホルダーである従業員の安全衛生の確保の分野で責任を果たしていることを対外的に明らかにできる利点がある。認定は、システム監査が的確に行われて、安全衛生活動がPDCAを重ねてスパイラルアップしていくシステムが機能しているかどうかを含めて確認することを前提としているので、システム監査の代替措置ではない。

(12)　OSHMSの見直し等

　OSHMSは、経営トップの指揮の下に安全衛生活動のプロセスの努力を進めて職場のリスクの低減を図るものであるが、OSHMSの展開の努力が行われていても、安全衛生目標の達成に向けた安全衛生水準の向上が見られず、結果として労働災害が多発している場合は、OSHMSの運用方法、現場への浸透度、日常の安全衛生活動の内容などに何らかの問題を抱えていると考えられる。このような状況ではその事業場のOSHMSは有効なものとはいえず、有効なOSHMSには適切な「OSHMSの運用状

況」とその運用の結果として「労働災害発生状況が良い成績」であることの2つの要
件が必要である。

　このため、災害調査の結果やリスクアセスメントの結果などでOSHMSの欠陥が
判明した場合や、安全衛生委員会でOSHMSの見直しが提案された場合などには、
OSHMSを適宜に見直す必要がある。

　このほかにシステム監査の結果を踏まえ、事業場の安全衛生水準の向上の状況、社
会情勢の変化などを考慮して事業者自らがシステムの妥当性および有効性を評価し、
その結果を踏まえて必要な見直しを行うことも必要である。事前にOSHMSの定期
的な見直しをスケジュールに入れておくと、その見直しが容易になる。見直された
OSHMSは、直ちに全員に周知することが重要である。

2　リスクアセスメントの基本と実施方法

　労働災害の防止のためには、職場に存在する無数の不安全状態や不安全行動のうち、
労働災害防止の観点から優先順位をつけて重要性の高いものから効率よく改善を進め
ることが有効である。このため、作業者の意見を聴きながらリスクの大きそうな作業
を重点にリスクアセスメントの対象を決定（特定）し、その対象となった作業などに
ついてリスクアセスメントを行い、その結果に基づいて必要な改善を速やかに行うか、
または安全衛生計画に盛り込んで計画的に改善を実施して、その改善結果を評価して
そのリスクの低減の効果を明らかにする。このようにリスクの低減を図ることにより、
結果として災害が防止できる。

　リスクアセスメントの指針（「危険性又は有害性等の調査等に関する指針」（資料9）
においては、この進め方として次の手順が示されている（図2-1）。

① 　労働者の就業に係る危険性又は有害性の特定
② 　①により特定された危険性又は有害性によって生ずるおそれのある負傷または
　　疾病の重篤度および発生する可能性の度合（以下「リスク」という。）の見積り
③ 　②の見積りに基づくリスクを低減するための優先度の設定およびリスクを低減
　　するための措置（以下「リスク低減措置」という。）内容の検討
④ 　③の優先度に対応したリスク低減措置の実施

　さらに、指針においてはこれらの手順を円滑に進めるため、実施体制、実施時期、
調査等の対象の選定、情報の入手、記録などについて基本的考え方等が示されている。

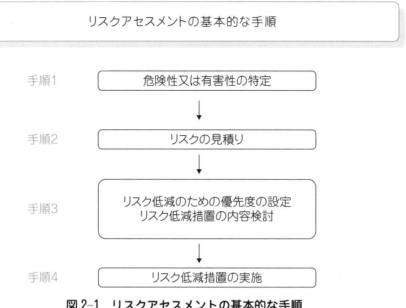

図 2-1　リスクアセスメントの基本的な手順

　なお、②の「リスク」に対し「ハザード」という用語があり、これは「労働者に負傷または疾病を生じさせる潜在的な根源」（危険性又は有害性）、「危険源」「危険有害要因」を意味する。

(1)　リスクアセスメントの実施体制等

（ア）　リスクアセスメントは次に掲げる体制で調査等を実施する（**表 2-1** 参照）。

　①　総括安全衛生管理者など、事業の実施を統括管理する者（事業場トップ）に調査等の実施を統括管理させる。

　②　事業場の安全管理者、衛生管理者などに調査等の実施を管理させる。リスクアセスメントの実施に当たっては、ラインの管理者、現場監督者、労働者、安全衛生担当スタッフ、生産技術など技術部門のスタッフが果たすべき役割を明確にする。

　③　安全衛生委員会など（安全衛生委員会、安全委員会または衛生委員会をいう。）の活用等を通じ、労働者を参画させる。

　　リスクアセスメントの効果として、機械設備などの危険有害情報を同じレベルで共有できることがあるので、協力企業などを含めた関係の労働者の参画が望ましい。

　④　調査等の実施に当たっては、作業内容を詳しく把握している職長等に危険性又は

表 2–1　リスクアセスメントの実施体制と役割分担例

構　成　員	役割分担
事業者（社長・工場長）	・リスクアセスメント実施の促進 ・リスク低減措置の承認
安全衛生部門の長 （リスクアセスメント責任者）	・情報の収集と関係部門への提供 ・収集情報への関係者の周知 ・リスクアセスメント運用の総合責任 ・リスクアセスメント実施方法の整備 ・リスクアセスメント推進者への連絡・調整 ・リスクアセスメント推進者への教育 ・リスクアセスメントの実施結果の確認 ・リスク低減措置の助言 ・リスクアセスメントの見直し ・リスクアセスメントの実施結果の記録・保管 ・安全衛生委員会等の議事録の保管
職場の責任者 （リスクアセスメント推進者）	・情報の収集 ・収集情報の関係者への周知 ・リスクアセスメントの実施と進行管理 ・リスクアセスメントの実施結果の取りまとめと記録の管理 ・リスク低減措置の決定 ・作業者への教育 ・リスクアセスメント担当者との連絡・調整 ・リスク低減措置の実施
作　業　者	・リスクアセスメントの実施に参画 ・リスク低減措置の提案
安全衛生委員会等 （労働者の意見聴取の機会）	・リスクの特定結果の検討 ・リスク低減措置の審議 ・リスクアセスメントの見直し

・安全管理者は、事業者等の指揮の下、安全衛生部門の長らと協働し、リスクアセスメント実施の管理にあたる。

　　　有害性の特定、リスクの見積り、リスク低減措置の検討を行わせるように努める。

（イ）　機械設備などに係る調査等の実施に当たっては、当該機械設備などに専門的な知識を有する者を参画させるように努める。

（2）　リスクアセスメントの実施時期

　　法第 28 条の 2 に基づきリスクアセスメントを実施すべき時期として、労働安全衛生規則第 24 条の 11 で

　①　建設物の設置、移転、解体時等

　②　設備、原材料等の新規採用、変更時等

③　作業方法の新規採用、変更時等

④　業務に起因する危険性又は有害性等に変化があったときまたは変化が起きるおそれがあるとき

の4点を定めている。

④としては、前回のリスクアセスメントから一定の期間が経過し、機械設備の経年劣化、労働者の入れ替わりに伴う安全衛生知識・経験の変化、新たな安全衛生に係る知見の集積があったときなどが該当することとなる。

これらについては、法で実施を求められていることから確実に実施しなければならない。

さらに、毎年確実に安全衛生水準を向上させていくためには、このような設備等の新設、変更時のほか、既存の設備、作業等についても毎年定期的にリスクアセスメントを実施し、その都度リスクを見積り、優先度の高いものから低減措置を実施するなどしてリスクを除去低減していく継続的な取り組みが重要である。

(3)　危険性又は有害性等に関する情報収集

職場において、潜在化している危険を見つけ出し、「危険なものを危険と知る」、「有害なものを有害と知る」ことは安全衛生対策の出発点である。建設物、設備、原材料、ガス、蒸気、粉じん等や作業行動など業務に起因する危険性又は有害性に関する情報を企業内外からできるだけ多く収集し、それらの情報を分かりやすい内容で関係者に提供することにより、関係者全員が必要な情報を共有することは、的確・効率的なリスクアセスメントの実施などの安全衛生活動にとって不可欠である。

収集すべき情報としては、

①　企業内からの情報として、作業標準・作業手順書、災害事例（混在作業に伴う関係請負人等の災害を含む）、ヒヤリ・ハット報告、危険予知活動の実施結果、職場巡視の実施結果、作業環境測定結果、各種のトラブル事例、機械設備等のレイアウトなど作業の周辺の環境、改善事例、作業のために必要な資格・教育等の要件などが考えられる。

②　企業外からの情報としては、化学物質の譲渡、提供者から提供される SDS（安全データシート、Safety Data Sheet）、容器などの危険有害性等のラベル表示、機械の製造者から提供される使用上の警告、注意事項等の情報がある。

③　①、②のほか、中央労働災害防止協会安全衛生情報センターや厚生労働省の職場のあんぜんサイトがインターネットで提供している「法令、指針、通達、災害

事例、労働災害統計、工夫改善事例、SDS 情報」、安全衛生団体の機関誌・図書・安全大会などからの情報がある。

④　海外の情報としては、ILO の各種情報などがある。

なお、新たな機械設備の導入等に当たっては、次の事項に留意する。

①　新たな機械設備等を外部から導入しようとする場合、導入前にその機械設備等のメーカーに対し、設備等の設計・製造段階においてリスクアセスメント等を実施することを求め、その結果を入手すること。

②　機械設備の使用（または改造等）を行おうとする場合、自らがその機械設備等の管理権原を有しないときは、機械設備を使用させる前に管理権原を有する者が実施したリスクアセスメント等の結果を入手すること。

安全管理者は、例え豊富な経験のある者であっても、日頃から企業の内外の動向に目を向け、安全衛生に関する企業内外の情報を積極的に収集し、それを分かりやすくまとめて経営トップをはじめ、ラインの管理者、関係労働者、関係請負人などに広く提供し、事業場で行う実効ある安全活動、特に職場で行うリスクアセスメントを情報提供の面から支えることが重要な役割である。

【参考】危険性又は有害性等に関わる情報源の例

1　労働災害防止団体

中央労働災害防止協会（安全衛生情報センターを含む。）、建設業労働災害防止協会、陸上貨物運送事業労働災害防止協会、港湾貨物運送事業労働災害防止協会、林業・木材製造業労働災害防止協会

2　安全衛生専門団体

（公社）全国労働衛生団体連合会、（公社）日本作業環境測定協会、（一社）日本労働安全衛生コンサルタント会、（一社）日本ボイラ協会、（一社）日本クレーン協会、（公社）ボイラ・クレーン安全協会、（一社）日本ボイラ整備据付協会、（公社）建設荷役車両安全技術協会、（公社）産業安全技術協会、（一社）仮設工業会、（一社）合板仮設材安全技術協会、（公社）日本保安用品協会、（公社）日本産業衛生学会、産業医科大学、（公財）産業医学振興財団、（公財）大原記念労働科学研究所

3　官庁、独立行政法人

厚生労働省（本省）、都道府県労働局、環境省、消防庁、（独）労働者健康安全機構労働安全衛生総合研究所、（独）製品評価技術基盤機構化学物質管理センター

4 化学物質関係（SDS、中毒等）

地球規模化学物質情報ネットワーク、国立医薬品食品衛生研究所、（一社）日本化学物質安全・情報センター、（国立研究開発法人）国立環境研究所、神奈川県環境科学センター、エコケミストリー研究会、（公財）日本中毒情報センター、広域災害救急医療情報システム、危険物保安技術協会

5 海外の情報

National Response Center（NRC）、EU の Major Accident Reporting System（MARS）、国際労働機関（ILO の SafeWork）、国際標準化機構（ISO）、欧州安全衛生機構

（4） 対象の選定

リスクアセスメントの実施に当たっては、過去に労働災害が発生した作業、ヒヤリ・ハットが発生した作業など労働者の就業に係る危険性又は有害性が合理的に予見できる場合には調査等の対象としなければならない。

（5） リスクアセスメントの進め方

図 2-1 の手順に基づき進めるリスクアセスメントについて、それぞれの手順におけるポイントを整理する。

なお、リスクアセスメントの危険性又は有害性の特定やリスクの見積り、優先度の設定では個人差が大きいので、その差を少なくするためにリスクアセスメントの手法の教育が大切になってくる。

ア 労働者の就業に係る危険性又は有害性の特定

（ア） 作業標準など入手した情報に基づき、危険な設備、機械、環境、不安全行動、危険・有害な化学物質、騒音、電離放射線などの職場に潜む危険性や有害性などをあらかじめ定めた分類に基づき特定する。分類については、リスクアセスメントに関する指針に分類例（資料 9 の別添 3）が示されている。また、これらの他、JIS B 9700「機械類の安全性—設計のための一般原則—リスクアセスメント及びリスク低減」附属書 B「危険源、危険状態及び危険事象の例」の表の利用や自主的な分類方法により行っても差し支えない。

（イ） 特定に当たっては、深夜業、連続する単純作業などによる集中力の欠如、居眠りなどによって生ずる危険性などの影響も考慮する必要がある。

＜参考 1＞危険性又は有害性の特定（危険源、有害要因の洗い出し）

　危険性又は有害性の特定を行う場合、次のような順序で行う。

(1)　職場の危険性又は有害性（ここでは、労働災害をもたらす具体的な要因となるもの、例えば、カバーされていない刃、手の届く範囲にある高温物などをいう。）の特定

(2)　それぞれの危険性又は有害性に接触する労働者の範囲の特定

(3)　危険性又は有害性がどのような状態のときに、労働者がどのように接触するかの特定

　すなわち、リスクアセスメントの対象となる作業に関係するあらゆる危険性又は有害性の特定、次に危険性又は有害性に接触し、どのような災害・健康障害が発生するおそれがあるのかを特定する。その際には、危険予知（KY）活動の第 1 ラウンド（資料 3 参照）の活用が効果的である。

＜参考 2＞危険性又は有害性の特定（危険源の同定）のポイント

　危険性又は有害性の特定を標準的に実施する場合のポイントを示す。

(1)　その作業に関する安全衛生情報を詳細に収集する。

(2)　作業手順表のステップに従って特定する。

(3)　特定は、監督者が参加し、できるだけ簡便にできるようにする。

(4)　危険性又は有害性の特定についての労働者の意見（KYT、ヒヤリ・ハットの内容を含む）をできる限り活かす。

(5)　対象作業、設備、原材料等に関係する労働者の範囲を決める。

(6)　その作業に伴う危険事象に至るプロセスを明らかにする。

(7)　危険性又は有害性を効果的にもれなく特定するためにガイドワード（資料 5「事故の型・起因物、不安全な状態・不安全な行動の分類」の表など）を活用し、いつ、だれが、どのようなときに危険性又は有害性と接触し、危険有害な状態になるかを特定する。

(8)　法に基づく実施時期のほか、次の作業などのあらゆる面を体系的にチェック（チェックリストの活用）する。なお、作業中に実際起きていることと実作業が作業手順と異なるときがある（作業手順が守られていない、作業手順書が見直されていないなど）ことに留意する必要がある。

　　　・操業開始と操業終了時、作業の中断時、保全または清掃時、抜き取りチェック
　　　　時、荷物の積み卸し時、検査作業、補給作業、非定常作業など
　　　・予想可能な緊急事態
　　　・設備などのチョコ停（設備/機械/ラインを作業の都合などで暫時停止させるこ
　　　　と）時の復旧作業

イ　リスクの見積り

（ア）　リスクの見積りに当たっては、指針では、「危険性又は有害性により発生す
　　るおそれのある負傷又は疾病の重篤度」と「それらの発生の可能性の度合」を
　　考慮して見積もることとされており、具体的手法として次の3つの方法が例示
　　されている（資料9の別添4）。ただし、この3つの手法はあくまでも例示で
　　あり、重篤度（重大性）と可能性の度合を考慮して見積もることが行われてい
　　る限り、どのような方法でも差し支えない。

　①　重篤度と可能性の度合いを相対的に尺度化し、それぞれを縦軸と横軸に配置
　　し、各欄ごとにリスクが割り付けられたマトリクスを用いて見積もる方法
　②　重篤度と可能性の度合を一定の尺度により数値化し、それらを加算または乗
　　算等してリスクを見積もる方法
　③　重篤度と可能性の度合を段階的に分岐していくことによりリスクを見積もる方法
　　なお、以下では、例として、「可能性の度合」をさらに「危険状態が生じる頻
　　度」と「危険（有害）状態が生じたときに災害に至る可能性の度合」に分けて見
　　積もる方法により説明する。

【数値化の具体的事例】

　リスクの見積りを数値化による方法で行うことのメリットは、具体的な見積り
値が数字で示されるので、誰にでも分かりやすいということ、リスク低減の優先
度が明確になることなどがある。また、死亡災害など致命傷となる災害の防止を
重視する場合には、その観点から配点することにより、優先度の決定にメリハリ
がつくことになる。

1　リスク要素の配点とリスクレベル

　この例では、「頻度」「可能性」「重大性」の区分を設定することとし、次の2
で述べるリスクの算出を前提にして、次のように各区分の配点を行う。
なお、各々の区分の内容例は、「(7) リスクアセスメント実施例」を参照のこと。

①　危険状態が生じる頻度の配点例　②　危険状態が生じたときに災害に至る可能性の配点例

頻　度	評 価 点
頻　繁	4
時　々	2
滅多にない	1

可　能　性	評 価 点
確実である	6
可能性が高い	4
可能性がある	2
ほとんどない	1

③　災害の重大性の配点例

重 　大 　性	評 価 点
致命傷	10
重　傷	6
軽　傷	3
微　傷	1

④　リスクレベルに応じたリスク低減措置の進め方例

リスク レベル	リスク ポイント	リスクの内容	リスク低減措置の進め方
Ⅳ	13〜20	安全衛生上重大な問題がある。	リスク低減措置を直ちに行う。措置を講ずるまで作業を停止する(注1)。
Ⅲ	9〜12	安全衛生上問題がある。	リスク低減措置を速やかに行う。
Ⅱ	6〜8	安全衛生上多少の問題がある。	リスク低減措置を計画的に行う。
Ⅰ	3〜5	安全衛生上の問題はほとんどない。	必要に応じてリスク低減措置を行う(注2)。

（注1）（注2）の内容は（7）の4の表のとおり。

2　リスクの見積り事例

リスク見積りの計算方法

　この例では、リスクの大きさは、「頻度」「可能性」「重大性」の組み合わせである。組み合わせには、足し合わせることが一般的である。リスクポイントは、この組み合わせによるリスクの見積りを数値化したもので、リスクの大きさを表すリスクレベルとなりリスク低減の優先度が決定する。

　例えば、足し算によりリスクポイントを求める場合は、次の計算式により算定する。

　リスクポイント　＝危険状態が生じる頻度＋災害に至る可能性＋重大性
　　　　　　‖
　　12点　　＝（2点）　　　　　　＋　（4点）　　　＋（6点）

リスクポイント 12 点を④の「リスクレベル」に当てはめると、リスクレベルは Ⅲ の「問題がある」となり、速やかなリスク低減措置が必要となる。

（イ）　見積りに当たっては、次の事項に留意する。
　①　負傷または疾病の対象者および内容を具体的に予測する。
　　　予測に当たっては次の（エ）に留意し、対象者は関係請負人の労働者、第三者を含め、内容は例えば「ケガをする」ではなく、その部位、ケガの内容・程度を具体的に予測する。
　②　想定される最も重い災害の重大性を見積もる。
　　　重大性については、あらゆる場合に最も重大な場合を想定すると死亡災害が想定されることとなる可能性が高い。しかし、すべてが死亡災害となった場合には重大性を見積もっていることの意味がなくなるので、常識的な範囲で想定される最も重い重大性を見積もることが必要である。
　③　重大性については共通尺度であることが望ましいことから、休業日数等を尺度とする。休業災害のほか、死亡災害を日数化して比較できる労働損失日数を使用することも適切と考えられる。
　④　有害性が立証されていない場合も、情報がある場合は有害性があるものと仮定して見積もる。化学物質等であって SDS などに有害性が明記されていない場合であっても、一定の有害性を指摘する情報がある場合などにおいては、有害性があるものとして見積もるよう努める。

（ウ）　見積りは、例えば次に掲げる類型ごとに行う。
　①　はさまれ、墜落などの物理的な作用によるもの
　②　爆発、火災などの化学物質の物理的効果によるもの
　③　中毒などの化学物質の有害性によるもの
　④　振動障害などの物理因子の有害性によるもの

（エ）　上記（ウ）の類型ごとの見積りに当たっては、次の事項に留意しなければならない。
　①　安全装置の設置、立ち入り禁止措置その他の労働災害防止のための機能または方策の信頼性および維持能力

安全装置等の故障頻度やメンテナンス状態、使用する労働者の訓練状態、管理的方策の周知状況などに留意して見積もることが必要である。

②　安全機能等を無効化するまたは無視する可能性

生産性の低下などに対する危惧等の動機面と機能等の無効化のしやすさについて留意して見積もることが必要である。

③　作業手順の逸脱、操作ミスその他の予見可能な意図的・非意図的な誤使用または危険行動

作業手順の周知状況、近道行動などの人間の行動、監視の有無等による危険行動のしやすさ、スイッチ類の配置や操作方法の不統一など人間工学的な面からの誤使用等の誘発のしやすさ、作業者の資格や教育状況、熟練度などついて留意して見積もることが必要である。

ウ　リスクの見積りの具体的な進め方

見積りをまとめるに当たっては、3〜6名程度の複数の関係者（監督者、作業者）で話し合いながら進めることが基本となる。話し合いにより、他の作業者等の考えを聞くことで、メンバーのリスクに対する認識が共有されるほか、個人個人のリスクに対する感受性が高まることやリスクの考え方が整理される等も期待できる。

【話し合いの進め方の例】

①　特定した危険性又は有害性それぞれについて、メンバー一人ひとりが見積りを行う。

②　メンバーそれぞれの見積り結果を持ち寄る。

③　見積りした要素ごとにメンバー内で違いがなければ、その結果を採用する。

④　違いがある場合は、その理由を確認し合い、メンバー全員が合意した結果を採用する。（多数決や平均点で決めるようなことはしない。）

⑤　どうしてもメンバー全員の合意に達しない場合は、とりあえず、一番高いものを採用しておく。

なお、リスクアセスメント導入当初は、メンバーの見積り結果にバラつきが発生するが、繰り返し実施していくことで徐々に集約されていく。併せて、次のことにも留意して進めると結果のバラつきを少なくできる。

①　見積りのための基準を分かりやすいものとしておくこと。

②　見積りのための基準等を含め、リスクアセスメントに関する教育を関係者に行うこと。

エ　リスクを低減するための優先度の設定およびリスクを低減するための措置（以下「リスク低減措置」という。）の内容の検討および実施

（ア）　リスク低減措置の優先度

リスク低減のための優先度は、リスクレベルの高い順に設定することになる。リスク低減措置の内容は、**図 2-2** の優先順位に従って検討する。検討に際しては、次の点に留意が必要である。

a　法令に定められている事項は、確実に措置を講じなければならない。

b　安易に③の管理的対策や④の個人用保護具の使用に頼るのではなく、①の危険な作業の廃止・変更等および②の工学的対策をまず検討し、③および④はその補完的措置と考える。③および④のみの措置とするのは、①および②の措置を講じることが困難でやむを得ない場合の措置となる。

c　措置を講じることにより新たなリスクが生じる場合もあるので、措置を講じた後のリスクも見積もり、講じる措置の有効性や改善効果を確認する。

（イ）　費用対効果の勘案

低減措置の検討は、すべてのリスクについて行われる必要がある。費用対効果の観点から措置を求めることが著しく合理性を欠くと判断される場合を除き、必要な措置は講じられなければならない。リスクが大きく優先度が高いリスクについては、可能な限り図 2-2 の①または②のような高い優先順位のリスク低減措置を実施することとする。一方、非常に小さなリスクであり、優先度が低く見積もられたリスクについては、費用対効果の観点から図 2-2 の③または④などの比較的費用の低額な措置等の実施も考えられることとなる。

（ウ）　適切な措置と暫定的な措置

死亡、後遺障害または重篤な疾病をもたらすおそれのあるリスクに対して、前記の考え方に基づく適切なリスク低減措置を実施するのに時間を要する場合に、それを放置することなく、実施可能な暫定的な措置を直ちに実施する必要がある。例えば、設備を入れ替えるべきであるが困難な場合には当面カバーを設ける、カバーを設けるべきであるが困難な場合には保護具を使用させるなどの措置が考えられる。

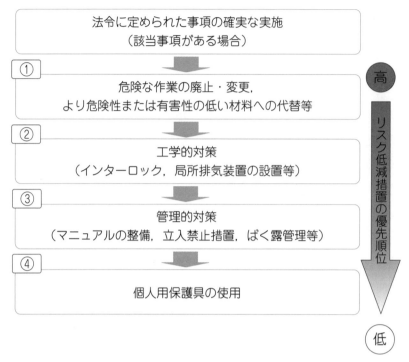

図2–2　リスク低減措置の優先順位

（エ）　低減措置の選定および維持

リスク低減措置の選定に関して、図2–2の③または④の措置は、労働者が手順を遵守すること、保護具を使うことがリスク低減効果の前提とされており、これらが守られなかった場合には何らのリスク低減効果もない。このことを勘案すれば、リスクが大きく優先度が高いとされたものについては、図2–2の①または②のような人に依存しない本質的な対策を選択することが特に重要であり、これを図2–2の③または④のような作業者に依存した低減措置で対処していた場合には、いつか大きな労働災害が発生する可能性が残されていると理解することが重要である。

このことから、図2–2の③または④の措置とした場合には、それが確実に守られるための措置をあわせて講じるとともに、特に重篤な負傷または疾病に繋がるものについては、できるだけ速やかに図2–2の①または②の対策により解決すべき課題として管理することが必要である。

さらに、図2–2の②の対策であっても、その機能が無効化されたり、メンテナンスの不良により有効性を失うことが考えられる。

このため、低減措置の検討段階では、「設備的な対策についてはその機能が維持されるか」、例えば、「リスク低減措置が作業に支障を及ぼし、または生産性に大きな影

響を及ぼすことにより、労働者が取り外すあるいは使用しないおそれはないか」などについて確認する必要がある。また、実施後は、定期的に措置状況が維持されているかどうかについて確認することが必要である。

(6)　記　録

　リスクアセスメントを実施した場合には、必要な事項を記録しておくことが重要である。前回の実施内容を参考とするため、法に基づく次回のリスクアセスメントや定期的な実施の時まで保管することが必要である。また、リスク低減措置の内容が前記の暫定的な措置である場合には、時期を見て適切な低減措置を実施する必要があり、そのためにもどのような優先度に対しどのような低減措置を実施したのかを確実に記録し、定期的に低減措置の内容の見直しの必要性の有無を確認することが重要である。さらに、リスクアセスメントの実施手法などについてもより有効、適切なリスクアセスメントのために定期的に見直すことが重要であり、そのためにも記録は必要である。このため、次に掲げる事項を記録する。

①　洗い出した作業
②　特定した危険性又は有害性
③　見積もったリスク
④　設定したリスク低減のための優先度
⑤　実施したリスク低減措置の内容

リスクアセスメント実施記録（例）

リスクアセスメント対象現場	実施年月日	実施管理者	実施者	社長（工場長）	製造部長	製造第○課長
プレス第1工場	○年×月△日	安全管理者 ○○○○	△△△△（職長）,□□□□, ××××			

作業名（機械・設備）	危険性又は有害性と発生のおそれのある災害	既存の災害防止対策	リスクの見積り			リスク低減措置案	措置実施後のリスクの見積り			措置実施日	対応措置	備考
			重大性	発生可能性	優先度（リスク）		重大性	発生可能性	優先度（リスク）		次年度検討事項	
穴あけ作業（プレス1号機）	両手操作式と光線式安全装置を設置しているが、側面から補助作業者の手が入り、手を金型にはさまれる。	両手操作式および光線式安全装置	重大	可能性あり	中（3）	プレス側面（両側）にカバーを設置	重大	ほとんどない	中（3）	○月○日	後方にもカバーを設置	光線式安全装置はD=1.6（Tl+Ts）+C, D<aの条件を満たすこと。

(7)　リスクアセスメント実施例

　表2-2のリスク見積り・評価基準例により、リスクアセスメントを実施した事例を次に示す。

表2-2　リスク見積り・評価基準例

1　「危険状態が生じる頻度」基準例

頻　　度	評価点	内　　容
頻　　繁	4点	1日に1回程度
時　　々	2点	週に1回程度
滅多にない	1点	半年に1回程度

2　「危険状態が生じたときに災害に至る可能性」基準例

可能性	評価点	内　　容
確実である	6点	安全対策がなされていない。 表示や標識はあっても不備が多い状態。
可能性が高い	4点	防護柵や防護カバー、その他安全装置がない。 たとえあったとしても相当不備がある。 非常停止装置や表示・標識類はひととおり設置されている。
可能性がある	2点	防護柵・防護カバーあるいは安全装置等は設置されているが、柵が低いまたは隙間が大きい等の不備がある。危険領域への侵入やハザードとの接触が否定できない。
ほとんどない	1点	防護柵・防護カバーで覆われ、かつ安全装置が設置され、危険領域への立入りが困難な状態。

3　「災害の重大性」基準例

重大性	評価点	内　　容	事　　例
致命傷	10点	死亡や永久的労働不能につながる負傷等、障害が残る負傷等	致死外傷、腕・足の切断、失明等、著しい難聴、視力低下
重　　傷	6点	休業災害（完治可能な負傷等）	骨折、筋断裂等
軽　　傷	3点	不休災害	ねんざ、裂傷等
微　　傷	1点	手当後直ちに元の作業に戻れる微小な負傷等	打撲、表面的な障害、ダストの目への混入等

> リスクポイント（評価点合計）＝
> 　「危険状態が生じる頻度」＋「災害に至る可能性」＋「災害の重大性」

4　リスクレベルに応じたリスク低減措置の進め方例

リスクレベル	リスクポイント	リスクの内容	リスク低減措置の進め方
Ⅳ	13～20	安全衛生上重大な問題がある。	リスク低減措置を直ちに行う。措置を講ずるまで作業を停止する(注1)。
Ⅲ	9～12	安全衛生上問題がある。	リスク低減措置を速やかに行う。
Ⅱ	6～8	安全衛生上多少の問題がある。	リスク低減措置を計画的に行う。
Ⅰ	3～5	安全衛生上の問題はほとんどない。	必要に応じてリスク低減措置を行う(注2)。

（注1）「リスクレベルⅣ」は、事業場として許容不可能なリスクレベルであり、リスク低減措置を講じるまでは、作業中止が必要となる。しかし、技術的課題等により、適切なリスク低減の実施に時間を要する場合には、事業者の判断により、それを放置することなく、実施可能な暫定的な措置を直ちに実施した上で作業を行うことも可能とする。

（注2）「リスクレベルⅠ」は、事業場として広く受容れ可能なレベルであり、追加のリスク低減措置の実施は原則として不要である。ただし、安全対策が後戻りしないように、適切なリスク管理は必要となる。

| 事例1　高所のメンテナンス作業で転落 |

労働災害に至るプロセス

　1階の高所に設置されたバルブを点検するとき、立掛式の梯子を使用しているので、作業中に足を滑らせて転落し、全身を強打する。
（ハザード：高所）

リスクの見積り

リスク見積り			評　価	
頻　度	可能性	重大性	リスクポイント	リスクレベル
2	2	10	14	Ⅳ

リスク低減措置の内容

　バルブを1階の高所から、2階の床面に移設した。

低減措置後の結果

　梯子を使用する必要がなくなったため、転落する危険性がなくなった。

低減措置後のリスク見積り			低減措置後の評価	
頻　度	可能性	重大性	リスクポイント	リスクレベル
－	－	－	－	－

（上記の低減措置により、リスク評価の対象となる作業がなくなった。なお、新たな作業方法による新たなリスクの発生については、別途、検討する必要がある。）

　事例２　点検作業で設備と接触

労働災害に至るプロセス

　圧力計の値を正確に読み取るためには、正面に立つ必要があるので、読み取りに気を取られて周囲の設備に体をぶつけて、打撲する。

（ハザード：障害物（設備））

リスクの見積り

リスク見積り			評　価	
頻　度	可能性	重大性	リスクポイント	リスクレベル
2	2	3	7	Ⅱ

リスク低減措置の内容

　人と圧力計の間に障害物（設備）がない位置で読み取りできるように、圧力計の向きを変更した。

低減措置後の結果

　障害物もなくなり安心して圧力計を正面から見ることができるようになった。

低減措置後のリスク見積り			低減措置後の評価	
頻　度	可能性	重大性	リスクポイント	リスクレベル
－	－	－	－	－

（上記の低減措置により、リスク評価の対象となる作業がなくなった。なお、新たな作業方法による新たなリスクの発生については、別途、検討する必要がある。）

事例3　通路にはみ出た設備と接触

労働災害に至るプロセス

　通路を歩行中、通路側に設備の一部がはみ出ているのに気付かず、足をぶつけて、打撲する。
（ハザード：通路にはみ出した設備）

リスクの見積り

リスク見積り			評　価	
頻　度	可能性	重大性	リスクポイント	リスクレベル
4	2	3	9	Ⅲ

リスク低減措置の内容

　通路側にはみ出ている設備の一部の向きを真下に変更し、通路上に障害物がないようにした。

低減措置後の結果

　通路上に障害物がなくなり、周辺が暗いときでも安全に通路を歩行することができるようになった。

低減措置後のリスク見積り			低減措置後の評価	
頻　度	可能性	重大性	リスクポイント	リスクレベル
－	－	－	－	－

（上記の低減措置により、リスク評価の対象となる作業がなくなった。なお、新たな作業方法による新たなリスクの発生については、別途、検討する必要がある。）

労働災害に至るプロセス

定期的にタンク上段でのサンプル検査を行う。リュックサックにサンプル用道具を入れて猿梯子を2m昇降するとき、足を滑らせて転落し、全身を強打する。

（ハザード：高さ）

リスクの見積り

リスク見積り			評　価	
頻　度	可能性	重大性	リスクポイント	リスクレベル
1	2	10	13	Ⅳ

リスク低減措置の内容

タンク上段までの階段を設置した。

低減措置後の結果

低減措置後のリスク見積り			低減措置後の評価	
頻　度	可能性	重大性	リスクポイント	リスクレベル
－	－	－	－	－

タンク上段でのサンプル検査の際に、安全にタンクに昇降できるようになった。

（上記の低減措置により、リスク評価の対象となる作業がなくなった。なお、新たな作業方法（階段使用等）による新たなリスクの発生については、別途、検討する必要がある。）

| 事例5　高い位置への材料補充で腰痛 |

労働災害に至るプロセス

　ラッピングフィルムのローラー（約30kg）を交換するとき、ローラーを高い位置にあるフィルム装塡箇所まで階段を使って持ち上げている（8～12本交換／日）ので、腰痛になる。
（ハザード：ローラー重量）

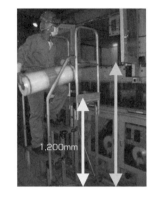

1,200mm

リスクの見積り

リスク見積り			評　価	
頻　度	可能性	重大性	リスク ポイント	リスク レベル
4	2	3	9	Ⅲ

リスク低減措置の内容

　ローラー交換に電動リフターを採用した。

①　電動リフターでフィルム装塡の高さまで持ち上げる。

②　電動リフター上にフリーローラーを取り付け、そのまま装塡箇所に移動させる。

低減措置後の結果

　フィルムの装塡作業が容易になり、重量物の運搬がなくなり作業負荷が減った。

低減措置後のリスク見積り			低減措置後の評価	
頻　度	可能性	重大性	リスク ポイント	リスク レベル
－	－	－	－	－

（上記の低減措置により、リスク評価の対象となる作業がなくなった。なお、新たな作業方法による新たなリスクの発生については、別途、検討する必要がある。）

事例6　階段を用いた運搬作業で転落

労働災害に至るプロセス

　製品の再検査を行うとき、コンベヤ上から製品を取り出し、担いで、コンベヤをまたいでいる階段を使用して運搬し、足を踏みはずして転落し、足を骨折する。
（ハザード：階段）

リスクの見積り

リスク見積り			評　価	
頻　度	可能性	重大性	リスクポイント	リスクレベル
4	2	6	12	Ⅲ

リスク低減措置の内容

　取り出した再検査用の製品をコンベヤ下部の空いたスペースを通して運搬する作業方法（コンベヤ下部を通すことができる台車を使用する方法）に変更した。

低減措置後の結果

　階段を昇降しなくなったので、転落のおそれがなくなった。

低減措置後のリスク見積り			低減措置後の評価	
頻　度	可能性	重大性	リスクポイント	リスクレベル
－	－	－	－	－

（上記の低減措置により、リスク評価の対象となる作業がなくなった。なお、新たな作業方法による新たなリスクの発生については、別途、検討する必要がある。コンベヤ上から製品を取り出す作業は残るため、腰痛の危険についての評価は必要であろう。）

| 事例7　カバーを開閉する作業ではさまれ |

労働災害に至るプロセス

　機械上に設置された専用カバーを開閉するとき、作業姿勢に無理があり、動作中に手を滑らせカバーが落下し、手指をはさみ、骨折する。
（ハザード：カバー）

リスクの見積り

リスク見積り			評　価	
頻　度	可能性	重大性	リスクポイント	リスクレベル
2	6	6	14	Ⅳ

リスク低減措置の内容

　カバーの開閉時の力を補助するための機構がなかったので、ガススプリング方式を新たに採用し、改修した。

低減措置後の結果

　軽い力で開閉動作が可能となり、作業姿勢も改善できた。

　また、カバー重量とガススプリングの反発力を調整することにより、カバーが途中位置で静止するようになったため、手を離してもカバーが最後まで落下しきる危険性が少なくなった。

軽い力で開閉可能

手を離しても落下しない！

低減措置後のリスク見積り			低減措置後の評価	
頻　度	可能性	重大性	リスクポイント	リスクレベル
2	1	6	9	Ⅲ

事例8　踏み台で身を乗り出す作業で転落

労働災害に至るプロセス

　シリンダーに水を補給するとき、可搬踏み台から斜めに身を乗り出して作業しているので、バランスを崩して踏み台から転落し、骨折する。

（ハザード：踏み台高さ）

リスクの見積り

リスク見積り			評　価	
頻　度	可能性	重大性	リスクポイント	リスクレベル
2	4	6	12	Ⅲ

リスク低減措置の内容

　水を補給する場所に正面から立って作業ができるように、十分な高さの作業床を設備の正面の位置に設置した。

低減措置後の結果

　不安定な姿勢による作業がなくなり、安全に作業ができるようになった。

低減措置後のリスク見積り			低減措置後の評価	
頻　度	可能性	重大性	リスクポイント	リスクレベル
2	2	6	10	Ⅲ

事例9　フォークリフトとの衝突

労働災害に至るプロセス

フォークリフト運転作業において、運転者と周辺作業者（歩行者）の双方で認識がしにくく、フォークリフトと作業者が衝突し、全身を強打する。

	前進	後進	荷さばき
回転灯	○	○	○
警告音	×	○	×

認識がしにくいとは、具体的には、

① 後進するとき、運転者から見て回転灯の光で後方が確認しにくい。

② 前進・荷役作業中のときは、警告音が発報しないので、周辺作業者が気づかない。

（ハザード：フォークリフト）

リスクの見積り

リスク見積り			評　価	
頻　度	可能性	重大性	リスクポイント	リスクレベル
4	6	10	20	Ⅳ

リスク低減措置の内容

下記のフォークリフトの仕様改善と事業場内のハザードマップ（略）を作成した。

	前進	後進	荷さばき
回転灯	○	○	○
警告音	○	○	○

【仕様改善】

① 回転灯の取付位置変更

② キー ON で警告音が発報するように変更

低減措置後の結果

① 回転灯の取付位置変更で、後方視界が確保され、衝突の危険性が低減された。

② 警告音の改善でフォークリフトが作業中で

あることを知らせることができ、周辺作業者（歩行者）との衝突の危険性が低減
された。

③　ハザードマップにより、危険箇所が明らかになり、運転者の注意喚起につながっ
た。

低減措置後のリスク見積り			低減措置後の評価	
頻　度	可能性	重大性	リスクポイント	リスクレベル
4	6	10	20	Ⅳ

フォークリフトの運転者や作業者に注意喚起を促し、災害の発生を防止する措置は
もともと採っていた。今回、新たに採用した低減措置は、注意喚起を助けるためのも
のであり、従来から実施されていた「人に依存する対策」としての性格が変わったわ
けではないので、評価は変更しないこと。ただし、実際的には、措置後には災害発生
の可能性は下がるであろうから、暫定的な対策としては、その有効性を評価できる。

3　リスクアセスメントに基づく機械設備の安全化について

(1)　機械設備の安全化

　わが国の平成 30 年の労働災害発生状況をみると、年間約 12 万人を超える休業 4 日以上の死傷災害が発生しているが、そのうち約 4 分の 1 を機械設備による労働災害が占めている。特に製造業においては、多くの死亡災害や重大な災害の発生原因となっている機械設備の安全対策は重点課題である。

　機械災害の多くは、機械にはさまれたり、巻き込まれたりして悲惨な結果をもたらしている。

　こうした機械災害の防止については、以前は、災害を起こした機械を労働者に使用させる事業者が発生した災害の原因を分析して、作業手順等の教育・訓練を徹底するなどといった「労働者に安全確保を委ねる」方法がとられる傾向が強かった。技術的な対応がとられるにしても、災害に直接結びついた欠陥のみへの対応が個別に行われるにとどまることが多かった。

　しかし、現在では、厚生労働省が公表した「機械の包括的な安全基準に関する指針」（以下、この項で「指針」という。）（資料 11）が機械設備の安全化の基本方針となっている。

　指針の内容は、機械を設計・製造する者は、最新の技術を駆使し、合理的に実施可能な限りのリスク低減を図った上で、機械使用者に機械を提供しなければならない、というものであり、1989 年に公表された欧州機械指令、機械安全の原則を定めた欧州規格 EN 292 などの国際標準を取り入れたものである。

　指針に沿った機械安全化の取組みは、機械を使用する事業場では、機械設備を導入し、管理・運用する技術者が中心となると考えられる。つまり、生産技術部門、生産管理部門、保全部門などに所属する技術者たちである。こうした人たちが、機械設備を導入する時や、生産方法の変更を行う時などに、対象となる機械設備について、指針に沿ってリスクアセスメントとリスク低減を行い、その後当該機械設備をユーザーである事業場の作業現場に提供することになる。

　安全管理者は現場の安全を任せられた責任者として、リスクアセスメント及びリスク低減のための保護方策の検討の中に積極的に参加していくことが必要である。現実的に効果のあるリスク低減措置をとるには、現場の実情に関する情報は必要不可欠な

ものだからである。また、実際、指針の中でも、実施体制の中で安全管理者に機械使用者が行う機械に関するリスクアセスメントとリスク低減の実施を「管理させる」こ

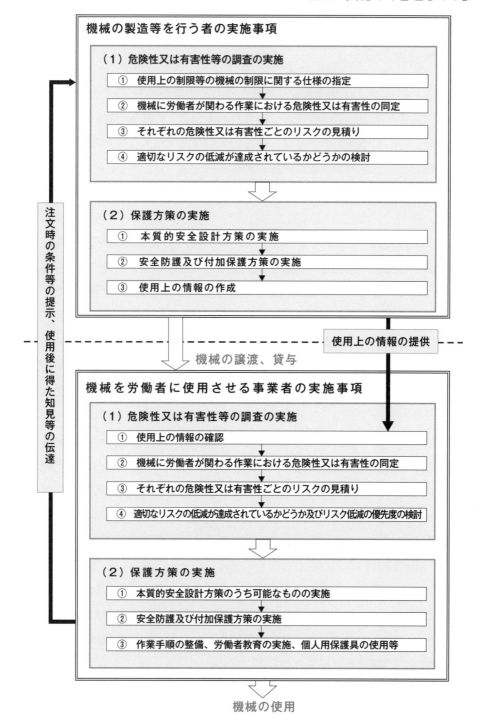

図2-3　機械の安全化の手順

ととしている。

　そのようなことから、安全管理者が、指針の内容に関して理解を深めておくことは必要なことである。機械の安全化の手順は**図2-3**のとおりとなる。

(2)　機械設備のリスクアセスメントの手順

　ここでは、主として機械使用者が行うべきリスクアセスメントの手順を示す（**図2-4**）。

ア　機械の使用状況の調査

　対象となる機械が、どのような使用のされ方をするかを調査（想定）する。一般にいう使用だけでなく設置から解体廃棄に至るまでの全ライフサイクルについての人と機械のかかわり方をもれなく洗い出すことが重要である。

　①　設置調整時…組付け設置、試運転調整、初期不良修正
　②　通常使用時…通常運転操作、段取り変え、原材料補給、清掃、保全、トラブルシュート、不具合修理
　③　解体廃棄時…機械の解体（動力源の切離し、本体の溶断・切断）、廃材搬出・運搬

　調査の際には、その機械本来の使用目的に沿った使用場面だけでなく、現れうるあらゆる場面を想定することが必要である。通常では考えられない使用（「合理的に予

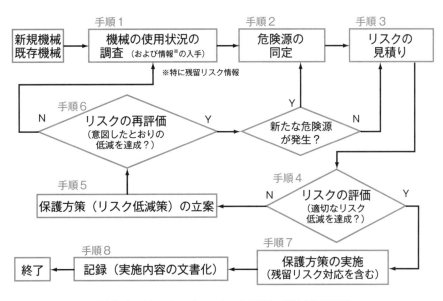

図2-4　リスクアセスメント手順（機械使用者）

見可能な誤使用」：スパナを金づち代わりに使うなど）、異常発生時の人のリアクショ
ン、周辺通路の歩行者など第三者の接近なども考慮する必要がある。

　なお、使用状況と関連が深いことから、機械製造者から提供される「使用上の情報」
をこの調査に合わせて入手しておくべきである。「使用上の情報」は機械製造者等が
行うリスク低減のための最後の方策として提供されるものである。その要件は、指針
（資料 11）の別表 5 にまとめられている。内容としては、使用する上で必要な情報は
もとより、除去しきれなかった残留リスクに関する情報、施されているリスク低減措
置の情報などが含まれている。

イ　危険源（危険性又は有害性）の同定

　指針では、「危険性又は有害性」と表現されているが、機械安全に関する JIS や国
際規格などでは「危険源」と表記されるので、機械安全分野では「危険源」を使う方
が一般的である。なお、リスクアセスメント指針（「危険性又は有害性等の調査等に
関する指針」）の解釈通達に、「危険性又は有害性とは、労働者に負傷又は疾病を生じ
させる潜在的な根源であり、ISO、ILO 等においては「危険源」「危険有害要因」「ハ
ザード」等の用語で表現されているものである」とある。

　なお、機械安全においては、リスクアセスメント指針で使われる「特定」の代わり
に国際標準で使用されている「同定」という用語を用いている。

　この危険源の同定は、危険源を洗い出すに留まらず、その危険源がリスクとなり得
るかどうかも見極める必要がある。そのためには、前の手順の「機械の使用状況の調
査」で見つけ出した「人と機械がかかわり合う箇所」と、同定した危険源の存在箇所
が同じかどうかをチェックする。もし、その危険源の存在箇所に人がかかわることが
判明すれば、そこにはリスクがあると判断できる。

ウ　リスクの見積り

　リスクは、危険源によって生ずる「負傷または疾病の重篤度」と「負傷または疾病
が発生する可能性」の度合いを表す指標である。

　リスクを見積もるには、これら「重篤度」と「可能性」の 2 つのリスク要素を組み
合わせて考える。また、「可能性」は「危険源に近づく頻度」と「危害を回避できる
可能性」の 2 要素の組み合わせとして見積もる場合もある。

　見積りの手法としては、「重篤度」「可能性」を縦横軸に取った表を使って見積もる
「マトリクス法」、リスク要素にそれぞれ点数を配分し、それを演算（加算もしくは乗

算が一般的）して見積もる「数値法」などがある。

　エ　リスクの評価

　イで同定し、リスクがあるとした個々の危険源ごとに前記の見積り手法等によって見積もった後は、それが適切なリスクレベルにあるかどうかを判定する。これがリスクの評価であるが、もし、リスクが不十分なレベルであると判定した場合は、単に「リスク低減策を要す」とするだけでなく、リスクの大小に応じたリスク低減のための大まかな方針（オの４つの保護方策のどれを主体に考えるかなど）を定めることが必要となる。

　なお、「適切なリスク低減が達成されている」と判断する基準は、指針の解釈通達で、次の①から⑦までがすべて満たされていることとされている。

　①　危険源の同定の際に、機械に労働者が関わるすべての作業等が考慮されていること。この際、ある特定の作業のために設計された機械が、意図する作業以外の作業に使用される可能性を含めていること。

　②　機械の製造等を行う者は、指針の第２の６により、リスクの低減を実施していること。

　③　危険源が除去されていること、または危険源によるリスクが合理的に実現可能な最低のレベルにまで低減されていること。

　④　採用する保護方策により、新たに危険源が生じていないこと、または生じたとしてもリスクが合理的に実現可能な最低のレベルにまで低減されていること。

　⑤　残留リスクについて、譲渡の際に十分に通知され、かつ、警告されていること。

　⑥　保護方策の採用により、機械を操作する労働者の作業条件が悪化していないこと。

　⑦　採用した保護方策が、互いに干渉せず支障なく成り立つものとされ、かつ、機械の機能や使いやすさを過度に低減せず意図する使用を妨げないものとされていること。

　オ　リスクの除去・低減（保護方策の実施）

　指針では、機械メーカーがとるべきリスク低減のための次の４つの「保護方策」を示している。

　①　本質的安全設計方策

　②　安全防護

③　付加保護方策

④　使用上の情報提供

「本質的安全設計方策」とは、機械の設計において構造等を工夫をすることで、ガード（囲い）や保護装置（安全装置）など付加的な設備を設置することなくリスク低減を行う保護方策のことである。その方法には、「可能な限り危険源そのものをなくす、あるいは低減する」ものと「作業者が危険区域に入る必要性をなくす、あるいは低減する」ものがある。

「安全防護」とは、ガードまたは保護装置の使用による保護方策である。機械設計の工夫では除去または十分な低減が行いきれない場合、次善の策として取られる方策である。危険源と接触しうる危険箇所に人が入れないようにするためのガードの設置、人が危険区域に入ったことを検知し機械を停止させる保護装置（安全装置）の設置を行う方策である。

「付加保護方策」とは、労働災害に至る緊急事態からの回避等のための人が介在する保護方策が主となる。本質的安全設計方策や安全防護のように危険源に対する直接の保護方策ではないが、緊急停止装置など災害が発生しそうな時に人の意志でそれを回避できるようにするものや、被害が最小限にとどまるよう迅速に救助できるようにすることなどがある。

「使用上の情報」は使用者が正しく安全に機械が使用できるよう、機械メーカーが標識、警告表示の貼付、警報装置の設置、取扱説明書等の交付等の形で提供する指示事項等の情報とされている。機械の正しく安全な使用を確実にする上では、先に示したように、適切な使用方法を提供するだけでなく、機械メーカーが低減しきれなかった残留リスク情報を提供することが重要である。

以上の4つの方策の具体的な内容は指針（資料11）の別表第2から別表第5にまとめられている。機械使用者に対しては次のような保護方策が示されている。

①　本質的安全設計方策のうち機械への加工物の搬入・搬出又は作業の自動化等可能なもの

②　安全防護および付加保護方策

③　①、②を実施した後の残留リスクを労働者に伝えるための作業手順の整備、労働者教育の実施

④　必要な場合個人用保護具の使用

機械製造者であれ使用者であれ、①→②→③と優先順位に沿ってリスク低減を図ることが原則である。

　機械を使用する事業場でも、可能な限り①から②までの「技術的」な方策でのリスク低減を図ることが必要だが、それでもリスクが残る場合には、それを回避するための作業手順の整備や安全衛生教育、必要な保護具の使用により対処する。

（注）本質的安全設計方策に関連していえば、作業者に危害を及ぼす可能性のある危険源を除去することが「本質安全化」であるが、これに加え、作業者がミスをしても災害に至らせない機能（フールプルーフ）や機械が故障しても安全が保たれる機能（フェールセーフ）を実現することも本質安全化と位置付けられている。

　　フールプルーフを目指した設備の例：
　　・一定の高さ以上に荷を吊り上げられないようにしたクレーンの巻過防止装置
　　・扉を閉めないと加熱できない電子レンジ（マイクロ波の外部放射防止）
　　フェールセーフを組み込んだ設備の例：
　　・停電や故障で電源が遮断されると自動的にブレーキが働き、重力で荷が下りてこない機構を持つクレーンの巻上げ装置
　　・故障したとき降りたままになる踏切の遮断機

　カ　リスクの再評価

　なお、リスク低減のための保護方策を検討・立案したときには、その方策を実施して、危害の大きさは低減されるのか、危害発生の可能性が低減されるのかという視点で再度リスクを見積もり、保護方策が妥当かどうかを確認することは重要なことである。さらに、その保護方策により新たな危険源が発生してないかのチェックも忘れてはならない。

　キ　保護方策の実施

　機械製造者は、本質的安全設計方策から付加保護方策までの技術的な保護方策を機械に適用し、加えて残留リスクについては「使用上の情報」として機械使用者に提供する。
　機械使用者は、使用者の立場で実施可能な保護方策を適用する。このとき低減できなかった残留リスクに対しては、作業手順の整備、安全衛生教育、保護具の使用などといった対応を取らなければならない。

ク　記録

　リスクアセスメント等の結果は機械製造者、機械使用者双方とも社内文書として記録しておくことが必要である。機械使用者においては、同定した危険源、見積もったリスク、設定した保護方策の優先度、実施した保護方策および残留リスクについて記録し、機械製造者から入手した使用上の情報とともに保管することとされている。

(3)　機械メーカーによるリスクに関する情報提供等

　厚生労働省は、機械包括安全指針に加えて、メーカー等からユーザーへの、機械リスクに関する情報提供をより一層推進させるため、平成 24 年 1 月に労働安全衛生規則を改正し、機械のメーカー等（輸入者や貸与者も含まれる）が当該機械に関する危険性等についてユーザーに通知することを努力義務とした。

　またこの改正に伴い、「機械譲渡者等が行う機械に関する危険性等の通知の促進に関する指針」（平成 24 年度厚生労働省告示第 132 号）が示され、平成 24 年 4 月 1 日から適用されている。

　改正された労働安全衛生規則（第 24 条の 13）では、①型式・製造番号等、②機械のうち、危険又は健康障害を生じさせるおそれがある箇所に関する事項、③機械に係る作業のうち、危険又は健康障害を生じさせるおそれがある作業に関する事項、④作業ごとに生ずるおそれのある危険又は健康障害のうち最も重大なものに関する事項、⑤その他参考になる事項、を通知する内容としている。

　上記の指針では、②の機械として、労働者に危険を及ぼすか、または健康障害を引き起こすおそれのある機械で、事業場で使用されるものとしている。また、③の適用される作業の範囲は、機械を稼働させる準備、運転及び保守等としており、保守等には、機械を使用する事業者が機械の設置、解体を行う場合はこれも含まれることとしている。

　さらに上記指針では、危険性等の通知は、上記①から⑤までの事項について、残留リスクマップ（当該機械の絵又は図を用いて当該機械に関する危険性等の情報の全体像を示したもの）および残留リスク一覧（①から⑤までの事項を作業ごとに詳細に記載したもの）を記載した文書をユーザーに交付することにより行うこととしており、文書の作成は、機械製造者が行うリスクアセスメントの手法、リスク低減のための保護方策および機械に適用される法令に関する十分な知識を有するものがこれに当たることとしている。

　なお、機械ユーザーから機械メーカー等への災害情報等の提供の促進、設計技術者

等に対する機械安全に係る教育の実施について、次の通達が出されている。

（ア）　機械ユーザーから機械メーカー等への災害情報等の提供の促進について

　　　（平成 26 年 4 月 15 日付け基安発 0415 第 2 号）

　　機械による災害に関する情報は製造者の製品改善に役立つことから、機械ユーザーから機械メーカーへの機械の災害情報等の提供を促進し、機械の設計・製造段階の安全化を促進するために策定された「機械ユーザーから機械メーカー等への災害情報等の提供の促進要領」を周知したもの。

（イ）　設計技術者、生産技術管理者に対する機械安全に係る教育について

　　　（平成 26 年 4 月 15 日付け基安発 0415 第 3 号。最終改正：平成 31 年 3 月 25 日付け基安発 0325 第 1 号）

　　機械によるはさまれ・巻き込まれ等の重大な災害は後を絶たない状況にあり、機械安全に係る人材育成のための教育を促進する必要があることから、「設計技術者」および「生産技術管理者」に対する機械安全に係る教育の実施要領（「設計技術者、生産技術管理者に対する機械安全・機能安全に係る教育実施要領」）を定めて周知したもの。

4　リスクアセスメントに基づく化学物質管理

(1)　化学物質危険有害性情報の提供

　　事業場における化学物質管理の充実を図るためには、事業者および労働者に対して個々の化学物質の危険性・有害性、取扱上の注意事項などの情報がより明確に提供されることが必要であり、危険有害な化学物質を譲渡提供する際に、容器等へのラベル表示や安全データシート（SDS）を交付することにより、名称、取扱い上の注意、危険有害性等の情報を伝達することとされている（労働安全衛生法第 57 条、第 57 条の 2、第 101 条）。

　　また、平成 24 年 1 月の労働安全衛生規則改正により、危険有害性の認められる全ての化学物質（危険有害性物質等という。）について、容器等への表示と SDS の交付が努力義務化された。この改正に伴い、「化学物質等の危険性又は有害性等の表示又は通知等の促進に関する指針」（平成 24 年 3 月 16 日厚生労働省告示第 133 号。最終改正：平成 28 年 4 月 18 日厚生労働省告示第 208 号）が公表されている。

　　化学品を、引火性や発がん性等の危険有害性の各項目ごとに一定の基準に従って分

類し、その結果をラベルや SDS に反映させ、災害防止および人の健康や環境の保護に役立てようとする「化学品の分類および表示に関する世界調和システム」（The Globally Harmonized System of Classification and Labelling of Chemicals：GHS）が国連勧告として出されている。労働安全衛生法に基づく表示および文書交付制度は、GHS 国連勧告に基づいており、事業場の容器などには危険性・有害性の程度などに基づく絵表示を付すこととされている（**図 2-5**）。そのため、化学物質を取り扱う場合には、この絵表示や交付された SDS などに基づき自主的に労働災害防止措置を講ずることが必要である。

(2)　化学物質のリスクアセスメント

　近年、生産工程の多様化、複雑化が進展するとともに、新たな化学物質・機械設備が導入されており、それに伴い多様化した事業場内の危険・有害要因の把握が困難になっている状況から、労働災害発生の芽（リスク）を事前に摘み取るために、建設物、設備、作業等の危険性又は有害性等の調査（リスクアセスメント）を実施し、その結果に基づく必要な措置を講ずることが努力義務とされてきた（労働安全衛生法第 28 条の 2）。化学物質、化学物質を含有する製剤その他のもので労働者に危険又は健康障害を生ずるおそれのあるものに係るリスクアセスメントは全ての業種で実施することが努力義務となっている。こうした中で、平成 28 年 6 月より、一定の危険有害性が確認された化学物質（安全データシート（SDS）交付義務対象となる表示義務対象物・通知対象物）についてのリスクアセスメントの実施が義務となった（労働安全衛生法第 57 条の 3。第 4 章関係法令の 3 の (8) エ参照）。有害性の面のみならず、爆発等危険性の面も対象である。危険性の特定、危険の程度の見積り、リスク低減措置の内容の検討、低減措置の実施が必要となる。この化学物質に係るリスクアセスメントの適切かつ有効な実施のために、基本的考え方、具体的な手順の例と措置実施上の留意事項を定めた「化学物質等による危険性又は有害性等の調査等に関する指針」（平成 27 年 9 月 18 日付け指針公示第 3 号。平成 28 年 6 月 1 日適用）（資料 10）および通達「化学物質等による危険性又は有害性等の調査等に関する指針について」（平成 27 年 9 月 18 日付け基発 0918 第 3 号）（同資料 10）が公表されている。

　なお、化学物質の有害面の調査については、資料 10 の別紙 2 の例 3 のとおり、コントロールバンディングほかいくつかの簡易なリスクアセスメント手法が開発されており、ホームページでも紹介・提供されている（職場のあんぜんサイト https://anzeninfo.mhlw.go.jp）。

可燃性ガス（区分1）
自然発火性ガス
エアゾール（区分1、区分2）
引火性液体（区分1～区分3）
可燃性固体（区分1、区分2）
自己反応性化学品（タイプB～タイプF）
自然発火性液体（区分1）
自然発火性固体（区分1）
自己発熱性化学品（区分1、区分2）
水反応可燃性化学品（区分1～区分3）
有機過酸化物（タイプB～タイプF）
鈍性化爆発物

酸化性ガス
酸化性液体・固体

爆発物
自己反応性化学品
有機過酸化物（タイプA、B）

金属腐食性化学品
皮膚腐食性
眼に対する重篤な損傷性

高圧ガス

急性毒性（区分1～区分3）

急性毒性（区分4）
皮膚刺激性（区分2）
眼刺激性（区分2A）
皮膚感作性
特定標的臓器毒性（単回ばく露）（区分3）
オゾン層への有害性

水生環境有害性（短期（急性）区分1、長期（慢性）区分1、区分2）

呼吸器感作性
生殖細胞変異原性
発がん性
生殖毒性（区分1、区分2）
特定標的臓器毒性（単回ばく露）（区分1、区分2）
特定標的臓器毒性（反復ばく露）（区分1、区分2）
誤えん有害性

（注：菱形の枠は赤色、中のシンボルは黒色が用いられる。）

図2-5　絵表示の例（JIS Z 7253：2019より）

（3）　化学設備の改造、改修等

　化学物質を製造し、または取り扱う設備の改造、修理、清掃などの仕事は外注により行われている場合が多いが、設備の状況などの情報を請負人に十分に知らせないままにしたことによる一酸化炭素中毒、爆発、火災などの労働災害が発生している。このため、化学会社などが自ら元方事業者となって仕事を行う場合には関係請負人との連絡調整が法令上定められている。また、化学設備や特定化学設備の改造、修理、清掃などの仕事の発注者や注文者などはその仕事による労働災害を防止するために必要な安全衛生に関する情報を請負人に提供するなどの必要な措置を講じなければならない。大量漏えいにより急性障害を引き起こす化学物質、引火性の化学物質等を製造し、または取り扱う設備の改造、修理、清掃等の仕事で、設備の分解等の作業を伴うものの発注者等は、労働災害を防止するため、その化学物質の危険性・有害性、その作業について注意すべき事項、発注者の講じた措置等の情報を文書等により請負人に提供し、元方事業者である場合には、必要な連絡調整を行わなければならないこととなる（労働安全衛生法第 30 条の 2、31 条の 2）。

第3章
安全教育

この章で学ぶ主な事項

- [ ] 安全教育の実施計画の作成
- [ ] 安全教育の方法
- [ ] 作業手順書の作成と周知

　災害防止対策は、安全管理体制を確立して、機械設備の安全化、危険有害環境や作業方法の改善などによるリスクの低減化を進めることが基本であるが、仮に高度な安全措置が講じられた機械設備の場合でも作業者の操作ミスによって災害が発生するおそれがあることから、安全教育は欠かせない。

　また、人の不安全行動が関係する災害は全災害の約90％にのぼるが、不安全行動をするケースとして、①作業上の危険を知らなかった、②知っていたが能力不足のためにできなかった、③やる気がなかった、④勘違い、思いこみなどの人間特性のエラーを起こした、に分類される。①と②は知識と技能の教育、③は安全意識の高揚の教育、④は繰り返して行う安全教育を十分に行うことで、不安全行動やミスを減少させることができる。

　これらのことから、自動化が進んだ機械設備、安全機能を有する機械設備などであっても必ずリスクは存在するので、災害防止の観点から安全教育の実施は重要である。安全教育は、その作業が安全、確実に行われるために「期待される知識や能力の水準」と現実に「労働者が現に有している知識や能力の水準」を比較し、それらの水準の差を埋めるために実施するものである。作業の種類や経験年数などで安全教育の対象者を層別化したうえで、安全教育で付与すべき能力、知識、技量、モラールなどに関する教育目標を明確にして実施する（資料14参照）。

1　安全教育の実施計画の作成

(1)　教育計画の必要性

　安全教育は、労働安全衛生法で規定されているから行う、災害が発生したから行うなどではなく、事業場ではどのような安全教育が必要なのか、その安全教育の対象をどうするのかを的確に把握したうえで、安全委員会の審議を経て年度当初に安全教育計画を作成する。その安全教育計画は、労働安全衛生法令で規定されている雇入れ時教育や特別教育などの法定の安全教育のみならず、災害発生状況、安全パトロールの結果などにより把握されたその事業場の現状と問題点を踏まえた事業場独自の安全教育を取り入れることが有効である。また、安全教育計画になくても、事業場での新しい生産計画、新しい機械設備やプロセスの導入時などに臨時に適切な安全教育を追加して実施することも必要となる。

　安全教育は、安全教育計画に基づいて実施されることになるが、安全衛生団体が行っ

ている各種の安全教育を活用することにより、安全教育を効率的、効果的に実施できる。例えば、事業場自らが実施するのが困難なものは、安全衛生団体が実施する講習会に参加することを安全教育計画に取り込んだり、現場監督者教育のトレーナー（RSTなど）、特別教育のインストラクターなどについては、中央労働災害防止協会安全衛生教育センター（東京・大阪）への研修参加などを計画することである。

(2)　安全管理者、新規採用者、新任職長等の安全教育

ア　教育の内容

労働安全衛生法では、安全管理者のほか新規採用者、新任職長、危険業務従事者などに対して行うべき安全衛生教育の教育事項を次のとおり定めている。

（ア）　安全管理者

労働安全衛生規則により、安全管理者がその職務をより的確に遂行する実務能力を担保するため、安全管理者の選任の要件として次の項目の教育を受けなければならない。

なお、安全管理者選任時研修の講師は、安全衛生教育センターが行う講師養成研修の修了者またはこれと同等以上の知識経験を有する者であることが必要である。

① 　安全管理
② 　事業場における安全衛生の水準の向上を図ることを目的として事業者が一連の過程を定めて行う自主的活動（危険性又は有害性等の調査及びその結果に基づき講ずる措置を含む。）
③ 　安全教育
④ 　関係法令

（イ）　新規採用者

① 　機械設備、原材料などの危険性又は有害性およびこれらの取扱方法に関すること。
② 　安全装置、有害物抑制装置または保護具の性能およびこれらの取扱方法に関すること。
③ 　作業手順に関すること。
④ 　作業開始時の点検に関すること。
⑤ 　その業務に関して発生するおそれのある疾病の原因および予防に関すること。

⑥　整理、整頓および清潔の保持に関すること。

⑦　事故時等における応急措置および退避に関すること。

⑧　前各号のほか、当該業務に関する安全または衛生のために必要な事項

　ただし、事務労働を主体とする業種（安全管理者の選任を必要としない業種に限る。）に属する事業場の労働者については、このうち①～④の事項についての教育を省略できる。

（ウ）　作業内容に変更があった者

　新しい業務については、新規採用者の場合と同じ教育事項を教える。

（エ）　職長その他の現場監督者

①　作業方法の決定及び労働者の配置に関すること。

②　労働者に対する指導又は監督の方法に関すること。

③　労働安全衛生法第28条の2第1項の危険性又は有害性等の調査及びその結果に基づき講ずる措置に関すること。

④　異常時等における措置に関すること。

⑤　その他現場監督者として行うべき労働災害防止活動に関すること。

（オ）　危険業務従事者

　研削といしの取替えまたは取替時の試運転の業務、動力により駆動されるプレス機械の金型またはシャーの刃部の調整の業務、産業用ロボットの教示の業務など労働安全衛生規則によって指定された危険業務については、それぞれの業務に応じ関係告示において定められた内容に従って、特別の教育を行う（第4章 関係法令の表4-7参照）。

イ　教育時間

　教育時間は、教育対象および教育内容によって決まる。新規採用者の場合には、はじめてその作業に就く人たちであり、一般に教育期間中のため長い時間をかけて行われるが、他の者の場合には、作業への影響を考慮すると、1回の時間を少なくし、その代わり回数を多くして実施するほうが適切な場合がある。

　労働安全衛生法では、危険有害業務に就かせようとする者に対する特別の教育、職長その他の現場監督者の教育および安全管理者の選任時の教育については、教育事項

ごとに必要な教育時間を定めているので、これによらなければならない。

　新規採用者や作業内容に変更があった者に対する安全衛生教育は、就くべき業務の内容によって教育時間は異なることから、特に教育時間は定められていないので、その業務を安全に遂行しうるためにどのくらいの時間を当てたらよいかを十分に検討して適正な教育時間を計画する。

ウ　教育の実施時期

　安全教育の実施時期は、教育対象や教育内容によって決まる。例えば、新規採用者の安全教育は採用直後（4月）に行われるのが通常であるが、特定テーマをとらえた教育、例えば、感電災害の防止についての安全教育はこの種の災害が多発する梅雨時や夏季の直前（5月）が適切である。これらの教育は、その時期を予定することができるため、年間計画に組み入れることができる。また、一般作業者や危険業務従事者に対する安全教育も作業工程や設備の改変計画が明らかになっていれば、これに応じてスケジュールを立てることが可能である。

　このように事前に予定されるこれらの教育を、まず年間計画に組み入れ、その間に現場監督者その他に対する教育を挿入すれば、年間の安全教育計画が作成できる。現場監督者の安全教育のように1回の所要時間の短いものは、なるべく毎月定期に行うようにする。

エ　講師

　事業場において安全教育を実施するには、講師を決めておく必要がある。この場合、講師は、実施する教育、訓練の内容について十分な知識、経験などを有する者を当てる必要があるが、これらの講師は事業場において確保されていない場合がある。このため、安全教育計画を作成するに際しては、雇入れ時などの教育を担当する指導員や特別教育を担当するインストラクター、職長教育を担当するトレーナー、各級の管理監督者などを養成するため、安全衛生団体などが実施する研修をあらかじめ受講させておくとよい。また、外部の講師として労働災害防止団体に所属する安全管理士、労働安全コンサルタントなどの安全専門家を活用することも効果的である。

(3)　現に危険業務に従事する者に対する定期教育等

　危険業務に従事する者に対して行う特別教育については、その労働者の安全と健康を確保するため、その後の技術革新の進展などに伴う新しい知見や職場環境の変化に

143

即応した知識を、引き続き付与するために実施していかなければならない。厚生労働省では、労働安全衛生法第60条の2第2項の規定に基づいて、危険有害業務に現に就いている者に対して、その業務に関する安全衛生教育を行うことについて、その内容、時間、方法、講師など必要な事項を定めた指針を公表している。

　このことから、現に危険業務に従事している者に対して行う安全教育は、この指針に沿って実施していかなければならない。その指針の概要は、次のとおりである（資料14参照）。

　ア　対象者

対象者は、次に掲げる者である。

①　就業制限に係る業務（クレーンの運転、ボイラーの取扱いなど免許または技能講習修了を必要とする業務）に従事する者

②　特別教育を必要とする業務に従事する者

③　上記の①または②に準ずる危険業務に従事する者

　イ　教育の種類

教育の種類は、次のとおりである。

（ア）　定期教育

　上記のアの者がその業務に従事することになった後、一定期間ごとに安全衛生教育を実施しなければならない。この「一定期間」は、最近の技術革新の進展などを勘案して、当面5年とされており、指針に示されたカリキュラムにより教育を行う。

（イ）　随時教育

　機械設備などが新たなものに変わる場合、取り扱う機械設備などの操作方法および作業方法が大幅に変わった場合や、操作方法の誤りに起因して災害を発生させた場合などでは、随時に安全衛生教育を実施する必要がある。

　また、操作方法の変更などがあった時には学科教育に加え、運転操作方法および点検整備について実技教育を実施する。

　なお、資格の取得後おおむね3年を超えて初めて当該業務に就く者、おおむね5年を超えてその業務から離れ、再びその業務に就く者に対しても随時教育に準じた教育を実施する。

ウ　教育の内容、時間、方法、講師

（ア）　教育内容

①　学科教育の内容は、その作業者が取り扱う危険業務の種類に応じたものとなるが、基本的には、最近の機械設備・作業の特徴、作業の安全化または作業環境や作業方法の改善、機械設備の取扱いと安全点検、災害事例とその防止対策などである。

②　機械設備が新たなものに変わる場合の実技教育は、災害の発生状況、技術革新の進展などに応じて実施する。

（イ）　教育時間

安全教育の内容および時間は、その対象者や種類に応じて示されているカリキュラムによることになっているが、おおむね１日程度で実施する。

（ウ）　教育方法

学科教育の方法としては、例えば最近の機械設備の特徴、安全点検、作業の特徴などに関する教育については、動画教材、プレゼンテーション用ソフトを用いた視聴覚教育が適切であり、災害事例とその防止対策に関する教育については、シートを用いた災害事例研究などの方法で行う。教材は、原則として教育内容の全般にわたるテキストを用いることとするが、それぞれの教育方法に応じた補助教材（シート、動画教材など）を併用することが効果的である。

（エ）　講師

教育の適切な実施のためには、講師の選定が特に重要であり、その人材の養成と確保が必要である。講師は、その業務についての最新の知識ならびに教育技法（教育の対象者、教育の内容などに応じた教育方法の選択、教材の作成または選定、講師間の調整など教育実施前の準備、教育の実施ならびに教育実施後の効果の評価方法）について十分な知識および経験を有する者でなければならない。

このため、教育を実施する安全衛生団体は、中央労働災害防止協会安全衛生教育センター（東京・大阪）の行う各種の講師養成研修を活用するなど、人材の育成、確保に努めているが、事業場自らが行う教育の講師についても、同研修の修了者等を当てる。

(4)　安全衛生業務従事者に対する能力向上教育

　厚生労働省では、労働安全衛生法第 19 条の 2 第 2 項の規定に基づいて、「労働災害の防止のための業務に従事する者に対する能力向上教育に関する指針」（資料 15）を公表し、その教育の内容、時間、方法、講師などについて定めている。この能力向上教育は、事業場の安全衛生管理体制の中心的な立場にある安全管理者その他の安全衛生業務従事者に対し、事業場の実態に即応した災害防止のための知識を付与することにより、その能力の向上を図り、事業場の安全衛生水準の向上を目指すものである。安全に関係する教育内容などは、次のとおりである。

　ア　対象者

①　安全管理者

②　安全衛生推進者

③　作業主任者

④　元方安全衛生管理者

⑤　その他の安全業務従事者

　イ　教育の種類

（ア）　初任時教育

　安全業務に初めて従事する者は、一般的にその業務に必要な最少限度の能力を有しているが、その後の技術革新の進展などに適切に対応できるよう必要な知識などを付与するため、初任時に能力向上教育を行うことが必要である。初任時教育は、選任後 3 カ月以内を目安に実施する。ただし、安全管理者については、選任時研修を修了していることが選任要件となっているため、初任時教育の対象ではない。

　また、作業主任者は、その業務が安全管理者などに比べかなり限定されていることから、初任時教育は要しないが、その資格取得からはじめて作業主任者に選任されるまでの間が長期に及ぶ場合（おおむね 5 年を超える場合）には、選任時に次の（イ）の教育を実施する。

（イ）　定期教育および随時教育

　安全業務従事者については、その業務に従事するようになった後も技術革新の進展といった社会経済情勢の変化等に対応した、災害の防止に関する新たな知識を付与す

るための能力向上教育が必要となる場合がある。この場合の教育の実施時期は、事業者の判断に基づき決定するものであるが、その確実な実施を確保する観点から、次の①および②により実施時期をある程度特定し、定期教育または随時教育として実施する必要がある。なお、これら以外の場合においても、必要に応じ能力向上教育を実施する。

①　社会経済情勢の変化等に対応して一定期間ごとに実施する定期教育

　　この「一定期間」については、最近の技術革新の進展などを勘案して当面5年とされている。

②　機械設備や原材料、作業方法などに大幅な変更があった時に実施する随時教育

ウ　教育の内容、時間、講師

（ア）　教育内容

①　安全衛生推進者などの初任時教育の内容は、安全の全般にわたる総合的なものとし、定期教育および随時教育の内容は、初任時教育の内容のうち、技術革新などに伴い変化していくと想定される項目である。

②　作業主任者に対する教育内容は、基本的には、最近の機械設備・作業の特徴、作業の安全化または作業環境・作業方法の改善および健康管理、機械設備の保守、災害事例とその防止対策などである。

（イ）　教育時間

　能力向上教育の時間は、広く教育の機会を付与すること、教育効果などを考慮して、7時間程度行う。

（ウ）　講師

　能力向上教育の適切な実施のためには、講師の選定が特に重要であり、その人材の養成と確保が必要である。講師は、その業務についての最新の知識ならびに教育技法（教育の対象者、教育の内容などに応じた教育方法の選択、教材の作成または選定、講師間の調整など教育実施前の準備、教育の実施ならびに教育実施後の効果の評価方

法）について十分な知識および経験を有する者でなければならない。

　なお、講師は、安全衛生教育センターが行う講師養成研修の修了者等をもって当てることとする。

2　安全教育の方法

　安全教育は、教えたことがらが相手にどれだけ理解されたか、どのように職場で実行されているかが重要であり、教育したことが実行されてはじめて所期の目的が達せられるものである。このため、安全教育は根気よく、繰り返して行う。また、教育の効果を上げるための方法を工夫する。

　安全教育の後において、その効果が職場で生かされているかどうか、教育の効果の評価を行い、その結果を次回の安全教育計画の作成の際に活用するとともに、必要に応じてその教育計画を見直し、改善して、内容をさらに充実させる。このように、安全教育は、「計画→実施→評価」という3つのステップを繰り返しながらより効果のあるものにしていく。

(1)　実施方法

　安全教育のイメージは、一堂に集めて話をする講義方式を思い浮かべるが、このような方式のみが教育ではない。教育対象や教育内容に応じ、最も適切な方法を選ぶべきである。例えば、現場監督者においては講義方式よりも討議方式が適しており、新規採用者では集団教育よりも個別教育に重点をおくことが適している。

　教育の方法の種類は、次のものがあるが、実際の教育はこれらを組み合わせた方式が採用されている。

　ア　教え方による種類
　　①　講義方式（講師が聞かせる方法）
　　②　視聴覚教育方式（動画教材、プレゼンテーション用ソフトなどを用いながら教える方法）
　　③　討議方式（講師がリーダーとなり、テーマごとに受講者が自由に討議しながら結論を導く方法）
　　④　OJT（On the Job Training）方式（仕事を進める過程で作業者に直接指導する方法）

（参考）効果的な討議のすすめ方　（③の討議方式の例）

1　グループ分け

5～6人で1グループを作るのが効果的である。

グループ数はいくらできても、それをリードする講師の数が多ければ（2～3グループに1人）よいが、通常は4～6グループが全体としてまとまりがよい。A、B、C、～と命名する。

2　会場設定

部屋のコーナーを使用すれば4グループが同時に討議できる。例えば、会議用の長机を2脚集めて、その周囲にグループ員が座る。手をお互いに延ばせば届く距離がよい。

3　役割分担

グループの中から「グループリーダー」「板書者」「書記」「発表者」「コメント係」を抽選などで選出する。この役割は、各討議ごとに分担を変えて、誰もがすべての役割を経験するように運営する。

4　グループリーダーの役割

定められた時間内に討議が終了するように、運営する。課題をはっきりと述べて、グループ員から発言を求め、活発な討議が進むように心掛ける。一人ひとりの発言を尊重する気持ちが大事である。リーダーは皆の気持ちをほぐすような誘導をする。

発言を否定することは極力つつしみ、全員から発言を求める。

5　板書者の役割

発言をなるべく早く、簡潔にまとめ箇条書きにする。ホワイトボード等がないときは模造紙等で代用する。

6　書記の役割

板書された文字を所定の用紙に浄書する。題名、グループ名、各員氏名、年月日は必ず記入する。配布をする場合はコピー係をつくる。

7　発表者とコメント係の役割

司会者はグループと発表者の紹介（氏名など）をし、発表者は簡単に討議過程を説明し板書したホワイトボード等を利用して課題に対するグループの考え方、結論などを発表する。司会はリーダーが兼務でもよい。時間厳守。

Aグループの発表に対してBグループのコメント係が質問、感想、批評を簡潔に述べる。

イ　教育対象の数による種類

① 集団教育（教育対象をまとめて教える方法、講義方式によって行われる。）

② 個別教育（1対1の方式による教育、新規採用者の現場配置後の教育は、現場監督者によってこの方法で行われる。）

(2)　実施に当たっての留意事項

安全教育は、相手方に教えることが目的であるから、相手方の立場で話を進めて、伝えようと思う事項を分かりやすく、具体的に示さなければならない。

安全教育の実施に当たって留意すべき事項は、次のとおりである。

ア　教育対象者の知識や技能の程度に応じた教材

教育対象者と教育内容（カリキュラム）が定まると、そのカリキュラムに応じた教材を準備しなければならない。教材は、教育対象者の知識や技能の程度に応じたものを選定する。例えば、新規採用者には、安全の初歩から教えるべきであるが、現場監督者の場合には、一応の基礎知識をもっていることから、それに適した問題の提起とその処理方法を検討するのに必要な資料を提供する。

イ　具体的な教育内容

安全教育の内容は、それが実践されてはじめて災害防止に役立つものであるから、受講者に身近な、具体的なものでなければならない。例えば、生産技術者に対する安全教育では、生産計画を立てる場合にどんな見地から検討すればよいかを具体例を引用しながら教育する。生産計画が適切でなかったために発生した災害事例を用いれば一層効果的である。

ウ　教育は繰り返して実施

聞く人は、話の一部しか聞きとらないのが普通であり、理解してもすぐ実行に移すとは限らない。このことから、同じことを何回も繰り返して教える。この場合、同じ

方法でなく、例えば、1回は話をして聞かせたら、次は動画教材を見せるなど手を変え品を変えて教えることが効果的である。

エ　考えさせる教育

耳から聞き、あるいは目で見ただけの知識はすぐ忘れやすい。耳や目から受け入れた知識は、頭を使って消化することにより自らのものとなる。このため、受講者には適宜に問題を与え「この場合、あなたはどうするか」を考えさせ、討論させることが効果的である。この思考や討論の過程を経て、受講者は、その結論を本当に自分のものとして理解する。頭を使って体得した知識は容易に忘れないものであり、応用がきくものである。

オ　相手の理解の程度に応じた進行

安全教育は、相手にものごとを教えることであるから、受講者の理解力にペースを合わせなければならない。講師のペースで講義を進めたり、大切なことを省略したり、難解な言葉を使ったりするのはよくない。現場の作業者は、現場向きの表現が最も親しみが持て、理解も早いのであるから、時々に質問をして、相手方がどの程度理解したかを確かめながら進めていく。

カ　事後措置の実施

安全教育を実施したときは、その修了者について台帳などにより個人別に教育歴を記録し、継続して管理する。また、教育を実施した直後に、修了試験やアンケート調査などにより、教育効果の把握に努めるとともに、教育内容の改善に結びつける。

(3)　教育効果の評価と持続

安全教育は、教えた事項が確実に実施されてはじめて完結したといえることから、安全管理者、各級管理者などは、現場の中において教えた事項が実際に行われているかどうかを現場巡視などにより把握する。

この場合、教えたとおりに行っていないことを発見した場合には、直ちにそれが正しくない、不安全なやり方であることを指摘し、是正させなければならない。この程度ならいいだろうと安易に妥協してこの是正措置を怠ると、それを黙認したことになり、次回に同様の行為を発見した場合にはそれの是正指導が困難になり、その見逃した不安全行動が大災害につながるおそれがある。不安全行動が放任されている限り、

それが原因となっていつかは災害が起こるおそれがある。

　このような不安全行動を発見した場合に考えるべきことは、その作業者がなぜそのような不安全行動をとったかである。「その作業者が不安全行動であるということを知らなかったのではないだろうか」、そうだとするとそれは教育の不徹底を意味する。「不安全行動であることを知りながら、あえてそのような行動をとったのであろうか」、そうだとすればそれは「機械設備に欠陥があったためではなかろうか」、それとも、「その作業者の性癖によるものか、あるいは安全に対する意欲の欠如によるものであろうか」、これらの場合には、機械設備、作業方法などについて根本的な対策を講じなければならない。

　不安全行動が安全教育の不徹底による場合には、その不安全行動に関係する作業者に対し、追加の指導をする。また、教育内容の不徹底がどこにあったかを反省し、次回の安全教育の計画に当たっての参考とする。

3　作業標準・作業手順書の作成と周知

　災害発生の危険性は、機械的、物理的あるいは技術的な物的要因を安全化することによって減少させることができるが、それだけで作業者の安全がすべて確保できるわけではない。作業者の不安全な行動が作業の進行中に起こらないように作業方法の安全化を図らなければならない。作業方法の安全化を高めるためには、作業の手順、作業者の動作、それらの進行に伴う安全上の遵守ポイントなどの基準を作業分析の結果から具体的に定め、これによって作業を行うことが効果的である。

　まずは、作業条件、作業方法、管理方法、使用材料、使用設備等に関する基準として「作業標準」を作成し、その「作業標準」を受けて、単位となる作業ごとに、個々の作業者がとるべき動作、注意事項等を「作業手順書」として作成することになる。

　「作業手順」の作成の方法および周知・徹底などの主要な事項については次のとおりである。

(1)　作業分析と作業手順

　基本的な災害防止対策は、機械設備・作業環境の安全化を図り、作業方法の改善を進めることである。製造業における平成25年の不安全行動による休業4日以上の死傷災害の原因を分析した結果では、作業手順の誤り、不適当な工具・用具の使用などの作業方法の欠陥によって発生した災害が約50%を占めている。また、作業者の誤っ

た動作により発生した災害が約 30% を占めており、このことは、作業方法の改善による安全化が災害防止上いかに重要であるかを示している。

作業方法の改善を行う動機は、事業場によって必ずしも同じではない。この作業は災害が起こりやすいとか、ひとつ間違えば災害になったかも知れないというヒヤリ・ハット体験があったとか、作業方法が不適切で仕事が行いにくいとか、疲労が大きいとかの問題点は、どこの事業場でもあり得ることである。

作業方法の改善は、危険をなくすことのみならず、作業進行上にムリがないか、あるいはムダやムラが存在しないかということが出発点となる。

作業上の問題点が入り込む余地がないような作業方法を決定するために、作業分析の手法がよく用いられる。作業行動を的確、効率的に進めることができるように、作業内容を細かく分析し、作業の順序、使用する機械設備や工具・用具、作業に要求される作業者の動作様式などを決めて、これによって生産を行う手法である。この作業分析は、本来、災害防止を直接の目的としたものではなかったが、安全を考慮に入れたいわば「安全作業分析」を行うことは、災害防止に大変有効である。ここで、安全作業分析といえるためには、次のようなねらいが含まれていることが必要である。

① 機械設備における危険箇所の解消または是正
② 機械設備、工具・用具の安全な使用方法の確立
③ 危険な行動または危険な場所・位置の解消または是正
④ 作業者の技能、熟練などの条件とその確保

この安全作業分析の結果と、一般的な作業分析の結果を総合して組み立てることで、作業が安全、正確、能率的に行える作業手順ができる。

(2) 作業手順への正しい理解

「作業標準」という名称がついているものが、すべて災害防止に役立つとはいえない。

工場において、物を製造するためにはまず生産ラインの管理者（技術者）のために技術標準（製造規格、工程仕様書など）がある。これは、生産する物が対象で、特に必要と思われる工程ごとに、品質に影響を及ぼすと考えられる技術的要因について、その要求条件を定めたものである。これに基づいて監督者用の「作業標準」がつくられる。これらには品質に影響のない準備作業や後始末作業、運搬作業のような補助的作業については作成されないことが多い。作業標準と称しても安全作業分析から作成されたものと、製品の品質（規格）の管理面から作成されたものがあり、後者には現場作業の安全を考慮していないものもある。以下に述べる「作業手順書」とは、作業

標準を受けて、安全作業分析に基づく「作業手順」をもとに作業者向けに作成されたものを指している。

表 3-1 および **表 3-2** に作業手順書の様式例を示している。

【参考】安衛則第 35 条では新規雇入者の安全衛生教育において「作業手順に関すること」を、また同規則第 40 条では職長などの教育において「作業手順の定め方」を、それぞれの教育科目に入れることが定められている。作業手順書は通常、作業者が行うまとまり作業（クレーン玉掛作業とか、フォークリフト運転作業といった作業の類別で、二つ以上の単位作業からなる仕事）ごとに、使用材料、使用設備、使用治具、作業手順、作業動作、作業上の注意事項などを規定して、作業者に与えるものをいう。

(3)　作業手順書の要件

安全管理に役立つ作業手順書の要件は、次のとおりである。

ア　作業の実情に即したもの

例えば、機械部品の加工作業において、加工品の種類や加工の方法が異なればこれに対応して作業行動も異なるように、作業手順は画一的に決めるものでなく、それぞれの作業の目的を理解して、作業の内容を分析したうえで実情に即したものを作成しなければならない（表 3-1、表 3-2 参照）。

イ　「よい作業」のためのもの

「よい作業」とは、安全に、正しく、速く、楽に行える作業のことであり、3 ム（ムダ・ムラ・ムリ）のない作業である。

ウ　表現が明確

抽象的な表現では作業者に理解されにくく、使われることが期待できない。例えば、「ときどき攪拌して」は「約 5 分ごとに攪拌して」というように表現する。

エ　実際の作業性に見合ったもの

作業者に過度の注意や必要以上の努力を要求する内容が含まれるものは、不適切なものである。例えば、「85℃ で 45 分間蒸煮する」というような厳密な手順では実際の作業で守りにくい場合もあるので、製品の性状などに影響がなければ、「80～90℃

表 3-1　作業手順書の様式例（1）

		作　業　手　順　書		○○○○○○係	
				課　長	係　長

（エアーグラインダによる研ま作業）

順序	手順	注意事項（急所）	それはなぜか（理由）
1	ホースを取り付ける	①　ドレンを十分抜いて ②　給気弁がしまっているのを確認して	ドレンがあると器具を壊すから 通気の際突然回るから
2	砥石を当てる	①　防じん眼鏡をかけて ②　狭い場所ではマスクをかけて ③　給気弁を除々に開き ④　はじめに軽く ⑤　回転方向から身体をさけて ⑥　火の粉のとぶ方向についたてをして ⑦　砥石の側面を物に当てないように	異物が眼に入るから 粉じんを吸わないため 急に開くと砥石が割れることがあるから 砥石が割れるから 万一砥石が割れても当らないため 他人に迷惑をかけないため 砥石が割れるから
3	置　く	①　回転が止まってから ②　安全カバーを下にして	グラインダが移動して物にぶつかったり落ちたりするから 砥石が割れやすくなるから

表 3-2　作業手順書の様式例（2）

作業手順書　　発行　　年　　月　　日
　　　　　　　改訂　　年　　月　　日

	承　　認		作成者

作業名 _____

図解

部品名 _____
_____
_____
_____

保護具
計　器
工　具
補助材料

No.	手順	急所又は注意事項	理由
1			
2			
3			

で 40～50 分間蒸煮する」といったようにある程度の許容性を持たせるようにする。

オ　異常時の措置の定め

機械設備の運転中などに異常が生じ
た場合には、迅速、正確に処置をしな
いと不測の事故災害を発生することが
ある。異常が発生した場合に「なにを」
「どのように」するか、その手順を具
体的に定めておき、いざという場合に
正しく措置できるように繰り返し訓練
する。

カ　他の規定などに反しないもの

安全関係の法令などの事項に抵触しないように、他の規定などとの調整を行う。

（4）　作業手順書の作成と定期的な見直し

ア　作成上の留意点

作業手順書を作成する場合の留意点は、次のとおりである。

（ア）　作業分析にあわせ、機械設備の安全化、作業方法等の改善をすること

作業手順書の作成に当たって、現状の作業方法などをそのまま文書にして作業手順
書にしても、その現状の作業の中に不安全な行動やムダ・ムラ・ムリがある場合には
適切な作業手順書を作成したことにならない。作業手順書は、適正な設備、作業方法
および作業環境を前提としたものであることから、その作成に先立って、あるいは作
業分析を実施する場合に合わせて、機械設備の安全化、作業方法および作業環境の改
善状況なども見直すことが必要である。

（イ）　単位作業、要素作業ごとの動作順序、主な手順と安全上の急所を明示すること

作業手順書が作成されていない場合でも、作業安全心得や安全作業規程などは整備
されているところが多いが、作業安全心得や安全作業規程などは、特定の危険作業な
どに関して「何々すること」とか「何々してはならない」といった留意事項や禁止事
項を記載しているのが通常である。

　作業手順書は、これらと異なり、単位作業、要素作業ごとの動作順序、主な手順と安全上の急所を明示したものであることから、作業安全心得や安全作業規程などにおいて作業の安全上の留意事項や禁止事項を記載しても、それは作業手順書とは異なるものである。

（ウ）　他の職場のものをそのまま利用しないこと

　作業手順書は、他の職場のものがそのまま自分の職場に当てはまるものではない。各職場にはそれぞれ固有の設備や原材料、技能・技術の特徴、安全条件の差などがあることから、作業手順書もそれらを織り込んでこそ本当に役に立つものとなる。

イ　原案の作成者

　作業手順書は、通常、現場の作業に精通した現場監督者（職長など）が中心になって、関係作業者の参画のもとに原案を作成する。関係作業者の参加により原案を作成することは重要なことで、監督者が単独でつくる場合と異なり、「これは自分達が作成したものである」という自覚が生まれ、制定後の励行に大きな効果がある。

　ただし、新しい作業については、関係技術者がその作業を担当する現場監督者の意見を十分に取り入れて手順書の案を作成することになるが、作業手順書は作業が開始される前に関係作業者によるトライアルを経た後に決定する必要がある。

ウ　作業の分析

（ア）　作業の分類

　作業手順書の作成に際しては、職種別のまとまりの作業に区分し、まとまり作業はさらに表3-3のように、単位作業（まとまり作業を構成する作業をいう。）に分類する。この分類した単位作業の中で、危険度と危険頻度などの点から作業手順書の作成の優先度を決め、優先度の高い単位作業から作業手順を作成する。

（イ）　作業の分解

　作業手順を作成する単位作業を主な手順に分解するが、安全に、速く、正しく、かつ、楽に作業を進めるためには、どのような手順で行えばよいか、不要な手順で取り除くべきものは何かなどについて、次の事項に留意して検討する。

　①　動作のうち省略できるものは省略し、動作数を少なくする。

　②　動作の順序を正しくする。

③　動作にはリズムを持たせ、速度を適正にする。

④　身体に緊張が偏在しないような姿勢で作業が行えるようにする。

⑤　手足を有効範囲内で動かせばよいような動作とする。

⑥　作業台や腰かけの高さを適正にする。

⑦　原材料、加工物などを動かすときなどは、できるだけ重力を利用する。

表3-3に主な手順、ステップまで分解した例を示す。

エ　急所の決定

次の事項に留意して各手順ごとに安全上の急所を定める。

①　作業前に点検すべき事項

②　準備する材料、ジグ、工具など

③　そうしないと危険な事項

④　そうしないと作業が失敗してしまうおそれのある事項

⑤　そのとおりやれば作業がやりやすく、能率が上がる事項

　このようにして、各手順を動作の順序に並べ、各手順についての急所を記入する。

表現はできるだけやさしく簡単にするのがよい。また、作業が複雑な場合には説明図

表3-3　作業の分解例

単位作業	丸鋼を天井クレーンによりトラックから積み卸す															
要素作業	準備作業			本　　作　　業										後作業			
主 な 手 順	1 天井クレーンを点検する	2 玉掛けワイヤロープ2本を点検する	3 積み荷を点検する	1 荷の置場を決める	2 障害物を除去する	3 リン木を定位置におく	4 天井クレーンのフックを荷の中心に移動する	5 丸鋼に玉掛けワイヤロープを掛ける	6 地切りする	7 荷をつり上げる	8 荷を移動する	9 荷を置場に卸す	10 玉掛けワイヤロープをはずす	1 荷が安定しているか確認する	2 荷の周囲を片づける	3 トラック荷台上を片づける	4 出発する

を入れ、2人以上の共同作業の場合にはその分担を明らかにする。

オ 作業手順書案のまとめと決定

以上の作業分析や急所の検討は、机上で行うのではなく、実際の現場作業でとらえ、作業者の意見を聴いて行うことが大切である。これらの検討結果を1枚のシートにまとめると作業手順書案ができ上がる。現場監督者がライン関係部門と安全担当スタッフとの調整を行った後に、最終的に所属長の決裁を受けて、作業手順書が決定される。

作業手順書の例（表3-3を完成させたもの）を**表3-4**に示す。

カ 作業手順書の見直し

最近の現場作業は、急速な技術革新により、原材料・工程・機械設備などの変化が多いことから、作業の内容に変化があれば、作業手順書もそれに適合するように必ず見直し、改正する。現実には、当初制定されたものが何年もそのままになっており、作業の実態に合わなくなっている場合が多く見受けられるが、作業手順書を定期的に見直し、改善を必要とする部分があれば、速やかに改正することが大切である。

キ 非定常作業の作業手順書

作業手順書は、定常的作業について作成されていても、臨時の作業とか、非定常作業には作成されていない場合が見受けられる。これらの非定常的な作業であっても、

表3-4 作業手順書の例

作業名		丸鋼を天井クレーンによりトラックから積み卸す
作業条件	取扱い荷	丸鋼（6本束、1束重量：1.2 t）
	使用機械	天井クレーン（つり上げ荷重：10 t）
	使用器具用具等	玉掛けワイヤロープ、リン木
	使用保護具	保護帽、安全靴、保護手袋
	作業人員	2名〔A－クレーン運転者 B－積卸し作業指揮者、玉掛け合図者〕
法定	作業指揮者	ⓨ〔B－則第151条－70 〕・不要
	作業主任者	要〔玉掛け合図者の指名（クレーン等安全規則第25条）〕・⑪
	免許等	ⓨ〔A－クレーン運転免許 B－玉掛技能講習修了 〕・不要

要素作業	作業者	主 な 手 順	急　　　　所	急所の理由
準備作業	A	1. 天井クレーンを点検する	点検表に基づいて	
	B	2. 玉掛けワイヤロープ2本を点検する	2-1. 点検表に基づいて 2-2. 2本が同じ径で同じ強度のものか 2-3. 荷の重さに対応しているか	
	B	3. 積み荷を点検する	3-1. 荷崩れしていないか 3-2. 結束、包装は完全か	本作業時の荷崩れを防止するため
本　作　業	B	1. 荷の置場を決める		
	B	2. 障害物を除去する		
	B	3. リン木を定位置におく		
	A・B	4. 天井クレーンのフックを荷の中心に移動する	4-1. 重心がフックの真下にくるように 4-2. 合図を確実にして	
	B	5. 丸鋼に玉掛けワイヤロープを掛ける	5-1. 玉掛けワイヤロープのつり角度を60度以内となるように 5-2. 玉掛けワイヤロープをあだ巻きにして	
	A	6. 地切りする		
	A・B	7. 荷をつり上げる	7-1. 合図を明確にして 7-2. 荷の安定を確認しながら	荷崩れ防止のため
	A・B	8. 荷を移動する	明確に合図しながら（直接荷を支えない。）	
	A・B	9. 荷を置場に卸す	9-1. 明確に合図して 9-2. 静かに 9-3. リン木は玉掛けワイヤロープの掛け場所より外側にして 9-4. 合図者の位置は適切か	荷崩れ防止のため
	B	10. 玉掛けワイヤロープをはずす	荷から	

後作業	B	1. 荷が安定しているか確認する		
	B	2. 荷の周囲を片づける		
	A	3. トラック荷台上を片づける		
	A	4. 出発する		

（陸上貨物運送事業労働災害防止協会編「荷役運搬作業の安全作業マニュアル」第1集より。一部変更。）

機械設備の点検・補修・清掃の作業、解体などの作業、緊急異常時の措置の作業などでは、労働災害発生の危険性が高いので、できる限り非定常作業用の作業手順書を作成しておくことが重要である。

(5) 作業手順書の周知徹底

作業手順書を周知徹底するための要点は、次のとおりである。

ア 運用の責任体制

作業手順書に基づいて実際に作業を行っているのは、生産現場の一人ひとりの作業者である。全職場の作業について作業手順書を定め、この作業手順書が全職場で的確に活用されるようにすることは容易なことではない。このことから、事業場のトップはこの問題を安全管理方針の重要項目として取り上げ、その旨を全従業員に発表するとともに、生産ラインの管理者（課長クラス）の責任でそれを徹底させる。

イ 職場でのフォローアップ

作業手順書が決定されれば、職長などの現場監督者が中心となってこの作業手順書についての教育訓練を徹底し、これをプリントして関係作業者全員に配布するとともに、重要な項目については抜粋して現場に掲示したり、何回も実際に教育訓練してその励行を図る必要がある。

労働安全衛生法第59条で雇入れ時、作業内容の変更時に教育を義務づけ、その教育の中で、労働安全衛生規則第35条第1項第3号で作業手順を教育項目に定めている。また、例えば、建築物等の鉄骨組立て等の作業でも、労働安全衛生規則第517条の2第2項第1号で作業の方法および順序を定め、それを関係労働者に周知させなければならず、労働安全衛生規則第151条の15では、車両系荷役運搬機械の修理、ア

タッチメントの装着等の作業については、作業を指揮する者を定めて、作業手順を決定させ、作業を直接指揮させることが規定されている。これと同様な規定は、建設関係等の規定に多くみられる（安衛則第151条の48、第151条の62、第165条、第190条など）。

　作業手順書に基づく作業方法などについて教育訓練を実施すればそれが必ず励行されるとは限らない。日常の作業過程におけるフォローアップや、現場監督者による個別指導を実施することが大切である。その成果については現場パトロールなどで確認し、違反者がいた場合にはその場で違反事項を指摘して是正させる。また、監督者はその者がなぜ違反をしたのかその原因を知り、それを正すための対策を講じる。

　作業手順書が守られない原因が作業手順書の欠点や不合理にあるような場合には、関係の機械設備、作業環境などを含めて改善策を検討することが必要となってくる。作業手順書に欠点があったり、守りにくい作業手順書をそのまま放置しておくと、安全上の問題が残るだけでなく、作業手順書に対する不信を招き、職場の規律にも悪い影響を与える。

　作業手順は、その現場の作業者が守らなければならない大切なルールであるというムードづくりが重要である。そのためには、事業場のトップの熱意と生産ライン全体における強固な意志が必要であり、現場監督者も自ら手本を示すとともに、実際に作業をやらせてその結果を評価し、正しい作業方法が身につくようフォローアップする。

第4章
関係法令

この章で学ぶ主な事項

- ☐ 労働安全衛生法令の概要
- ☐ 作業主任者を選任すべき作業
- ☐ 特別教育を必要とする業務
- ☐ 就業制限に係る危険業務
- ☐ 計画の届出をすべき対象
- ☐ 労働者派遣法の概要

1　法令の基礎知識

(1)　法令、告示、通達等

　国会が制定する「法律」と、法律の委任を受けて法律の枠組みの範囲で内閣が制定する「政令」、厚生労働省等の行政機関が制定する「省令」等の命令をあわせて、一般に「法令」と呼んでいる。

　労働安全衛生法（昭和 47 年法律第 57 号。最終改正：平成 30 年法律第 78 号）関係の政令としては「労働安全衛生法施行令」（昭和 47 年政令第 318 号。最終改正：令和元年政令第 19 号）が制定されており、労働安全衛生法の条文に定められた規定の適用範囲等を定めている。また、省令には、全般的に細部を定める「労働安全衛生規則」（昭和 47 年労働省令第 32 号。最終改正：令和元年厚生労働省令第 80 号）と、特定の業務について定める「ボイラー及び圧力容器安全規則」等の特別規則がある（2 の「主要関係法令一覧」参照）。

　こうした法令とともに、さらに詳細な事項について具体的に定めるために行政機関から「告示」「公示」が公表される場合がある。

　さらに、法令や告示等の内容の解釈、指示等を、行政機関から管轄の行政機関に対して、例えば、厚生労働省労働基準局長から都道府県労働局長に対して、発出する「通達」がある。

(2)　労働安全衛生法令の読み方

　例えば、「安全管理者」について、労働安全衛生法第 11 条に次のとおり定められている。

―――――――――― **労働安全衛生法** ――――――――――

（安全管理者）

第 11 条　事業者は、政令で定める業種及び規模の事業場ごとに、厚生労働省令で定める資格を有する者のうちから、厚生労働省令で定めるところにより、安全管理者を選任し、その者に前条第 1 項各号の業務（第 25 条の 2 第 2 項の規定により技術的事項を管理する者を選任した場合においては、同条第 1 項各号の措置に該当するものを除く。）のうち安全に係る技術的事項を管理

> させなければならない。
> ② 労働基準監督署長は、労働災害を防止するため必要があると認めるときは、事業者に対し、安全管理者の増員又は解任を命ずることができる。

この労働安全衛生法第11条に付した初めの下線部分の「政令で定める業種及び規模の事業場」について、政令である労働安全衛生法施行令を見ると、第3条で次のとおり定められている。

労働安全衛生法施行令

（安全管理者を選任すべき事業場）

第3条 法第11条第1項の政令で定める業種及び規模の事業場は、前条第1号又は第2号に掲げる業種の事業場で、常時50人以上の労働者を使用するものとする。

なお、その「前条」である労働安全衛生法施行令第2条は次のとおり定められている。

労働安全衛生法施行令

（総括安全衛生管理者を選任すべき事業場）

第2条 労働安全衛生法（以下「法」という。）第10条第1項の政令で定める規模の事業場は、次の各号に掲げる業種の区分に応じ、常時当該各号に掲げる数以上の労働者を使用する事業場とする。

1 林業、鉱業、建設業、運送業及び清掃業　100人

2 製造業（物の加工業を含む。）、電気業、ガス業、熱供給業、水道業、通信業、各種商品卸売業、家具・建具・じゆう器等卸売業、各種商品小売業、家具・建具・じゆう器小売業、燃料小売業、旅館業、ゴルフ場業、自動車整備業及び機械修理業　300人

3 その他の業種　1,000人

また、法第11条に付した2つめの下線部分の「厚生労働省令で定める資格を有する者」について、厚生労働省令である労働安全衛生規則を見ると、第5条で次のとおり定められている。

労働安全衛生規則

（安全管理者の資格）

第5条　法第11条第1項の厚生労働省令で定める資格を有する者は、次のとおりとする。

1　次のいずれかに該当する者で、法第10条第1項各号の業務のうち安全に係る技術的事項を管理するのに必要な知識についての研修であつて<u>厚生労働大臣が定めるもの</u>を修了したもの

　イ　学校教育法（昭和22年法律第26号）による大学（旧大学令（大正7年勅令第388号）による大学を含む。以下同じ。）又は高等専門学校（旧専門学校令（明治36年勅令第61号）による専門学校を含む。以下同じ。）における理科系統の正規の課程を修めて卒業した者（独立行政法人大学改革支援・学位授与機構（以下「大学改革支援・学位授与機構」という。）により学士の学位を授与された者（当該課程を修めた者に限る。）若しくはこれと同等以上の学力を有すると認められる者又は当該課程を修めて同法による専門職大学の前期課程（以下「専門職大学前期課程」という。）を修了した者を含む。第18条の4第1号において同じ。）で、その後2年以上産業安全の実務に従事した経験を有するもの

　ロ　学校教育法による高等学校（旧中等学校令（昭和18年勅令第36号）による中等学校を含む。以下同じ。）又は中等教育学校において理科系統の正規の学科を修めて卒業した者で、その後4年以上産業安全の実務に従事した経験を有するもの

2　労働安全コンサルタント

3　前二号に掲げる者のほか、厚生労働大臣が定める者

　労働安全衛生法令はこのように構成され、さらに、この労働安全衛生規則第5条第1号に付した下線部分「厚生労働大臣が定めるもの」については告示として定められているといった構造になっている（「安全衛生法令要覧」（中央労働災害防止協会発行）等では、労働安全衛生規則第5条の末尾にそれがどの告示なのかが注記されている）。

2 主要関係法令一覧

(1) 労働安全に関する主な法令

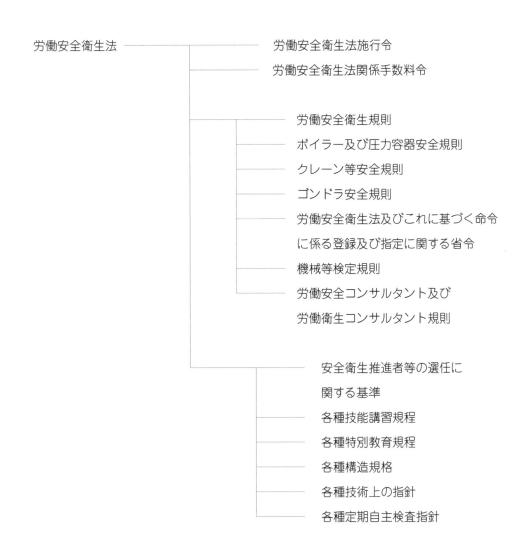

労働安全衛生法

- 労働安全衛生法施行令
- 労働安全衛生法関係手数料令
- 労働安全衛生規則
- ボイラー及び圧力容器安全規則
- クレーン等安全規則
- ゴンドラ安全規則
- 労働安全衛生法及びこれに基づく命令に係る登録及び指定に関する省令
- 機械等検定規則
- 労働安全コンサルタント及び労働衛生コンサルタント規則
- 安全衛生推進者等の選任に関する基準
- 各種技能講習規程
- 各種特別教育規程
- 各種構造規格
- 各種技術上の指針
- 各種定期自主検査指針

(2)　労働衛生に関する主な法令

労働安全衛生法 ──────┬──────── 労働安全衛生法施行令

├──────── 労働安全衛生法関係手数料令

├──────── 労働安全衛生規則

├──────── 有機溶剤中毒予防規則

├──────── 鉛中毒予防規則

├──────── 四アルキル鉛中毒予防規則

├──────── 特定化学物質障害予防規則

├──────── 高気圧作業安全衛生規則

├──────── 電離放射線障害防止規則

├──────── 東日本大震災により生じた放射性物質により汚染された土壌
　　　　　　　　等を除染するための業務等に係る電離放射線障害防止規則

├──────── 酸素欠乏症等防止規則

├──────── 事務所衛生基準規則

├──────── 粉じん障害防止規則

├──────── 石綿障害予防規則

├──────── 労働安全衛生法及びこれに基づく命令
　　　　　　　　に係る登録及び指定に関する省令

├──────── 機械等検定規則

└──────── 労働安全コンサルタント及び
　　　　　　　　労働衛生コンサルタント規則

├──────── 安全衛生推進者等の選任に
　　　　　　　　関する基準

├──────── 各種技能講習規程

├──────── 各種特別教育規程

├──────── 各種構造規格

├──────── 作業環境測定基準

├──────── 作業環境評価基準

└──────── 各種指針（健康障害防止等）

作業環境測定法 ──────┬──────── 作業環境測定法施行令

└──────── 作業環境測定法施行規則

じん肺法 ─────────────── じん肺法施行規則

(3)　その他の主な関係法令

労働基準法 —————————————— 労働基準法施行規則
　　　　　　　　　　　　　　　　　　年少者労働基準規則
　　　　　　　　　　　　　　　　　　女性労働基準規則
　　　　　　　　　　　　　　　　　　事業附属寄宿舎規程
　　　　　　　　　　　　　　　　　　建設業附属寄宿舎規程

労働災害防止団体法 —————————— 労働災害防止団体法施行規則

労働者派遣事業の適正な運営の確保
及び派遣労働者の保護等に関する法律 ————— 同法施行令
　　　　　　　　　　　　　　　　　　　　　　同法施行規則

労働契約法

過労死等防止対策推進法

3　労働安全衛生法の概要

(1)　目的（第1条関係）

　労働基準法と相まって、労働災害の防止のための危害防止基準の確立、責任体制の明確化、自主的活動の促進の措置を講ずる等の総合的計画的な対策を推進することにより職場における労働者の安全と健康を確保するとともに、快適な職場環境の形成を促進することを目的としている。

(2)　定義（第2条関係）

（ア）　労働災害

　　労働者の就業に係る建設物、設備、原材料、ガス、蒸気、粉じん等により、又

は作業行動その他業務に起因して、労働者が負傷し、病気にかかり、または死亡することをいう。

（イ）　労働者

労働基準法第9条に規定する労働者をいう。

（ウ）　事業者

事業を行う者で、労働者を使用するものをいう。

（エ）　化学物質

元素及び化合物をいう。

（オ）　作業環境測定

作業環境の実態を把握するため空気環境その他の作業環境について行うデザイン、サンプリング及び分析をいう。

(3)　事業者等の責務（第3条関係）

①　事業者は、労働災害を防止するために必要な最低基準を守るだけでなく、快適な職場環境の実現と労働条件の改善を通じて職場における労働者の安全と健康を確保し、国が実施する労働災害防止の施策に協力するようにしなければならない。

②　機械等の設計・製造・輸入者、原材料の製造・輸入者、建設物の建設者・設計者は、それぞれの立場で労働災害の発生防止に資するよう努めなければならない。

③　建設工事の注文者等は、施工方法、工期等について安全で衛生的な作業ができるように配慮しなければならない。

(4)　労働者の協力（第4条関係）

労働者は、労働災害を防止するため必要な事項を守るほか、事業者等が実施する労働災害の防止措置に協力するように努めなければならない。

(5)　労働災害防止計画の策定等（第6条～第9条関係）

厚生労働大臣は、労働災害の防止に関し重要な事項を定めた労働災害防止計画を策定して公表しなければならない。更に厚生労働大臣は、同計画の実施のために必要な勧告または要請をすることができる。

(6) 安全衛生管理体制

ア 総括安全衛生管理者（第10条関係）

事業者は、一定の規模の事業場ごと（**表4-1**）に総括安全衛生管理者を選任し、その者に安全管理者、衛生管理者等の指揮をさせるとともに、次の業務を統括管理させなければならない。

① 労働者の危険又は健康障害を防止するための措置に関すること。

② 労働者の安全又は衛生のための教育の実施に関すること。

③ 健康診断の実施その他健康の保持増進のための措置に関すること。

④ 労働災害の原因の調査及び再発防止対策に関すること。

⑤ その他労働災害を防止するため必要な業務に関すること。

その他労働災害を防止するため必要な業務としては、

① 安全衛生に関する方針の表明に関すること。

② 法第28条の2第1項又は第57条の3第1項及び第2項の危険性又は有害性等の調査及びその結果に基づき講ずる措置に関すること。

③ 安全衛生に関する計画の作成、実施、評価及び改善に関すること。

がある。

総括安全衛生管理者は、当該事業場においてその事業の実施を統括管理する者をもって充てなければならない。

都道府県労働局長は、労働災害を防止するため必要があると認めるときは、総括安全衛生管理者の業務の執行について事業者に勧告することができる。

表4-1 総括安全衛生管理者を選任すべき事業場

業　　種	規　　模	選任・報告等
林業、鉱業、建設業、運送業および清掃業	100人以上	選任事由発生後14日以内に選任し、所轄労働基準監督署長へ選任報告書を提出する。
製造業（物の加工業を含む）、電気業、ガス業、熱供給業、水道業、通信業、各種商品卸売業、家具・建具・じゅう器等卸売業、各種商品小売業、家具・建具・じゅう器小売業、燃料小売業、旅館業、ゴルフ場業、自動車整備業および機械修理業	300人以上	
その他の業種	1,000人以上	

表 4-2　事業場規模別・業種別安全衛生管理組織

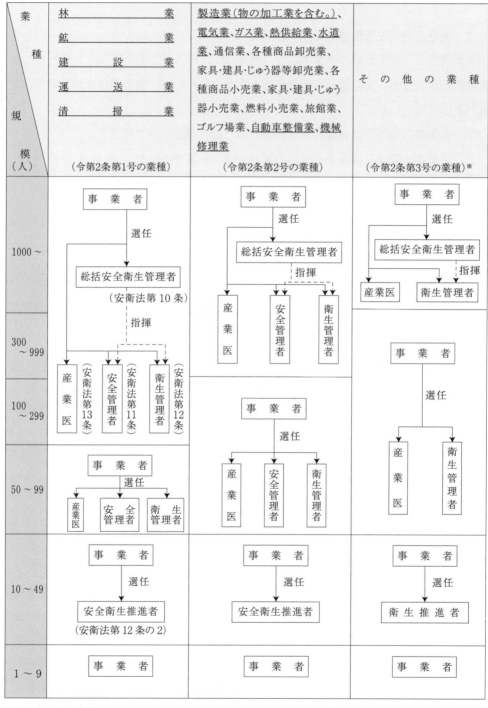

（注1）下線の業種及びその他の業種のうち農林畜水産業、医療業については第2種衛生管理者免許を有する者を衛生管理者として選任することはできない（安衛則第7条第3号）。

（注2）安衛法＝労働安全衛生法、令＝労働安全衛生法施行令、安衛則＝労働安全衛生規則

※　規模10人以上の事業場は通達（平成26年3月28日付け基発0328第6号）により、安全推進者の配置が求められている。

イ　安全管理者（第11条関係）

　事業者は、一定の業種および規模の事業場ごとに、安全管理者を選任し、その者に総括安全衛生管理者の業務（第10条第1項各号。(6)のア参照）のうち安全に係る技術的事項を管理させなければならない（**表4-2**参照）。

ウ　安全衛生推進者（第12条の2関係）

　事業者は、安全管理者・衛生管理者を選任すべき事業場以外の事業場で、一定の業種および規模の事業場ごとに安全衛生推進者を選任し、その者に第10条第1項各号の業務（(6)のア参照）を担当させなければならない。

エ　作業主任者（第14条関係）

　事業者は、労働災害を防止するための管理を必要とする一定の作業については所定の資格をもつ者のうちから作業主任者を選任し、その者に当該作業に従事する労働者の指揮その他の事項を行わせなければならない。

　作業主任者を選任すべき作業については**表4-3**（労働安全衛生法施行令（令）第6条）参照。

オ　統括安全衛生責任者（第15条関係）

　建設業または造船業に属する元方事業者（特定元方事業者という）については、その労働者および請負関係にある複数事業場の労働者が同一の作業場所で混在して仕事をすることから生ずる労働災害を防止するため、その場所で作業する労働者の数が下請けをも含め一定以上である場合に統括安全衛生責任者を選任し（建設業の場合は、その者に元方安全衛生管理者の指揮をさせるとともに）、特定元方事業者の講ずべき措置の統括管理をさせなければならない。

カ　元方安全衛生管理者（第15条の2関係）

　第15条により統括安全衛生責任者を選任した事業者で、建設業に属する事業を行う者は、一定の資格をもつ者のうちから元方安全衛生管理者を選任し、その者に特定元方事業者の講ずべき措置のうち技術的事項を管理させなければならない。

表4-3　作業主任者を選任すべき作業（安全関係）（令第6条）

名　　称	作　業　の　内　容		資格を有する者
高圧室内作業主任者	高圧室内作業（潜函工法その他の圧気工法により、大気圧を超える気圧下の作業室又はシャフトの内部において行う作業に限る。）		高圧室内作業主任者免許を受けた者
ガス溶接作業主任者	アセチレン溶接装置又はガス集合溶接装置を用いて行う金属の溶接、溶断又は加熱の作業		ガス溶接作業主任者免許を受けた者
林業架線作業主任者	次のいずれかに該当する機械集材装置若しくは運材索道の組立て、解体、変更若しくは修理の作業又はこれらの設備による集材若しくは運材の作業 イ　原動機の定格出力が7.5kWを超えるもの ロ　支間の斜距離の合計が350m以上のもの ハ　最大使用荷重が200kg以上のもの		林業架線作業主任者免許を受けた者
ボイラー取扱作業主任者	ボイラー（小型ボイラーを除く。）の取扱いの作業	取り扱うボイラーの伝熱面積の合計が500㎡以上の場合（貫流ボイラーのみを取り扱う場合を除く。）	特級ボイラー技士免許を受けた者
		取り扱うボイラーの伝熱面積の合計が25㎡以上500㎡未満の場合（貫流ボイラーのみを取り扱う場合において、その伝熱面積の合計が500㎡以上のときを含む。）	特級ボイラー技士免許又は1級ボイラー技士免許を受けた者
		取り扱うボイラーの伝熱面積の合計が25㎡未満の場合	特級ボイラー技士免許、1級ボイラー技士免許又は2級ボイラー技士免許を受けた者
		労働安全衛生法施行令第20条第5号イからニまでに掲げるボイラーのみを取り扱う場合	特級ボイラー技士免許、1級ボイラー技士免許若しくは2級ボイラー技士免許を受けた者又はボイラー取扱技能講習を修了した者
木材加工用機械作業主任者	木材加工用機械（丸のこ盤、帯のこ盤、かんな盤、面取り盤及びルーターに限るものとし、携帯用のものを除く。）を5台以上（当該機械のうちに自動送材車式帯のこ盤が含まれている場合には、3台以上）有する事業場において行う当該機械による作業		木材加工用機械作業主任者技能講習を修了した者

プレス機械作業主任者	動力により駆動されるプレス機械を5台以上有する事業場において行う当該機械による作業	プレス機械作業主任者技能講習を修了した者
乾燥設備作業主任者	次に掲げる設備による物の加熱乾燥の作業 イ　乾燥設備のうち、危険物等に係る設備で、内容積が1m³以上のもの ロ　乾燥設備のうち、イの危険物等以外の物に係る設備で、熱源として燃料を使用するもの（その最大消費量が、固体燃料にあっては毎時10kg以上、液体燃料にあっては毎時10L以上、気体燃料にあっては毎時1m³以上であるものに限る。）又は熱源として電力を使用するもの（定格消費電力が10kW以上のものに限る。）	乾燥設備作業主任者技能講習を修了した者
コンクリート破砕器作業主任者	コンクリート破砕器を用いて行う破砕の作業	コンクリート破砕器作業主任者技能講習を修了した者
地山の掘削作業主任者	掘削面の高さが2m以上となる地山の掘削（ずい道及びたて坑以外の坑の掘削を除く。）の作業（岩石の採取のための掘削の作業を除く。）	地山の掘削及び土止め支保工作業主任者技能講習を修了した者
土止め支保工作業主任者	土止め支保工の切りばり又は腹起こしの取付け又は取りはずしの作業	
ずい道等の掘削等作業主任者	ずい道等（ずい道及びたて坑以外の坑をいう。）の掘削の作業（掘削用機械を用いて行う掘削の作業のうち労働者が切羽に近接することなく行うものを除く。）又はこれに伴うずり積み、ずい道支保工（ずい道等における落盤、肌落ち等を防止するための支保工をいう。）の組立て、ロックボルトの取付け若しくはコンクリート等の吹付けの作業	ずい道等の掘削等作業主任者技能講習を修了した者
ずい道等の覆工作業主任者	ずい道等の覆工（ずい道型枠支保工の組み立て、移動若しくは解体又は当該組立て若しくは移動に伴うコンクリートの打設をいう。）の作業	ずい道等の覆工作業主任者技能講習を修了した者
採石のための掘削作業主任者	掘削面の高さが2m以上となる採石法第2条に規定する岩石の採取のための掘削の作業	採石のための掘削作業主任者技能講習を修了した者
はい作業主任者	高さが2m以上のはいのはい付け又ははい崩しの作業（荷役機械の運転者のみによって行われるものを除く。）	はい作業主任者技能講習を修了した者
船内荷役作業主任者	船舶に荷を積み、船舶から荷を卸し、又は船舶において荷を移動させる作業（総トン数500トン未満の船舶（船員室の新設、増設又は拡大により総トン数が500トン未満から500トン以上となったもの（510トン未満のものに限る。）のうち厚生労働省令で定めるものを含む。）において揚貨装置を用いないで行うものを除く。）	船内荷役作業主任者技能講習を修了した者

型枠支保工の組立て等作業主任者	型枠支保工の組立て又は解体の作業		型枠支保工の組立て等作業主任者技能講習を修了した者
足場の組立て等作業主任者	つり足場（ゴンドラのつり足場を除く。）、張出し足場又は高さが5m以上の構造の足場の組立て、解体又は変更の作業		足場の組立て等作業主任者技能講習を修了した者
建築物等の鉄骨の組立て等作業主任者	建築物の骨組み又は塔であって、金属製の部材により構成されるもの（その高さが5m以上のものに限る。）の組立て、解体又は変更の作業		建築物等の鉄骨の組立て等作業主任者技能講習を修了した者
鋼橋架設等作業主任者	橋梁の上部構造であって、金属製の部材により構成されるもの（その高さが5m以上であるもの又は支間が30m以上である部分に限る。）の架設、解体又は変更の作業		鋼橋架設等作業主任者技能講習を修了した者
コンクリート橋架設等作業主任者	橋梁の上部構造であって、コンクリート造のもの（その高さが5m以上であるもの又は支間が30m以上である部分に限る。）の架設又は変更の作業		コンクリート橋架設等作業主任者技能講習を修了した者
木造建築物の組立て等作業主任者	軒の高さが5m以上の木造建築物の構造部材の組立て又はこれに伴う屋根下地若しくは外壁下地の取付けの作業		木造建築物の組立て等作業主任者技能講習を修了した者
コンクリート造の工作物の解体等作業主任者	コンクリート造の工作物（その高さが5m以上であるものに限る。）の解体または破壊の作業		コンクリート造の工作物の解体等作業主任者技能講習を修了した者
第1種圧力容器取扱作業主任者	第1種圧力容器（小型圧力容器及び次に掲げる容器を除く。）の取扱いの作業 イ　労働安全衛生法施行令第1条第5号イに掲げる容器で、内容積が5m³以下のもの ロ　労働安全衛生法施行令第1条第5号ロからニまでに掲げる容器で、内容積が1m³以下のもの	化学設備に係る第1種圧力容器の取扱いの作業	化学設備関係第1種圧力容器取扱作業主任者技能講習を修了した者
		上記の作業以外の作業	特級ボイラー技士免許、1級ボイラー技士免許若しくは2級ボイラー技士免許を受けた者又は化学設備関係第1種圧力容器取扱作業主任者技能講習若しくは普通第1種圧力容器取扱作業主任者技能講習を修了した者

（注）安全関係の作業主任者のみ掲載

176

キ　店社安全衛生管理者（第 15 条の 3 関係）

　建設業に属する事業の元方事業者は、統括安全衛生責任者を選任しなければならない場所を除き、同一場所で作業に従事するその労働者および関係請負人の労働者数が一定数以上である場合、当該建設工事に係る請負契約を締結している事業場ごとに、一定の資格を有する者のうちから店社安全衛生管理者を選任し、その者に特定元方事業者として行う労働災害防止のための事項を担当する者に対する指導等を行わせなければならない。

ク　安全衛生責任者（第 16 条関係）

　第 15 条により、統括安全衛生責任者を選任すべき事業者以外の請負人で、自らその仕事を行う者は、安全衛生責任者を選任し、その旨を特定元方事業者に通報するとともに、統括安全衛生責任者との連絡等一定の事項を行わせなければならない。

ケ　安全委員会等（第 17 条〜第 19 条関係）

　一定の業種および規模の事業場では、労働災害防止の基本となるべき対策に関すること等の重要事項について調査・審議させ、事業者に対し意見を述べるため安全委員会または衛生委員会を設けなければならない（**表 4-4**）。なお、両者を設置しなければならないときは、両者をあわせて安全衛生委員会を設置することができる（第 1 章の 2 の（4）のアを参照）。

表 4-4　安全（衛生）委員会を設けるべき事業場

	業　　種	規模
安全委員会 （令第 8 条）	林業、鉱業、建設業、製造業のうち木材・木製品製造業、化学工業、鉄鋼業、金属製品製造業および輸送用機械器具製造業、運送業のうち道路貨物運送業および港湾運送業、自動車整備業、機械修理業ならびに清掃業	50 人 以上
	上記以外の製造業、上記以外の運送業、電気業、ガス業、水道業、通信業、熱供給業、各種商品卸売業、各種商品小売業、家具・建具・じゅう器等卸売業、家具・建具・じゅう器小売業、燃料小売業、旅館業、ゴルフ場業	100 人 以上
衛生委員会 （令第 9 条）	全業種	50 人 以上

コ　安全管理者等に対する教育等（第19条の2関係）

事業者は、安全衛生水準の向上を図るため、安全管理者・安全衛生推進者等に対し、能力向上を図るための教育等を行い、またはこれらを受ける機会を与えるように努めなければならない。厚生労働大臣は、この教育等の適切かつ有効な実施を図るため、必要な指針を公表し、事業者やその団体に対し必要な指導を行うことができる。

なお、安全管理者については、選任時研修を修了していなければならない。

（7）　労働者の危険または健康障害を防止するための措置

ア　事業者の講ずべき措置等（第20条〜第25条の2関係）

事業者は次の危険等を防止するために必要な措置を講じなければならない。

① 機械等、爆発性・発火性・引火性の物等および電気・熱その他のエネルギーによる危険
② 作業方法、作業場所の危険
③ 原材料・ガス・蒸気・粉じん・酸素欠乏空気・病原体等、放射線・高温・低温・超音波・騒音・振動・異常気圧等、計器監視・精密工作等の作業、排気・排液または残さい物による健康障害
④ 作業場の通路等の保全、換気・採光等
⑤ 作業行動による危険
⑥ 急迫危険
⑦ 建設業の特定工事における爆発・火災時の救護の危険

イ　労働者の遵守事項等（第26条関係）

労働者は、事業者がこの法律に基づいて講ずる措置に応じて、必要な事項を守らなければならない。

事業者が講ずべき措置や労働者が守らなければならない事項は、労働安全衛生規則、クレーン等安全規則等に定められている。

ウ　技術上の指針等の公表等（第28条関係）

厚生労働大臣は、この法律の規定により事業者が講ずべき措置の適切かつ有効な実施を図るため必要な業種または作業ごとの技術上の指針を公表する（**表4-5**）。

なお、この技術上の指針を定める場合には、中高年齢者に特に配慮するものとされている。

表 4-5　技術上の指針に関する公示

① スリップフォーム工法による施工の安全基準に関する技術上の指針（第 1 号）

② 工業用加熱炉の燃焼設備の安全基準に関する技術上の指針（第 2 号）

③ 感電防止用漏電しゃ断装置の接続及び使用の安全基準に関する技術上の指針（第 3 号）

④ 工作機械の構造の安全基準に関する技術上の指針（第 4 号、改正第 15 号）

⑤ コンベヤの安全基準に関する技術上の指針（第 5 号）

⑥ 移動式足場の安全基準に関する技術上の指針（第 6 号）

⑦ ボイラーの低水位による事故の防止に関する技術上の指針（第 7 号）

⑧ 墜落による危険を防止するためのネットの構造等の安全基準に関する技術上の指針（第 8 号）

⑨ プレス機械の金型の安全基準に関する技術上の指針（第 9 号）

⑩ 鉄鋼業における水蒸気爆発の防止に関する技術上の指針（第 10 号）

⑪ 油炊きボイラー及びガス炊きボイラーの燃焼設備の構造及び管理に関する技術上の指針（第 11 号、改正 16 号）

⑫ 産業用ロボットの使用等の安全基準に関する技術上の指針（第 13 号）

⑬ 可搬型ゴンドラの設置の安全基準に関する技術上の指針（第 14 号）

⑭ ヒドロキシルアミン等の安全な取扱い等に関する技術上の指針（第 17 号）

⑮ 交流アーク溶接機用自動電撃防止装置の接続及び使用の安全基準に関する技術上の指針（第 18 号）

⑯ 建築物等の解体等の作業及び労働者が石綿等にばく露するおそれがある建築物等における業務での労働者の石綿ばく露防止に関する技術上の指針（第 21 号）

⑰ 機能安全による機械等に係る安全確保に関する技術上の指針（平成 28 年厚生労働省告示第 353 号。最終改正：令和元年厚生労働省告示第 48 号）

エ　事業者の行うべき調査等（第 28 条の 2 関係）

　事業者は、建設物、設備、原材料、ガス、蒸気、粉じん等による、または作業行動その他業務に起因する危険性または有害性等を調査し、その結果に基づいて、この法律またはこれに基づく命令の規定による措置を講ずるほか、労働者の危険または健康障害を防止するため必要な措置を講ずるように努めなければならない。ただし、当該調査のうち、化学物質、化学物質を含有する製剤その他の物で労働者の危険または健

康障害を生ずるおそれのあるものに係るもの以外のものについては、製造業その他厚生労働省令で定める業種に属する事業者に限る。

なお、第57条第1項と第57条の2第1項で定められている表示義務対象物、通知対象物となっている化学物質（安全データシート（SDS）交付義務対象物）についての危険性・有害性等の調査は、第57条の3により義務化されているため、この努力義務からは除外。

厚生労働大臣は適切かつ有効な実施を図るため必要な指針を公表し、事業者やその団体に対し必要な指導、援助等を行うことができる。

オ　元方事業者の講ずべき措置等（第29条関係）

元方事業者は、関係請負人および関係請負人の労働者が、当該仕事に関し、この法律または労働安全衛生規則等の規則の規定に違反しないよう必要な指導を行わなければならない。

これらの法令に違反していると認めるときは、是正のため必要な指示を行わなければならない。

指示を受けた関係請負人またはその労働者は、その指示に従わなければならない。

カ　建設業に属する事業の元方事業者の講ずべき措置等（第29条の2関係）

建設業に属する事業の元方事業者は、土砂等が崩壊するおそれのある場所、機械等が転倒するおそれのある場所その他の厚生労働省令で定める場所において関係請負人の労働者が当該事業の仕事の作業を行うときは、当該関係請負人が講ずべき当該場所に係る危険を防止するための措置が適正に講ぜられるように、技術上の指導その他の必要な措置を講じなければならない。

キ　特定元方事業者等の講ずべき措置（第30条関係）

特定元方事業者は、その労働者および関係請負人の労働者の作業が同一の場所において行われることによって生じる労働災害を防止するため、次の事項に関する必要な措置を講じなければならない。

①　協議組織の設置および運営を行うこと。
②　作業間の連絡および調整を行うこと。
③　作業場所を巡視すること。
④　関係請負人が行う労働者の安全衛生教育に対する指導および援助を行うこと。

　⑤　仕事の工程に関する計画および作業場所における機械、設備等の配置に関する
　　計画を作成すること。
　⑥　その他
　具体的には、労働安全衛生規則第4編第1章特定元方事業者等に関する特別規制と
して定められている。

ク　製造業等の元方事業者の講ずべき措置（第30条の2関係）

　製造業等の元方事業者（造船業を除く。）は、その労働者および関係請負人の労働
者の作業が同一の場所において行われることによって生じる労働災害を防止するた
め、作業間の連絡および調整、合図の統一等を講じなければならない。

ケ　元方事業者等の講ずべき措置（第30条の3関係）

　建設業の一定の工事の仕事が、数次の請負契約によって行われる場合に、元方事業
者はその場所でその作業に従事するすべての労働者に関し、爆発・火災時の救護時に
おける労働災害の発生を防止するため必要な措置を講じなければならない。

コ　注文者の講ずべき措置（第31条関係）

　建設業および造船業において、その事業の仕事を自ら行う注文者は建設物等をその
請負人の労働者に使用させるときは、その建設物等について労働災害防止の必要な措
置を講じなければならない。

サ　化学設備の改造等の注文者が講ずべき措置（第31条の2関係）

　化学物質、化学物質を含有する製剤その他の物を製造し、または取り扱う設備で政
令で定めるものの改造その他の厚生労働省令で定める作業に係る仕事の注文者は、当
該物について、請負人の労働者の労働災害を防止するため必要な措置を講じなければ
ならない。

シ　建設業において発注者等の講ずべき措置（第31条の3関係）

　建設業において、その事業の仕事を行う複数の事業者の労働者が一の場所において
特定作業を行う場合、特定作業を自ら行う発注者または元方事業者は、その場所で特
定作業に従事するすべての労働者の労働災害を防止するため必要な措置を講じなけれ
ばならない。

ス　違法な指示の禁止（第 31 条の 4 関係）

注文者は、その請負人に対し、注文者の指示に従ってその請負人の労働者を労働させたならば、労働安全衛生法または同法に基づく命令の規定に違反する指示をしてはならない。

セ　請負人の講ずべき措置（第 32 条関係）

元方事業者または注文者の行う措置に応じてこれら以外の請負人も労働災害防止の措置を講じなければならない。

ソ　機械等貸与者等の講ずべき措置等（第 33 条関係）

機械等貸与者（いわゆるリース業者）は、貸与を受けた事業者の事業場における当該機械等による労働災害を防止するため必要な措置を講じなければならない。また、貸与を受けた事業者も一定の措置を講じなければならない。

タ　建築物貸与者の講ずべき措置（第 34 条関係）

建築物で事務所または工場の用に供されるものを他の事業者に貸与する者は、貸与を受けた事業者の事業に係るその建築物による労働災害を防止するため必要な措置を講じなければならない。ただし、その建築物の全部を一の事業者に貸与するときは、この限りでない。

チ　重量表示（第 35 条関係）

包装されていない貨物で、その重量が一見して明らかである場合を除き、重量が 1 トン以上の貨物を発送するときは見やすく、かつ、容易に消滅しない方法で、その重量を表示しなければならない。

(8)　機械等ならびに危険物および有害物に関する規制

ア　製造の許可（第37条〜第40条関係）

　特定機械等（ボイラーその他特に危険な作業を必要とするイの機械等）を製造しようとする者は、あらかじめ、都道府県労働局長の許可を受けなければならない。また、これらの機械等を製造し、輸入した者などは、都道府県労働局長の検査を受けなければならない。さらに、これらの機械等を設置した者、変更した者などは、労働基準監督署長の検査を受けなければならない。

　検査証を受けていないこれらの機械等は使用してはならない。

イ　特定機械等（令第12条関係）

① 　ボイラー

② 　第一種圧力容器

③ 　つり上げ荷重が3t以上のクレーン

④ 　つり上げ荷重が3t以上の移動式クレーン

⑤ 　つり上げ荷重が2t以上のデリック

⑥ 　積載荷重が1t以上のエレベーター

⑦ 　ガイドレールの高さが18m以上の建設用リフト

⑧ 　ゴンドラ

ウ　譲渡等の制限等（第42条〜第45条関係）

① 　特定機械等以外の機械等で、危険もしくは有害な作業を必要とするもの、危険な場所において使用するもの、危険もしくは健康障害を防止するために使用するものは、厚生労働大臣が定める規格または安全装置を具備しなければ譲渡し、貸与し、または設置してはならない。

② 　厚生労働大臣が定める規格又は安全装置を具備すべき機械等は、**表4-6**のとおりである。

③ 　②の機械等のうち一定のものを製造しまたは輸入した者は、厚生労働大臣等の行う個別検定または型式検定を受けなければならない。

④ 　事業者は、一定の機械等については、定期に自主検査を行い（資料6参照）、その結果を記録しておかなければならない。

　　動力プレスなどは特定自主検査として、一定の資格を有する者が行わなければ

ならない。

表 4–6　厚生労働大臣が定める規格又は安全装置を具備すべき機械等（令第 13 条、第 14 条、第 14 条の 2）

○　プレス機械又はシャーの安全装置

○◎ゴム、ゴム化合物又は合成樹脂を練るロール機及びその急停止装置（注 3）

○　防爆構造電気機械器具（船舶安全法の適用を受ける船舶に用いられるものを除く。）

○　クレーン又は移動式クレーンの過負荷防止装置

　　アセチレン溶接装置のアセチレン発生器

◎　第 2 種圧力容器（船舶安全法の適用を受ける船舶に用いられるもの及び電気事業法、高圧ガス保安法又はガス事業法の適用を受けるものを除く。）

　　研削盤、研削といし及び研削といしの覆い

○　木材加工用丸のこ盤及びその反ぱつ予防装置又は歯の接触予防装置（注 4）

　　手押しかんな盤及びその刃の接触予防装置

○　動力により駆動されるプレス機械（注 5）

　　アセチレン溶接装置又はガス集合溶接装置の安全器

○　交流アーク溶接機用自動電撃防止装置

○　絶縁用保護具（その電圧が、直流にあつては 750 V を、交流にあつては 300 V を超える充電電路について用いられるものに限る。）

○　絶縁用防具（その電圧が、直流にあつては 750 V を、交流にあつては 300 V を超える充電電路に用いられるものに限る。）

　　活線作業用装置（その電圧が、直流にあつては 750 V を、交流にあつては 600 V を超える充電電路について用いられるものに限る。）

　　活線作業用器具（その電圧が、直流にあつては 750 V を、交流にあつては 300 V を超える充電電路について用いられるものに限る。）

　　絶縁用防護具（対地電圧が、50 V を超える充電電路に用いられるものに限る。）

　　フォークリフト

　　令別表第 7 に掲げる建設機械で、動力を用い、かつ、不特定の場所に自走することができるもの

　　型わく支保工用のパイプサポート、補助サポート及びウイングサポート

　　令別表第 8 に掲げる鋼管足場用の部材及び附属金具

　　つり足場用のつりチエーン及びつりわく

　　合板足場板（アピトン又はカポールをフエノール樹脂等により接着したものに限る。）

◎　小型ボイラー（船舶安全法の適用を受ける船舶に用いられるもの及び電気事業法の適用を受けるものを除く。）

◎　小型圧力容器（船舶安全法の適用を受ける船舶に用いられるもの及び電気事業法、高圧ガス保安法又はガス事業法の適用を受けるものを除く。）

　　つり上げ荷重が0.5t以上3t未満（スタツカー式クレーンにあつては、0.5t以上1t未満）のクレーン

　　つり上げ荷重が0.5t以上3t未満の移動式クレーン

　　つり上げ荷重が0.5t以上2t未満のデリツク

　　積載荷重が0.25t以上1t未満のエレベーター

　　ガイドレールの高さが10m以上18m未満の建設用リフト

　　積載荷重が0.25t以上の簡易リフト

　　紡績機械及び製綿機械で、ビーター、シリンダー等の回転体を有するもの

　　蒸気ボイラー及び温水ボイラーのうち、労働安全衛生法施行令第1条第3号イからへまでに掲げるもの（船舶安全法の適用を受ける船舶に用いられるもの及び電気事業法の適用を受けるものを除く。）

　　労働安全衛生法施行令第1条第5号イからニまでに掲げる容器のうち、第1種圧力容器以外のもの（ゲージ圧力0.1mPa以下で使用する容器で内容積が0.01m³以下のもの及びその使用する最高のゲージ圧力をmPaで表した数値と内容積をm³で表した数値との積が0.001以下の容器並びに船舶安全法の適用を受ける船舶に用いられるもの及び電気事業法、高圧ガス保安法、ガス事業法又は液化石油ガスの保安の確保及び取引の適正化に関する法律の適用を受けるものを除く。）

　　大気圧を超える圧力を有する気体をその内部に保有する容器（労働安全衛生法施行令第1条第5号イからニまでに掲げる容器、第2種圧力容器及び第7号に掲げるアセチレン発生器を除く。）で、内容積が0.1m³を超えるもの（船舶安全法の適用を受ける船舶に用いられるもの及び電気事業法、高圧ガス保安法又はガス事業法の適用を受けるものを除く。）

○　保護帽（物体の飛来若しくは落下又は墜落による危険を防止するためのものに限る。）

　　墜落制止用器具

> シヨベルローダー
>
> フオークローダー
>
> ストラドルキヤリヤー
>
> 不整地運搬車
>
> 作業床の高さが 2 m 以上の高所作業車

（注 1）◎印は個別検定を受けるべき機械等

（注 2）○印は型式検定を受けるべき機械等

（注 3）個別検定については急停止装置のうち電気的制動方式のものに限る。他のものは型式検定。

（注 4）歯の接触予防装置のうち可動式のものに限る。

（注 5）スライドによる危険を防止するための機構を有するものに限る。

（注 6）安全関係の機械等のみ掲載

エ　危険物及び有害物に関する規制（第 55 条～第 57 条の 5 関係）

①　有害物については、製造等の禁止、製造の許可、新規化学物質については有害性の調査などの規制がなされている。特に、第 57 条第 1 項と第 57 条の 2 第 1 項で定められている表示義務対象物、通知対象物となっている化学物質（安全データシート（SDS）交付義務対象物）については、危険性・有害性の調査（リスクアセスメント）の実施が義務づけられ、その結果に基づく労働者に対する危険・健康障害防止措置が努力義務とされている。

②　また、危険物もしくは有害物については表示等（標章を含む）が義務づけられている。

(9)　労働者の就業に当たっての措置

ア　安全衛生教育（第 59 条関係）

事業者は、労働者を雇い入れたときや労働者の作業内容を変更したときは、その従事する業務に関する安全または衛生のための教育を行わなければならない。

また、危険または有害な業務で一定の業務に労働者を就かせるときは、当該業務に関する安全または衛生のための特別の教育を行わなければならない（**表 4-7**（労働安全衛生規則（則）第 36 条））。

表 4-7　特別教育を必要とする業務（安全関係）（則第 36 条）

① 研削といしの取替え又は取替え時の試運転の業務

② 動力により駆動されるプレス機械の金型、シヤーの刃部又はプレス機械若しくはシヤーの安全装置若しくは安全囲いの取付け、取外し又は調整の業務

③ アーク溶接機を用いて行う金属の溶接、溶断等の業務

④ 高圧（直流にあっては 750 V を、交流にあっては 600 V を超え、7,000 V 以下である電圧をいう。）若しくは特別高圧（7,000 V を超える電圧をいう。）の充電電路若しくは当該充電電路の支持物の敷設、点検、修理若しくは操作の業務、低圧（直流にあっては 750 V 以下、交流にあっては 600 V 以下である電圧をいう。以下同じ。）の充電電路（対地電圧が 50 V 以下であるもの及び電信用のもの、電話用のもの等で感電による危害を生ずるおそれのないものを除く。）の敷設若しくは修理の業務（次号に掲げる業務を除く。）又は配電盤室、変電室等区画された場所に設置する低圧の電路（対地電圧が 50 V 以下であるもの及び電信用のもの、電話用のもの等で感電による危害の生ずるおそれのないものを除く。）のうち充電部分が露出している開閉器の操作の業務

⑤ 対地電圧が 50 ボルトを超える低圧の蓄電池を内蔵する自動車の整備の業務

⑥ 最大荷重 1 t 未満のフォークリフトの運転（道路上を走行させる運転を除く。）の業務

⑦ 最大荷重 1 t 未満のショベルローダー又はフォークローダーの運転（道路上を走行させる運転を除く。）の業務

⑧ 最大積載量が 1 t 未満の不整地運搬車の運転（道路上を走行させる運転を除く。）の業務

⑨ 制限荷重 5 t 未満の揚貨装置の運転の業務

⑩ 伐木等機械（伐木、造材又は原木若しくは薪炭材の集積を行うための機械であって、動力を用い、かつ、不特定の場所に自走できるものをいう。）の運転（道路上を走行させる運転を除く。）の業務

⑪ 走行集材機械（車両の走行により集材を行うための機械であって、動力を用い、かつ、不特定の場所に自走できるものをいう。）の運転（道路上を走行させる運転を除く。）の業務

⑫ 機械集材装置（集材機、架線、搬器、支柱及びこれらに附属する物により構成され、動力を用いて、原木又は薪炭材を巻き上げ、かつ、空中において運搬する設備をいう。）

の運転の業務

⑬　簡易架線集材装置（集材機、架線、搬器、支柱及びこれらに附属する物により構成され、動力を用いて、原木等を巻き上げ、かつ、原木等の一部が地面に接した状態で運搬する設備をいう。）の運転又は架線集材機械（動力を用いて原木等を巻き上げることにより当該原木等を運搬するための機械であって、動力を用い、かつ、不特定の場所に自走できるものをいう。）の運転（道路上を走行させる運転を除く。）の業務

⑭　胸高直径が70cm以上の立木の伐木、胸高直径が20cm以上で、かつ、重心が著しく偏している立木の伐木、つりきりその他特殊な方法による伐木又はかかり木でかかっている木の胸高直径が20cm以上であるものの処理の業務(注)

⑮　チェーンソーを用いて行う立木の伐木、かかり木の処理又は造材の業務（前号に掲げる業務を除く。）(注)

⑯　機体重量が3t未満の労働安全衛生法施行令別表第7第1号、第2号、第3号又は第6号に掲げる機械（整地・運搬・積込み用、掘削用、基礎工事用又は解体用建設機械）で、動力を用い、かつ、不特定の場所に自走できるものの運転（道路上を走行させる運転を除く。）の業務

⑰　労働安全衛生法施行令別表第7第3号に掲げる機械（くい打機等基礎工事用機械）で、動力を用い、かつ、不特定の場所に自走できるもの以外のものの運転の業務

⑱　労働安全衛生法施行令別表第7第3号に掲げる機械（くい打機等基礎工事用機械）で、動力を用い、かつ、不特定の場所に自走できるものの作業装置の操作（車体上の運転者席における操作を除く。）の業務

⑲　労働安全衛生法施行令別表第7第4号に掲げる機械（締固め用機械）で、動力を用い、かつ、不特定の場所に自走できるものの運転（道路上を走行させる運転を除く。）の業務

⑳　労働安全衛生法施行令別表第7第5号に掲げる機械（コンクリート打設用機械）の作業装置の操作の業務

㉑　ボーリングマシンの運転の業務

㉒　建設工事の作業を行う場合における、ジャッキ式つり上げ機械（複数の保持機構（ワイヤロープ等を締め付けること等によって保持する機構をいう。）を有し、当該保持機構を交互に開閉し、保持機構間を動力を用いて伸縮させることにより荷のつり上げ、つり下げ等の作業をワイヤロープ等を介して行う機械をいう。）の調整又は運転の業務

㉓　作業床の高さが10m未満の高所作業車の運転（道路上を走行させる運転を除く。）

の業務

㉔　動力により駆動される巻上げ機（電気ホイスト、エヤーホイスト及びこれら以外の
巻き上げ機でゴンドラに係るものを除く。）の運転の業務

㉕　動力車及び動力により駆動される巻上げ装置で、軌条により人又は荷を運搬する用
に供されるもの（巻き上げ装置を除く。）の運転の業務

㉖　小型ボイラーの取扱いの業務

㉗　次に掲げるクレーン（移動式クレーン（労働安全衛生法施行令第1条第8号の移動
式クレーンをいう。）を除く。）の運転の業務

　　イ　つり上げ荷重が5t未満のクレーン

　　ロ　つり上げ荷重が5t以上の跨線テルハ

㉘　つり上げ荷重が1t未満の移動式クレーンの運転（道路上を走行させる運転を除
く。）の業務

㉙　つり上げ荷重が5t未満のデリックの運転の業務

㉚　建設用リフトの運転の業務

㉛　つり上げ荷重が1t未満のクレーン、移動式クレーン又はデリックの玉掛けの業務

㉜　ゴンドラの操作の業務

㉝　作業室及び気こう室へ送気するための空気圧縮機を運転する業務

㉞　高圧室内作業に係る作業室への送気の調節を行うためのバルブ又はコックを操作す
る業務

㉟　気こう室への送気又は気こう室からの排気の調整を行うためのバルブ又はコックを
操作する業務

㊱　高圧室内作業に係る業務

㊲　特殊化学設備の取扱い、整備及び修理の業務（労働安全衛生法施行令第20条第5
号に規定する第1種圧力容器の整備の業務を除く。）

㊳　ずい道等の掘削の作業又はこれに伴うずり、資材等の運搬、覆工のコンクリートの
打設等の作業（当該ずい道等の内部において行われるものに限る。）に係る業務

㊴　マニプレータ及び記憶装置（可変シーケンス制御装置及び固定シーケンス制御装置
を含む。以下この号において同じ。）を有し、記憶装置の情報に基づきマニプレータ
の伸縮、屈伸、上下移動、左右移動若しくは旋回の動作又はこれらの複合動作を自動
的に行うことができる機械（研究開発中のものその他厚生労働大臣が定めるものを除
く。以下「産業用ロボット」という。）の可動範囲（記憶装置の情報に基づきマニプ
レータその他の産業用ロボットの各部の動くことができる最大の範囲をいう。以下同

じ。）内において当該産業用ロボットについて行うマニプレータの動作の順序、位置若しくは速度の設定、変更若しくは確認（以下「教示等」という。）（産業用ロボットの駆動源を遮断して行うものを除く。以下この号において同じ。）又は産業用ロボットの可動範囲内において当該産業用ロボットについて教示等を行う労働者と共同して当該産業用ロボットの可動範囲外において行う当該教示等に係る機器の操作の業務

㊵　産業用ロボットの可動範囲内において行う当該産業用ロボットの検査、修理若しくは調整（教示等に該当するものを除く。）若しくはこれらの結果の確認（以下この号において「検査等」という。）（産業用ロボットの運転中に行うものに限る。以下この号において同じ。）又は産業用ロボットの可動範囲内において当該産業用ロボットの検査等を行う労働者と共同して当該産業用ロボットの可動範囲外において行う当該検査等に係る操作の業務

㊶　自動車（二輪自動車を除く。）用タイヤの組立てに係る業務のうち、空気圧縮機を用いて当該タイヤに空気を充てんする業務

㊷　東日本大震災により生じた放射性物質により汚染された土壌等を除染するための業務等に係る電離放射線障害防止規則第2条第8項の除染等業務

㊸　足場の組立て、解体又は変更の作業に係る業務（地上又は堅固な床上における補助作業の業務を除く。）

㊹　高さが2メートル以上の箇所であつて作業床を設けることが困難なところにおいて、昇降器具（労働者自らの操作により上昇し、又は下降するための器具であつて、作業箇所の上方にある支持物にロープを緊結してつり下げ、当該ロープに労働者の身体を保持するための器具（労働安全衛生規則第539条の2及び第539条の3において「身体保持器具」という。）を取り付けたものをいう。）を用いて、労働者が当該昇降器具により身体を保持しつつ行う作業（40度未満の斜面における作業を除く。）に係る業務

㊺　高さが2メートル以上の箇所であつて作業床を設けることが困難なところにおいて、墜落制止用器具（労働安全衛生法施行令第13条第3項第28号の墜落制止用器具をいう。）のうちフルハーネス型のものを用いて行う作業に係る業務（前号に掲げる業務を除く。）

　　安全関係の業務のみ掲載

（注）⑭および⑮については、「チェーンソーを用いて行う立木の伐木、かかり木の処理又は造材の業務」と改正された（令和2年8月1日より施行）。

イ　職長教育等（第60条関係）

　事業者は、一定の業種において新たに職務に就くことになった職長などに対し、作業方法の決定、労働者の監督指導の方法などについて安全または衛生の教育を行わなければならない。

ウ　就業制限（第60条の2、第61条関係）

① 　危険又は有害な業務に現に就いている者に対し、その従事する業務に関する安全又は衛生のための教育を行うよう努めなければならない。

② 　厚生労働大臣は、この教育の適切かつ有効な実施を図るため必要な指針を公表し、事業者やその団体に対し必要な指導等を行うことができる。

③ 　事業者は、クレーンの運転等一定の業務には、都道府県労働局長の免許を受けた者又は登録教習機関などの行う技能講習を修了した者などの資格を有するものでなければ就かせてはならない（**表4-8**）。

表4-8　就業制限に係る危険業務（安全関係）（令第20条）

業務の内容		業務につくことができる者（資格者）	資格取得の方法	備　考
発　破	発破の場合におけるせん孔、装てん、結線、点火ならびに不発の装薬または残薬の点検および処理の業務	発破技士その他	都道府県労働局長または指定試験機関が行う免許試験に合格すること。	
揚貨装置の運転	制限荷重が5t以上の揚貨装置の運転の業務	揚貨装置運転士	都道府県労働局長または指定試験機関が行う免許試験に合格すること。	
ボイラーの取扱い	ボイラー（小型ボイラーを除く）の取扱いの業務	特級ボイラー技士、1級ボイラー技士、2級ボイラー技士またはボイラー取扱技能講習修了者	・都道府県労働局長または指定試験機関が行う免許試験に合格すること。 ・都道府県労働局長または登録教習機関が行う技能講習を修了すること。	ボイラー取扱技能講習修了者は一定のボイラーについてのみ取り扱うことができる。

ボイラー、第1種圧力容器の溶接	ボイラーまたは第1種圧力容器の溶接の業務	特別ボイラー溶接士または普通ボイラー溶接士	都道府県労働局長または指定試験機関が行う免許試験に合格すること。	普通ボイラー溶接士は一定の溶接についてのみ行うことができる。
ボイラー、第1種圧力容器の整備	ボイラーまたは第1種圧力容器の整備の業務	ボイラー整備士	都道府県労働局長または指定試験機関が行う免許試験に合格すること。	
クレーンの運転	つり上げ荷重が5t以上のクレーン（跨線テルハを除く。）の運転の業務	クレーン・デリック運転士（クレーン限定免許所持者を含む。）または床上操作式クレーン運転技能講習修了者	・都道府県労働局長または指定試験機関が行う免許試験に合格すること。・都道府県労働局長または登録教習機関が行う技能講習を修了すること。	クレーン運転士免許には、取り扱うことのできるクレーンの種類が床上で運転し、かつ、運転士がクレーンの走行とともに移動する方式に限定されたものがある。床上操作式クレーン運転技能講習修了者は床上で運転し、かつ、当該運転する者が荷の移動とともに移動する方式のクレーンのみ運転できる。
移動式クレーンの運転	つり上げ荷重が1t以上の移動式クレーンの運転の業務	移動式クレーン運転士または小型移動式クレーン運転技能講習修了者	・都道府県労働局長または指定試験機関が行う免許試験に合格すること。・都道府県労働局長または登録教習機関が行う技能講習を修了すること。	小型移動式クレーン運転技能講習修了者はつり上げ荷重1t以上5t未満の移動式クレーンのみ運転できる。なお道路上の走行運転は、道路交通法による免許が必要である。

デリックの運転	つり上げ荷重が5t以上のデリックの運転の業務	クレーン・デリック運転士	・都道府県労働局長または指定試験機関が行う免許試験に合格すること。	
ガス溶接等	可燃性ガスおよび酸素を用いて行う金属の溶接、溶断または加熱の業務	ガス溶接作業主任者、ガス溶接技能講習修了者その他	・都道府県労働局長または指定試験機関が行う免許試験に合格すること。・都道府県労働局長または登録教習機関が行う技能講習を修了すること。	
フォークリフトの運転	最大荷重が1t以上のフォークリフトの運転の業務	フォークリフト運転技能講習修了者その他	都道府県労働局長または登録教習機関が行う技能講習を修了すること。	道路上の走行運転は、道路交通法による免許が必要となる。
ショベルローダー、フォークローダーの運転	最大荷重が1t以上のショベルローダーまたはフォークローダーの運転の業務	ショベルローダー等運転技能講習修了者その他	都道府県労働局長または登録教習機関が行う技能講習を修了すること。	道路上の走行運転は、道路交通法による免許が必要となる。
車両系建設機械の運転	機体重量が3t以上の整地・運搬・積込み用および掘削用の車両系建設機械の運転の業務	車両系建設機械（整地・運搬・積込み用および掘削用）運転技能講習修了者その他	都道府県労働局長または登録教習機関が行う技能講習を修了すること。	道路上の走行運転は、道路交通法による免許が必要となる。
	機体重量が3t以上の基礎工事用の車両系建設機械の運転の業務	車両系建設機械（基礎工事用）運転技能講習修了者その他		
	機体重量が3t以上の解体用の車両系建設機械の運転の業務	車両系建設機械（解体用）運転技能講習修了者その他		
不整地運搬車の運転	最大積載量が1t以上の不整地運搬車の運転の業務	不整地運搬車運転技能講習修了者その他	都道府県労働局長または登録教習機関が行う技能講習を修了すること。	道路上の走行運転は、道路交通法による免許が必要となる。

高所作業車の運転	作業床の高さが10m以上の高所作業車の運転の業務	高所作業車運転技能講習修了者その他	都道府県労働局長または登録教習機関が行う技能講習を修了すること。	道路上の走行運転は、道路交通法による免許が必要となる。
玉掛け	制限荷重が1t以上の揚貨装置またはつり上げ荷重が1t以上のクレーン、移動式クレーンもしくはデリックの玉掛けの業務	玉掛け技能講習修了者その他	都道府県労働局長または登録教習機関が行う技能講習を修了すること。	

（注）安全関係の業務のみ掲載

エ　中高年齢者等についての配慮（第62条関係）

　事業者は、中高年齢者その他労働災害の防止上その就業に当たって特に配慮を必要とする者については、これらの者の心身の条件に応じて適正な配置を行うように努めなければならない。

（10）　免許等

ア　免許（第72条関係）

　作業主任者、就業制限業務等に係る免許は、免許試験に合格した者その他厚生労働省令で定める資格を有する者に対し、免許証を交付して行う。

イ　免許試験（第75条関係）

　免許試験は、その試験の区分ごとに、都道府県労働局長が行う。
　厚生労働大臣は、その指定する者（指定試験機関）に免許試験に関する事務の全部または一部を行わせることができる。

ウ　技能講習（第76条関係）

　技能講習は、その区分ごとに学科講習または実技講習によって行う。技能講習を行った者は、技能講習を修了した者に修了証を交付する。

(11) 特別安全衛生改善計画等

ア 特別安全衛生改善計画（第78条関係）

厚生労働大臣は、重大な労働災害（死亡災害、障害等級第1級～第7級に該当する障害が生じまたは生じるおそれのある労働災害）が発生した場合において、重大な労働災害の再発を防止するため必要がある場合として厚生労働省令で定める場合（再発防止措置が同様な重大な労働災害の企業内複数事業場での3年以内の繰り返し）に該当すると認めるときは、事業者に対し、その事業場の安全または衛生に関する改善計画（特別安全衛生改善計画）を作成し、提出すべきことを指示することができる。

事業者は、特別安全衛生改善計画を作成しようとする場合は、労働組合、労働組合がないときは労働者の過半数を代表する者の意見を聴かなければならない。

事業者およびその労働者は、特別安全衛生改善計画を守らなければならない。

厚生労働大臣は、特別安全衛生改善計画が重大な労働災害の再発の防止を図る上で適切でないと認めるときは、事業者に対し、当該特別安全衛生改善計画を変更すべきことを指示することができる。

厚生労働大臣は、提出・変更の指示を受けた事業者がその指示に従わなかった場合または特別安全衛生改善計画を作成した事業者が当該特別安全衛生改善計画を守っていないと認める場合において、重大な労働災害が再発するおそれがあると認めるときは、当該事業者に対し、重大な労働災害の再発の防止に関し必要な措置をとるべきことを勧告することができる。

厚生労働大臣は、勧告を受けた事業者がこれに従わなかったときは、その旨を公表することができる。

イ 安全衛生改善計画（第79条関係）

都道府県労働局長は、事業場の施設その他の事項について、労働災害の防止を図るため総合的な改善措置を講ずる必要があると認めるとき（アの場合を除く。）は、事業者に対し、当該事業場の安全または衛生に関する改善計画（安全衛生改善計画）を作成すべきことを指示することができる。

事業者は、安全衛生改善計画を作成しようとする場合は、労働組合、労働組合がないときは労働者の過半数を代表する者の意見を聴かなければならない。

事業者およびその労働者は、安全衛生改善計画を守らなければならない。

ウ　安全衛生診断（第 80 条関係）

　厚生労働大臣は、アの特別安全衛生改善計画作成または変更の指示をした場合において、専門的な助言を必要と認めるときは、当該事業者に対し、労働安全コンサルタントまたは労働衛生コンサルタントによる安全または衛生に係る診断を受け、かつ、特別安全衛生改善計画の作成または変更について、これらの者の意見を聴くべきことを勧奨することができる。イの安全衛生改善計画作成について、都道府県労働局長は同様の勧奨をすることができる。

エ　労働安全・衛生コンサルタント（第 81 条〜第 85 条関係）

　労働安全・衛生コンサルタントは、他人の求めに応じ報酬を得て、労働者の安全・衛生の水準の向上を図るため、事業場の安全・衛生についての診断およびこれに基づく指導を行うことを業とする。

　労働安全・衛生コンサルタント試験は、厚生労働大臣が行う。厚生労働大臣は、厚生労働大臣が指定する者（指定コンサルタント試験機関）に労働安全・衛生コンサルタント試験に関する事務の全部または一部を行わせることができる。

　これに合格した者は、厚生労働省又は厚生労働大臣が指定する者（指定登録機関）に備える労働安全・衛生コンサルタント名簿に、氏名、事務所の所在地などの事項の登録を受けて労働安全・衛生コンサルタントとなることができる。

（12）　監督等

ア　計画の届出等（第 88 条関係）

　事業者は、次の場合にはその計画を労働基準監督署長（②の場合には厚生労働大臣）に届け出なければならない（**表 4-9**）。

　ただし、①の場合には、第 28 条の 2 第 1 項に規定する措置その他の厚生労働省令で定める措置を講じているものとして、労働基準監督署長が認定した場合は届出を提出しなくともよい。

① 　機械等で、危険・有害な作業を必要とするもの、危険な場所において使用するものまたは危険もしくは健康障害を防止するため使用するもののうち、一定のものを設置・移転し、またはこれらの主要構造部分を変更するとき。

② 　建設業に属する事業の仕事のうち、重大な労働災害を生ずるおそれがある特に大規模な仕事で、一定のものを開始しようとするとき。

③ 　建設業、土石採取業に属する事業の仕事で、一定のものを開始しようとするとき。

表4-9　計画の届出をすべき対象（安全関係）

届出の対象	必要な書類等	届出先期限	関係法令等
（危険、有害な機械等の設置等） 　次の①〜④に掲げる機械等の設置または移転、主要構造部分の変更 ①　安一別表7に掲げられている機械等（動力プレス、溶解炉、化学設備、乾燥設備、アセチレン溶接装置、ガス集合溶接装置、機械集材装置、運材索道、軌道装置、型枠支保工、架設通路、足場）	構造図、配置図など安一別表7の中欄、下欄に掲げる書面等	労働基準監督署長工事の開始の日の30日前	法一88-1 安一85、86 別表7 届出を要しない仮設の機械等については安一85、型枠支保工および足場の計画を作成するときは安一別表9に掲げる者を参画させなければならない。（法一88-4、安92の2、92の3、別表9）
②　ボイラー、第1種圧力容器	ア　設置届…設置場所の周囲の状況、配管の状況等を記載した書面等 イ　変更届…変更の内容を示す書面等	労働基準監督署長	ボ一10、56 ボ一41、76
③　クレーン、移動式クレーン、デリック、エレベーター、建設用リフト	ア　設置届…組立図、構造部分の強度計算、据付け箇所の周囲の状況、基礎の概要等を記載した書面等 イ　変更届…変更部分の図面等	労働基準監督署長	ク一5、96、140、174 ク一44、85、129、163、197
④　ゴンドラ	ア　設置届…組立図、据付け箇所の周囲の状況、固定方法等を記載した書面等 イ　変更届…変更部分の図面等	労働基準監督署長	ゴ一10 ゴ一28

（大規模な建設工事） ⑤　次のア～カの仕事 ア　高さが 300 m 以上の塔の建設の仕事 イ　堤高が 150 m 以上のダムの建設の仕事 ウ　最大支間 500 m（つり橋にあっては 1,000 m）以上の橋梁の建設の仕事 エ　長さが 3,000 m 以上のずい道等の建設の仕事 オ　長さが 1,000 m 以上 3,000 m 未満のずい道等の建設の仕事で、深さが 50 m 以上のたて坑の掘削を伴うもの カ　ゲージ圧力が 0.3 mPa 以上の圧気工法による作業を行う仕事	ア　仕事を行う場所の周囲の状況および四隣との関係を示す図面 イ　建設等をしようとする建設物等の概要を示す図面 ウ　工事用の機械、設備、建設物等の配置を示す図面 エ　工法の概要を示す書面または図面 オ　労働災害を防止するための方法および設備の概要を示す書面または図面 カ　工程表 キ　圧気工法による作業を行う仕事にあっては、圧気工法作業摘要書	厚生労働大臣 仕事の開始の日の30日前	法―88―2 安―89、91―1 仕事の計画を作成するときは、安―別表9に掲げる者を参画させなければならない。 （法―88―5、安―92の3、別表9）
（一定規模以上の建設工事等（上の大臣届出に該当するものを除く。）） ⑥　次のア～クの仕事 ア　高さ 31 m を超える建築物または工作物の建設等の仕事 イ　最大支間 50 m 以上の橋梁の建設等の仕事 ウ　最大支間 30 m 以上 50 m 未満の橋梁の上部構造の建設等の仕事（人口が集中している地域内における道路上もしくは道路に隣接した場所または鉄道の軌道上もしくは鉄道の軌道に隣接した場所において行われるものに限る。） エ　ずい道等の建設等の仕事 オ　掘削の高さまたは深さが 10 m 以上である地山の掘削の作業を行う仕事 カ　圧気工法による作業を行う仕事 キ　耐火建築物または準耐火建築物で石綿等が吹き付けられているものにおける石綿等の除去の作業を行う仕事	上記⑤に同じ	労働基準監督署長 仕事の開始の日の14日前	法―88―3 安―90、91 これらの仕事（ア～エについては、建設の仕事に限る。）の計画を作成するときは、安―別表9に掲げる者を参画させなければならない。（法―88―4、安―92の2、92の3、別表9）

ク ダイオキシン類対策特別措置法施行令別表第1第5号に掲げる廃棄物焼却炉（火格子面積が2㎡以上または消却能力が1時間当たり200kg以上のものに限る。）を有する廃棄物の焼却施設に設置された廃棄物焼却炉、集じん機等の設備の解体等の仕事 （ア～エの建設等の仕事とは、建設、改造、解体または破壊の仕事をいう。）			
（土石採取） ⑦ 土石採取業における次の仕事 ア 掘削の高さまたは深さが10m以上の土石の採取のための掘削の作業を行う仕事 イ 坑内掘りによる土石の採取のための掘削の作業を行う仕事	ア 仕事を行う場所の周囲の状況および四隣との関係を示す図面 イ 機械、設備、建設物等の配置を示す図面 ウ 採取の方法を示す書面または図面 エ 労働災害を防止するための方法および設備の概要を示す書面または図面	労働基準監督署長 工事の開始の日の14日前	法―88―3 安―90、92

（注）「法」は労働安全衛生法、「令」は労働安全衛生法施行令、「安」は労働安全衛生規則、「ク」はクレーン等安全規則、「ボ」はボイラー及び圧力容器安全規則、「ゴ」はゴンドラ安全規則をそれぞれ示している。

イ 労働基準監督署長等（第90条～第92条関係）

　労働基準監督署長および労働基準監督官は、労働安全衛生法の施行に関する事務をつかさどる。

　労働基準監督官は、この法律を施行するため必要があると認めるときは、事業場に立ち入り、関係者に質問し、帳簿、書類その他の物件を検査し、作業環境測定を行い、検査に必要な限度において無償で製品、原材料もしくは器具を収去することができる。

　労働基準監督官は、この法律の規定に違反する罪について、刑事訴訟法の規定による司法警察員の職務を行う。

ウ 産業安全専門官等（第93条、第94条関係）

　産業安全専門官は、ボイラー等の製造の許可、特別安全衛生改善計画、安全衛生改善計画および届出に関する事務ならびに労働災害の原因の調査その他特に専門的知識を必要とする事務で、安全に係るものをつかさどるほか、事業者、労働者その他の関

係者に対し、労働者の危険を防止するため必要な事項について指導および援助を行う。

　産業安全専門官は、上記の事務を行うため必要があると認めるときは、事業場に立ち入り、関係者に質問し、帳簿、書類その他の物件を検査し、作業環境測定を行い、検査に必要な限度において無償で製品、原材料もしくは器具を収去することができる。

エ　労働者の申告（第97条関係）

　労働者は、事業場にこの法律またはこれに基づく命令の規定に違反する事実があるときは、その事実を都道府県労働局長、労働基準監督署長または労働基準監督官に申告して是正のため適当な措置をとるように求めることができる。

　事業者は、上記の申告をしたことを理由として、労働者に対し、解雇その他不利益な取扱いをしてはならない。

オ　使用停止命令等（第98条、第99条関係）

① 　都道府県労働局長または労働基準監督署長は、事業者、注文者、機械等貸与者等または建築物貸与者の講ずべき措置の規定に違反する事実があるときは、その違反した者に対し、それぞれ、作業の全部または一部の停止、建築物等の全部または一部の使用の停止または変更その他労働災害を防止するため必要な事項を命ずることができる。

　また、命じた事項について必要な事項を、労働者、請負人、または建築物の貸与を受けている者に命ずることができる。

② 　労働基準監督官は、①の場合において、労働者に急迫した危険があるときは、都道府県労働局長または労働基準監督署長の権限を即時に行うことができる。

③ 　都道府県労働局長または労働基準監督署長は、①以外の場合において労働災害発生の急迫した危険があり、かつ、緊急の必要があるときは、必要な限度において、事業者に対し、作業の全部または一部の一時停止、建設物等の全部または一部の使用の一時停止その他当該労働災害を防止するため必要な応急の措置を講ずることを命ずることができる。

　また、命じた事項について必要な事項を労働者に命ずることができる。

カ　報告等（第100条関係）

　厚生労働大臣、都道府県労働局長または労働基準監督署長は、この法律を施行するため必要があると認めるときは、事業者、労働者、機械等貸与者、建築物貸与者また

はコンサルタントに対し、必要な事項を報告させ、または出頭を命ずることができる。

キ　法令等の周知（第101条関係）

事業者は、この法律およびこれに基づく命令の要旨を常時各作業場の見やすい場所に掲示し、または備えつける等の方法により、労働者に周知させなければならない。

ク　ガス工作物等設置者の義務（第102条関係）

ガス工作物、電気工作物、熱供給施設、石油パイプラインを設けている者は、当該工作物の所在する場所またはその付近で工事その他の仕事を行う事業者から、当該工作物による労働災害の発生を防止するためにとるべき措置についての教示を求められたときは、これを教示しなければならない。

ケ　研究開発の推進等（第108条関係）

政府は、労働災害の防止に資する科学技術の振興を図るため、研究開発の推進およびその成果の普及その他必要な措置を講ずるように努めるものとする。

コ　適用除外（第115条関係）

この法律は第2章労働災害防止計画の規定を除き、鉱山保安法第2条第2項および第4項の規定による鉱山における保安については、適用されない。

また、この法律は、船員法の適用を受ける船員については適用されない。

サ　両罰規定（第122条関係）

法人の代表者または法人もしくは人の代理人、使用人その他の従業者が、その法人または人の業務に関して、第116条、第117条、第119条または第120条の違反行為をしたときは、行為者を罰するほか、その法人または人に対しても、各本条の罰金刑を科する。

4　労働者派遣法の概要

(1)　派遣労働者の安全衛生管理上派遣元・派遣先が負うべき責任・措置

派遣元または派遣先が追うべき責任・措置事項は、第1章の3の(3)のとおりである。

(2)　派遣元責任者・派遣先責任者の選任

①　派遣元事業主は、派遣元責任者を選任し、派遣元において安全衛生を統括管理する者および派遣先との連絡調整を行わせなければならない（労働者派遣法第36条第6号）。

②　派遣先は、派遣先責任者を選任し、派遣先において安全衛生を統括管理する者および派遣元事業主との連絡調整を行わせなければならない（労働者派遣法第41条第4号）。

(注)「安全衛生を統括管理する者」とは、総括安全衛生管理者または安全管理者、衛生管理者が選任されている場合はその者をいい、それらの者が選任されていない小規模事業場では事業主自身をいう。

(3)　製造業務専門の派遣元・派遣先責任者の選任

①　製造業務に派遣をする派遣元事業主は、当該派遣労働者を専門に担当する派遣元責任者を選任しなければならない。製造業務に従事する派遣労働者が100人以下の場合は1人以上、100人を超え200人以下の場合は2人以上の者を選任し、以下同様に100人当たり1人以上を追加する必要がある（労働者派遣法第36条、労働者派遣法施行規則第29条第3号）。

②　製造業務に50人を超える派遣労働者を従事させる派遣先は、当該派遣労働者を専門に担当する派遣先責任者を選任しなければならない。製造業務に従事する派遣労働者が50人を超え100人以下の場合は1人以上、100人を超え200人以下の場合2人以上の者を選任し、以下同様に100人当たり1人以上の者を追加する必要がある（労働者派遣法第41条、労働者派遣法施行規則第34条第3号）。

(4) 安全衛生に係る措置に関する派遣先の協力等

派遣先は、派遣元事業主から雇入れ時の安全衛生教育の委託の申し入れがある場合には、可能な限りこれに応じるよう努める等、必要な協力や配慮を行わなければならない（派遣先が講ずべき措置に関する指針第2の17）。

(5) 労働者死傷病報告の提出

派遣労働者が労働災害により死亡又は負傷等したとき、派遣先および派遣元の双方の事業者は、派遣先の事業場の名称等を記入の上所轄労働基準監督署に労働者死傷病報告を提出しなければならない。

なお、派遣先の事業者は、労働者死傷病報告を提出したとき、その写しを派遣元の事業者に送付しなければならない（労働者派遣法施行規則第42条）。

（注）労働者派遣法＝労働者派遣事業の適正な運営の確保及び派遣労働者の保護等に関する法律

（参考1）労働者死傷病報告様式第23号（休業4日以上）の派遣先の事業場の名称の記入

○労働者死傷病報告（休業4日以上に係るもの）の様式中、派遣元の事業者は、派遣先の事業場の
　郵便番号を記入すること。

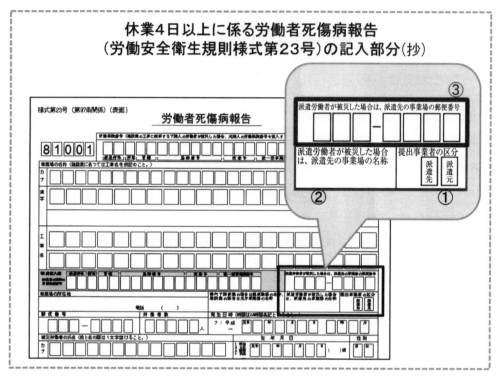

（注）平成31年1月施行の改正により、労働者が外国人の場合には、「国籍・地域」と「在留資格」
　　の記入が必要となった。

派遣労働者が被災した場合に記入する欄

① 　提出事業者を派遣元又は派遣先の事業者に区分する欄

② 　派遣元が派遣先の事業場の名称を記入する欄

③ 　派遣元が派遣先の事業場の郵便番号を記入する欄

（参考 2）労働者派遣契約の安全衛生に関する事項

　労働者派遣契約には、派遣労働者の安全衛生を確保するために必要な事項に関し就業条件を記載する必要がある（労働者派遣法第 26 条第 1 項、労働者派遣事業関係業務取扱要領第 7 の 2 (1) イ (ハ) の⑥）。

製造業における派遣労働者の安全衛生を確保するために必要な事項とその例

1　危険または健康障害を防止するための措置に関する事項

　・危険有害業務の内容

　・使用する機械、器具その他の設備又は原材料の種類

　・危険または健康障害を防止するための措置の内容

2　健康診断の実施等健康管理に関する事項

　・一般定期健康診断の実施に関する事項

　・特殊健康診断の実施に関する事項

3　換気、採光、照明等作業環境管理に関する事項

4　安全衛生教育に関する事項

　・派遣元で実施する安全衛生教育の内容等

　・派遣先で実施する安全衛生教育の内容等

5　免許の取得、技能講習の修了の有無等就業制限に関する事項

　・就業制限業務を行うための免許、技能講習の種類等

6　安全衛生管理体制に関する事項

　・派遣労働者の安全衛生についての管理体制

　・安全衛生管理に必要な事項の派遣労働者への周知に関する事項

7　その他の事項

　・労働者死傷病報告の提出に関する事項

　・その他派遣労働者の安全、衛生を確保するために必要な事項

関係資料

資料1　労働災害発生状況等

1　死亡者数、休業4日以上の死傷者数および労災保険新規受給者数（全産業）

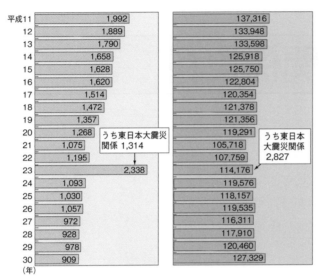

	死亡者数	休業4日以上の死傷者数
平成11	1,992	137,316
12	1,889	133,948
13	1,790	133,598
14	1,658	125,918
15	1,628	125,750
16	1,620	122,804
17	1,514	120,354
18	1,472	121,378
19	1,357	121,356
20	1,268	119,291
21	1,075	105,718
22	1,195	107,759
23	2,338	114,176
24	1,093	119,576
25	1,030	118,157
26	1,057	119,535
27	972	116,311
28	928	117,910
29	978	120,460
30	909	127,329

（死亡者数）うち東日本大震災関係 1,314
（死傷者数）うち東日本大震災関係 2,827

■死亡者数　■休業4日以上の死傷者数

（資料出所:死亡者数は厚生労働省安全課調べ、死傷者数は労働者死傷病報告等）

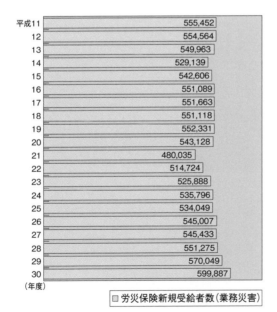

	労災保険新規受給者数（業務災害）
平成11	555,452
12	554,564
13	549,963
14	529,139
15	542,606
16	551,089
17	551,663
18	551,118
19	552,331
20	543,128
21	480,035
22	514,724
23	525,888
24	535,796
25	534,049
26	545,007
27	545,433
28	551,275
29	570,049
30	599,887

（年度）

■労災保険新規受給者数（業務災害）

（資料出所:労働者災害補償保険事業年報）

2　死亡者数（業種別）（平成 30 年）

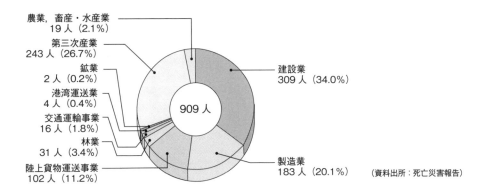

農業，畜産・水産業
19 人（2.1%）

第三次産業
243 人（26.7%）

鉱業
2 人（0.2%）

港湾運送業
4 人（0.4%）

交通運輸事業
16 人（1.8%）

林業
31 人（3.4%）

陸上貨物運送事業
102 人（11.2%）

909 人

建設業
309 人（34.0%）

製造業
183 人（20.1%）

（資料出所：死亡災害報告）

3　休業 4 日以上の死傷者数（業種別）（平成 30 年）

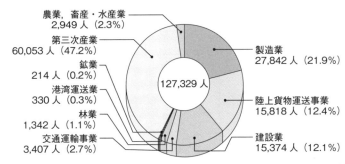

農業，畜産・水産業
2,949 人（2.3%）

第三次産業
60,053 人（47.2%）

鉱業
214 人（0.2%）

港湾運送業
330 人（0.3%）

林業
1,342 人（1.1%）

交通運輸事業
3,407 人（2.7%）

127,329 人

製造業
27,842 人（21.9%）

陸上貨物運送事業
15,818 人（12.4%）

建設業
15,374 人（12.1%）

（資料出所：労働者死傷病報告）

4 度数率および強度率（全産業）

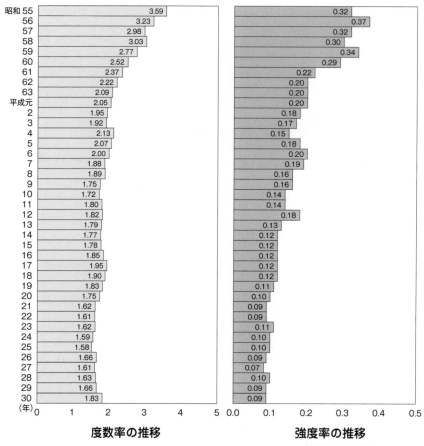

	度数率	強度率
昭和55	3.59	0.32
56	3.23	0.37
57	2.98	0.32
58	3.03	0.30
59	2.77	0.34
60	2.52	0.29
61	2.37	0.22
62	2.22	0.20
63	2.09	0.20
平成元	2.05	0.20
2	1.95	0.18
3	1.92	0.17
4	2.13	0.15
5	2.07	0.18
6	2.00	0.20
7	1.88	0.19
8	1.89	0.16
9	1.75	0.16
10	1.72	0.14
11	1.80	0.14
12	1.82	0.18
13	1.79	0.13
14	1.77	0.12
15	1.78	0.12
16	1.85	0.12
17	1.95	0.12
18	1.90	0.12
19	1.83	0.11
20	1.75	0.10
21	1.62	0.09
22	1.61	0.09
23	1.62	0.11
24	1.59	0.10
25	1.58	0.10
26	1.66	0.09
27	1.61	0.07
28	1.63	0.10
29	1.66	0.09
30	1.83	0.09

度数率の推移　　　　　強度率の推移

（資料出所：労働者死傷病報告等）

5 定期健康診断における有所見率の推移等

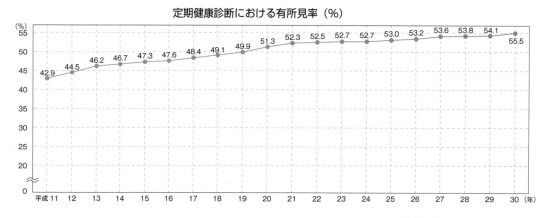

定期健康診断における有所見率（%）

年	有所見率（%）
平成11	42.9
12	44.5
13	46.2
14	46.7
15	47.3
16	47.6
17	48.4
18	49.1
19	49.9
20	51.3
21	52.3
22	52.5
23	52.7
24	52.7
25	53.0
26	53.2
27	53.6
28	53.8
29	54.1
30	55.5

（資料出所：定期健康診断結果調）
（注）平成28～30年の数値については、厚生労働省で精査中（令和2年2月現在）

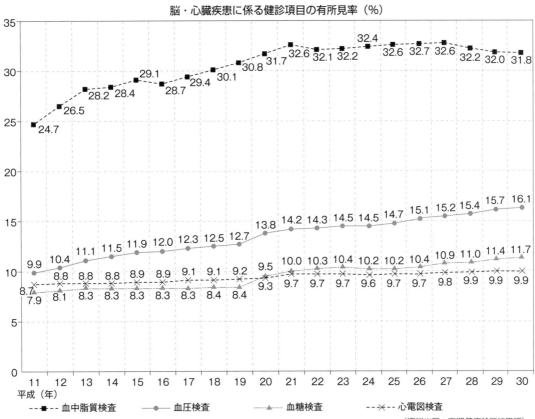

脳・心臓疾患に係る健診項目の有所見率（％）

（資料出所：定期健康診断結果調）
（注）平成28〜30年の数値については、厚生労働省で精査中（令和２年２月現在）

6　強い不安、悩み、ストレスがある労働者の推移

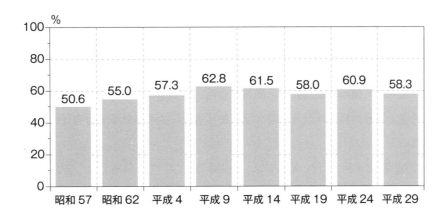

（資料出所：労働者健康状況調査、労働安全衛生調査）

資料2　労働災害と経営者等の刑事責任と民事責任

1　経営者等の刑事責任

　労働災害が発生した場合には、労働安全衛生法違反によるほか、業務上過失致死傷罪（刑法 211 条）により、刑事責任が問われる場合がある。

　労働安全衛生法は両罰規定であるので、その違反で処罰される者は、法人のほか、その措置を講じることとされている者（実際には、ラインの長）である。

　刑事責任の動向を見ると、高い役職にある者も罰せられる傾向にある。また、刑罰を受けても、執行猶予がつくことが多いが、実刑判決の例もある。

2　経営者等の民事責任

(1)　安全配慮義務

　労働災害が発生し、被災者側が会社側を相手に損害賠償を求め、裁判所に訴えた場合、安全配慮義務違反等で、損害賠償請求が認められる場合（注1）がある。

　安全配慮義務については、労働契約法第 5 条で、「使用者は、労働契約に伴い、労働者がその生命、身体等の安全を確保しつつ労働することができるよう、必要な配慮をするものとする。」と定められている。そもそもは、「労働者の生命及び身体等を危険から保護するよう配慮すべき義務」として、次の判例①のとおり、最高裁が判示したものである。（注2）)

　どういう場合に安全配慮義務違反が認められるかは、「労働者の職種、労務内容、労務提供場所等安全配慮義務が問題となる当該具体的状況等によって異なる」。

　（注1）　損害賠償請求が認められる場合には、不法行為責任と債務不履行責任があり、安全配慮義務は、債務不履行責任の問題である。以前は、不法行為責任が主流であったが、判例①の最高裁判決以降、安全配慮義務違反による債務不履行責任が主流となっている。

　（注2）　昭和 59 年 4 月 10 日、最高裁は、民間事案について、同様の考え方を示した。（昭和 59 年 4 月 10 日最高裁（判例時報 1116 号 33 頁、判例タイムズ 526 号 117 頁、労働判例 429 号 12 頁))

判例①　昭和 50 年 2 月 25 日最高裁

・自衛隊の車両整備工場で勤務中の隊員 A が、バックしてきた隊員 B 運転の自動車に轢かれて死亡した事案

・原判決（債務不履行による損害賠償責任を負わない）を破棄、差し戻し。

・原審で和解成立。

「裁判例にみる安全配慮義務の実務」（弁護士安西愈監修　中災防編。絶版）より引用。

「国は、公務員に対し、国が公務遂行のために設置すべき場所、施設もしくは器具等の設置管理又は公務員が国もしくは上司の指示のもとに遂行する公務の管理にあたって、公務員の生命及び健康等を危険から保護するよう配慮すべき義務（以下「安全配慮義務」という）を負っているものと解すべきである。もとより、右の安全配慮義務の具体的内容は、公務員の職種、地位及び安全配慮義務が問題となる当該具体的状況等によって異なるべきものであり、……右のような安全配慮義務は、ある法律関係に基づいて特別な社会的接触の関係に入った当事者間において、当該法律関係の付随義務として当事者の一方又は双方が相手方に対して信義則上負う義務として一般的に認められるべきものであって、・・・」

（最高裁判所民事判例集 29 巻 2 号 143 頁、裁判所時報 660 号 2 頁、判例時報 767 号 11 頁）

(2)　高額な損害賠償額等

死亡等の重大災害が発生すると、会社側が被災者側に安全配慮義務違反等で支払う損害賠償額は、表に示すとおり、高額となることも多い。

実際には損害賠償額以外にも多大な経費がかかり、トータルでその何倍かのコストがかかることが想定される。

このようにみると、経営トップから従業員一人ひとりまでの血のにじむような平素のコスト削減努力は、一つの事故で吹っ飛んでしまうといえる。

万一の場合にこのようなコストがかかるとすれば、安全衛生管理の徹底が有効なコスト低減策となると考えられる。

以上のことは、リスクマネジメントの観点からみて、重要であるという指摘がある。

表　高額労災民事損害賠償事件例（過労自殺関係を除く。）

No	事件名	事故内容	被害程度、認容額等
1	康正産業事件 （鹿児島地裁平 22. 2. 16 判決）	支店長が、長時間労働、過重負荷で心室細動を発症し低酸素脳症により意識不明	意識不明状態 　　　1 億 8,759 万円
2	三六木工事件 （横浜地裁小田原支部平 6. 9. 27 判決）	移動式クレーンを用いて原木を大型トラックに積み込み作業中、玉掛けワイヤーが解けて原木が落下し、頸椎骨折	頸椎損傷、1 級障害 　　　1 億 6,524 万円
3	関西医科大学事件 （大阪地裁平 14. 2. 25 判決　大阪高裁平 16. 7. 15 判決）	研修医が、過労により突然死（急性心筋梗塞の疑い）	死亡 　　　1 億 3,532 万円 控訴審 　　　8,434 万円
4	いわき市立病院事件 （福島地裁平 16. 5. 18 判決）	医師が患者により包丁で刺され失血死	死亡 　　　1 億 3,228 万円
5	大阪府麻酔科医急性心不全事件 （大阪地裁平 19. 3. 30 判決　大阪高裁平 20. 3. 27 判決）	府立病院の麻酔医師が宿日直や残業が多く、急性心機能不全により死亡	死亡 　　　1 億 0,692 万円 控訴審 　　　7,744 万円
6	スギヤマ薬品事件 （名古屋高裁平 20. 9. 17 判決　名古屋地裁平 19. 10. 5 判決）	薬局で働いていた薬剤師が、長時間労働のために致死性不整脈で死亡	死亡 　　　8,698 万円 控訴審 　　　8,298 万円
7	長野県山岳総合センター事件 （長野地裁松本支部平 7. 11. 21 判決）	県教育委員会の機関が実施した、県内の高校の生徒、顧問教諭らを対象とする冬の野外生活研修中に、雪崩が発生し教員が死亡	死亡 　　　8,486 万円

引用文献：「経営者の労働災害防止責任　安全配慮義務　Q&A」　弁護士外井浩志監修　中災防編

(3)　賠償額 1 億 6,000 万円の具体的事案

　表のうち、玉掛けにかかる災害事案を参考のために掲げる（判例②）。

　これは、玉掛けの資格がないにもかかわらず、就業させた事案で、安全荷重以上の荷を吊り上げた結果生じた労働災害である。

　玉掛けの資格を取得させておけば、安全荷重を学習し、災害を防止できたかもしれない事案である。玉掛けの資格取得に要する費用を 2 万円として、負担したコストの 1 億 6,000 万円が何倍にあたるかと考えれば、リスクマネジメントの観点からすると問題であったという指摘がある。

判例②　平成6年9月27日横浜地裁小田原支部

・移動式クレーンを運転操作して原木を積み込む作業を行っていたAが、原木
　が落下したため頸椎骨折の傷害を負った事案

・雇い主B社－安全配慮義務の不履行、同社代表者C－不法行為（連帯責任）

・損害賠償額－A及びAの妻に総額1億6,524万円余

「裁判例にみる安全配慮義務の実務」（弁護士安西愈監修　中災防編。絶版）より引用。

　「（四）本件事故の際に行われた玉掛けの方法は、地面に置いたロープの上に原
木を積み、ロープの一端のアイの中に他端のロープを通して原木を括り、アイの
中に通した方のロープの先端のアイをクレーンのフックに引っ掛けるという方法
による一本吊りであって、このような一本吊りの方法で吊り上げる場合の本件ワ
イヤーロープの安全荷重は約0.33トンである。

（五）右のように、玉掛けに使用してはならない台付け用の本件ワイヤーロープ
を玉掛けに使用し、右の一本吊りの場合の安全荷重約0.33トンを超える重量約
0.85トンの本件原木を吊り上げたため、本件ワイヤーロープのアイの編み込み
部分が荷重に耐えきれずに解けた結果、本件事故が発生した。

（六）本件原木の玉掛け作業をした者は、B社の従業員であるE及びB社から頼
まれて……原木の積み込み作業に従事していたFであった。吊り上げ荷重が1
トン以上の移動式クレーンの玉掛け業務は、法定の資格を有する者が行わなけれ
ばならないにもかかわらず、右E及びFは、右の法定の資格を有していなかっ
た。・・・」

「B社は、・・・、その安全配慮義務を怠り、玉掛けに使用してはならない台付
け用の本件ワイヤーロープを玉掛けに使用し、安全荷重を上回る本件原木の吊り
上げ作業を行わせたため、本件ワイヤーロープのアイの編み込み部分が本件原木
の荷重に耐えきれずに解けた結果、本件事故が発生したものであるから、B社に
は、債務不履行の規定に基づき、本件事故によって生じた損害を賠償する責任が
あり、・・・」

（判例タイムズ895号125頁、労働判例681号81頁）

（4）　安全配慮義務の具体的内容

　安全配慮義務違反とならないためには、以下のことに注意する必要がある。

①　安全衛生関係法令が規定する内容は、安全配慮義務の内容となり、安全配慮義務
　を守ったといえるためには、安全衛生関係法令を遵守する必要がある。[注]

②　安全衛生関係法令を守っていたとしても、安全配慮義務を果たしたことにならない場合がある。

　ア　安全衛生関係法令に直接違反していなくても、合理的にその規定の性質に準じ、または類推できるような労働災害の防止措置は安全配慮義務の内容として含まれてくる。

　イ　安全衛生関係法令に違反している場合はもちろん、安全衛生関係法令に違反していなくても、労働基準監督署の監督指導を受けている事項は、安全配慮義務違反となると考えたほうがよい。

　ウ　努力義務規定も、安全配慮義務の基準の根拠となり、その努力義務規定の内容によっては、安全配慮義務の内容になる場合があることに留意する必要がある。

　エ　指針、通達等の行政指導の内容は、安全配慮義務の内容となると考えられる場合が多い。[注]

　オ　現場の労働者、責任者などからの企業への声も、安全配慮義務の内容になる場合があるので、それを無視せず、その指摘事項をきちんと調査・検討し、必要な措置を講じることが重要である。

　カ　多くの判例の実際の判断をみれば、最終的に「予見可能性」と「結果回避可能性」があれば、基本的に、その対策は講じなければならず、そうしなければ安全配慮義務違反となると考えられる。（判例③参照。なお、六価クロムによる健康障害の事案に関する昭和 56 年 9 月 28 日東京地裁（判例時報 1017 号 34 頁、判例タイムズ 458 号 118 頁、労働判例 372 号 21 頁）も、同様と考えられる。）

　（注）　安全衛生関係法令および指針・通達の検索は、中災防安全衛生情報センターのホームページが便利である。https：//www.jaish.gr.jp/

判例③　平成 11 年 10 月 20 日東京高裁

・フォークリフトの運転をしていた A が、コンクリート柱と同リフトの雨よけ用鉄枠との間に顔面を挟まれ、前頭骨等を骨折した事案

・雇い主 B 社－安全配慮義務の不履行

・損害賠償額－1,006 万円余

・過失相殺－50％

「裁判例にみる安全配慮義務の実務」（弁護士安西愈監修　中災防編。絶版）より引用。

　「・・・、また、A にヘルメットを支給することはもちろんのこととして、その着用を確実に履行するように指示監督をするなどして安全かつ速やかに作業ができるように配慮すべき注意義務があったというべきである。　B 社は、右注意

義務を怠り、ヘルメットの支給や着用の指示を明確にせず、ヘルメットを着用せずに作業することが倉庫全体で習慣化していたにもかかわらず、これを放置していた。（・・・）上、Ａが、本件冷凍庫で作業を始めた当初に作業の指導をしたのみで、採用まもないＡを一人で作業させ、本件リフトについて危険な操作、運転をしていないか否かなどの監督、注意を怠ったため、Ａが、本件リフトの右横に顔を出したまま本件リフトを後退させるなどの危険な運転操作をすることを防止することができず、そのため本件事故が発生し、かつ、その際Ａにヘルメットを着用させていなかったため、Ａの傷害の程度がより重篤になったと認められる。そうすると、Ｂ社には、右の点で、安全配慮義務違反があったというべきである。」

「また、Ｂ社は、ヘルメットは、荷物の荷崩れの危険等から労働者を守るために着用するものであり、本件リフトの運転ミスから生じた本件事故とヘルメットを着用していなかったこととの間には、法律上の因果関係が存在しない旨主張するが、本件冷凍庫内での作業状況を考慮すれば、荷崩れ等だけでなく本件リフトの運転自体に伴って事故が発生する可能性があることは容易に推測できるところ、このような事故が発生した場合に、ヘルメットを着用していれば少なくとも傷害の程度を軽く押えることができ損害の拡大を防ぐことができることもまた容易に予見することができるのであって、このような事実にかんがみれば、本件リフトを運転する際にヘルメットを着用させることを規定する具体的な法規がないとしても、使用者であるＢ社には、その従業員であるＡの身体の安全を確保するため、ヘルメットの着用を指示、指導する義務があったというべきであるから、本件事故による損害の発生・拡大とヘルメットを着用していなかったこととの間に法律上の因果関係があることは明らかである。・・・」

（判例時報 1713 号 57 頁）

　　（注）　なお、この判例では指摘されていないが、フォークリフトの作業については、昭和 50 年 4 月 10 日付け基発第 218 号「荷役、運搬機械の安全対策について」の記の第 1 の 3 の（9）で「保護帽、安全靴等の保護具を着用させること」とされている。

（5）　安全配慮義務を履行したといえるために

　究極的に安全配慮義務を果たすためには、①「予見可能性」→「危険の予知」→「危険予知活動（KYK）」および「リスクアセスメント」、②「結果回避可能性」→「KYK」および「リスクアセスメント」に基づく具体的な労働災害防止対策の実施、③①およ

び②の「KYK」および「リスクアセスメント」を生かしながら、危険ゼロを目指して企業として組織的かつ効果的に取り組むために、「労働安全衛生マネジメントシステム（OSHMS）」の実施および「ゼロ災運動」（第1章の4(1)参照）と「OSHMS」との一体的運用が重要と考えられる。

(6)　その他

　安全配慮義務では、安全教育が重視されており、①単にその状態が危険であると話しただけでは足りず、危険性、危険を防ぐためにどのようにすればよいかなどについて具体的に説明、指導する、②教育・指導等の程度として、注意喚起程度では足りず、例えば、保護具の使用を怠っている労働者に対し、改めて危険性を説明し、保護具を確実に着用するよう指導する（たとえその業務の経験者であっても再度の安全教育を確実に行う。）、③不安全行動は容認しないなどが重要である。

　労働者に過失があった場合、過失相殺により損害賠償額が減額されることがある。特に、事業者が保護帽を備え付けているにもかかわらず、労働者が保護帽などの保護具を着用していなかった場合は、約3割過失相殺となった例もある。

資料 3　危険予知訓練（KYT）等

1　問題解決 4 ラウンド法

　ゼロ災チームミーティングは、ゼロ災運動や危険予知活動（KYK）の一環として現場の作業の現状やそこにひそむ問題（危険）についてホンネで「話し合い、考え合い、分かり合って」問題（危険）に気づき、合意（コンセンサス）して、解決行動をするための少人数の会合である。ゼロ災運動では、職場にある生産上、品質上、作業上、原価上、安全上などの様々な問題をチームのホンネの話し合いで「話し合い、考え合い、分かり合って」解決することを「問題解決」とよんでいる。職場の危険の解決も問題解決の一つである。

　ゼロ災運動の問題解決討議は、問題解決 4 ラウンド法で行われる。ゼロ災運動の出発点は、問題解決 4 ラウンド法の現状把握→本質追究→対策樹立→目標設定の 4 ラウンドと実践、反省・自己評価の問題解決ゼロサイクルを職場で、あるいは個人で、長期的あるいは短時間に回しながら、職場の問題（危険）を解決していく実践行動であるといえる。

問題解決 4 ラウンド法の進め方

	4 つのラウンド		進め方
1 R	現状把握	どんな事実があるか	テーマに関する現状、テーマの背景となっている事実、その原因を追究し把握する。
2 R	本質追究	これが問題のポイントだ	現状把握（1 R）で出た項目のうち、問題と思われる項目に○印、さらにみんなの合意でしぼりこみ、◎印とアンダーラインをつけ問題のポイントとし、指差し唱和で確認する。
3 R	対策樹立	あなたならどうする	◎印をつけた問題のポイントを解決するための「具体的で実行可能な対策」を立てる。
4 R	目標設定	私達はこうする	対策の中から最優先に実施しなければならない「重点実施項目」をしぼりこみ※印をつけ、5 W 1 H でチェックし、実施計画を具体化して、「チーム行動目標」を設定し指差し唱和で確認する。

2　KYT 基礎 4 ラウンド法

　問題解決 4 ラウンド法の話し合い方をベースに、職場の危険を発見・把握・解決していく手法として開発されたのが KYT 基礎 4 ラウンド法である。

　危険予知活動（KYK）を進めるには、まず危険予知訓練（KYT）の体験学習を行

い、その基本をしっかり身につけることが必要である。そのためには、イラストシートを使って職場や作業にひそむ危険を次の4つの段階（4ラウンド）を経て、発見・把握・解決していく「KYT基礎4ラウンド法」を十分に訓練する必要がある。

KYT基礎4ラウンド法の進め方

	4つのラウンド		進め方
1R	現状把握	どんな危険がひそんでいるか	イラストシートの状況の中にひそむ危険を発見し、危険要因とその要因がひき起こす現象を想定して出し合い、共有し合う。
2R	本質追究	これが危険のポイントだ	発見した危険のうち、これが重要だと思われる危険を把握して○印、さらにみんなの合意でしぼりこみ、◎印とアンダーラインをつけ "危険のポイント" とし、指差し唱和で確認する。
3R	対策樹立	あなたならどうする	◎印をつけた危険のポイントを解決するにはどうしたらよいかを考え、具体的な対策案を出し合う。
4R	目標設定	私達はこうする	対策の中からみんなの合意でしぼりこみ、※印をつけ "重点実施項目" とし、それを実践するための "チーム行動目標" を設定し指差し唱和で確認する。

3 危険予知訓練（KYT）の活用手法

KYTは、現場の実践活動の中で誰が行うかにより、「作業指示者」、「チーム」、「一人」など、それぞれのレベルで様々な活用手法が開発されている。

(1) 作業指示者レベル

災害のかなりの部分は、作業指示者の指示が適切でなかったり、その監督指導が不十分だったことが主な直接原因となっている。これらに対応する手法として、適切な作業指示（5W1H）プラスKYのポイントを確実に伝える作業指示STK訓練（作業指示のチェックポイントをS（作業）、T（チーム）、K（危険予知）、F_1（復唱）、F_2（復命）の5項目でとらえ、その頭文字の3つをとってSTKという。）、適切指示即時KYT、その他に個別KY、問いかけKYなどがある。

(2) チームレベル

始業時、現場到着時、作業開始時、作業中、終業時などその時その場に即して、チームでごく短時間に、さっとKYについての充実した話し合いをするものである。就業時間中にごく短時間に行う必要があるため、業種業態によって創意工夫された三角

KYT、ワンポイント KYT、SKYT（Short time KYT）など少人数短時間 KY 活動が実践されている。

(3)　一人レベル

　一人ひとりが自分で KYT をしたり、自問自答してチェックしたりして安全（危険）を確認するものである。その手法として、1 人 KYT、自問自答カード 1 人 KYT、1人 4 ラウンド KYT などがある。

4　交通 KYT

　KYT 基礎 4 ラウンド法を交通場面に応用した手法として、交通 KYT 基礎 4 ラウンド法がある。

　車の運転は、一人作業であり、道路や環境などの周囲の状況も常に変化する。また、対向車、歩行者、自転車など対策を相手に求められないという、通常の作業とは異なる特徴がある。そこで、運転者一人ひとりが危険を危険と感じ、その危険を回避する能力と、それを実行しようとする意欲を養う手法として交通 KYT がある。

　交通事故をゼロにするためには、事故を起こさないように、職場のみんなで話し合って、安全を先取りすることが大切である。さらに、運転場面の要所要所で、指差し呼称をして安全を確認する。

(1)　交通 KYT 基礎 4 ラウンド法

　交通 KYT 基礎 4 ラウンド法は、交通 KYT の基本となる手法で、イラストシートに描かれた運転場面に、「どんな危険がひそんでいるか」をメンバーのホンネの話し合いで、あらゆる危険を総点検するとともに、自分の弱点に気づき、その危険に対する対策を実行し、より安全な運転につなげ、「自分の運転行動」とその行動をとった「判断」の問題点に気づいて自分の行動変容に結びつけるものである。

交通 KYT 基礎 4 ラウンド法の進め方

	4つのラウンド		進め方
1 R	現状把握	どんな危険がひそんでいるか	みんなの話し合いで、イラストシートの状況の中にひそむ危険要因を発見し、その要因とその要因のひき起こす現象を想定して出し合い、共有し合う。
2 R	本質追究	これが危険のポイントだ	発見した危険をアンダーラインを引きながら掘り下げ明確化し、さらに危険内容が同じであれば、整理して○印をつけ、危険のポイントとする。
3 R	対策樹立	あなたならどうする	○印をつけた危険のポイントを解決するにはどうしたらよいかを考え、具体的な対策案を出し合う。
4 R	目標設定	私達はこうする	対策の中からみんなの合意でしぼりこみ、※印をつけ"重点実施項目"としそれを実践するための"チーム行動目標"を設定し指差し唱和で確認する。

(2)　交通 KYT の実践手法

　交通 KYT の実践手法として、各種の手法が開発されている。リーダーがメンバーとイラストシートを見ながら、口頭で話し合って、考え合うストレート KYT、交通マップを使って危険情報を共有化するとともに危険感受性を高める交通ヒヤリマップ活動のほか、交通自問自答カード一人 KYT、交通一人 4 ラウンド KYT、交通 SD（セーフ・ドライビング）ミーティングなどがある。

5　健康 KY

　健康 KY は、監督者が部下の作業者一人ひとりの安全と健康を確保するために、主として始業時のミーティングの際に、作業者自らに健康状況を自己チェック（1 人 KY）させて申告させたり、監督者が部下の作業者一人ひとりの健康状況をよく「観察」したり、「問いかけ」たりして把握し、適切な指導および必要な措置を行うためのものである。

　一人ひとりの健康状態は、それぞれ個別で日々、時々刻々変化している。そしてそれが不安全行動や事故・災害につながることがある。これを防ぐには、特に始業時の短時間ミーティングでの監督者の部下一人ひとりに対する個別的な健康 KY 能力を訓練によって向上させることが必要である。

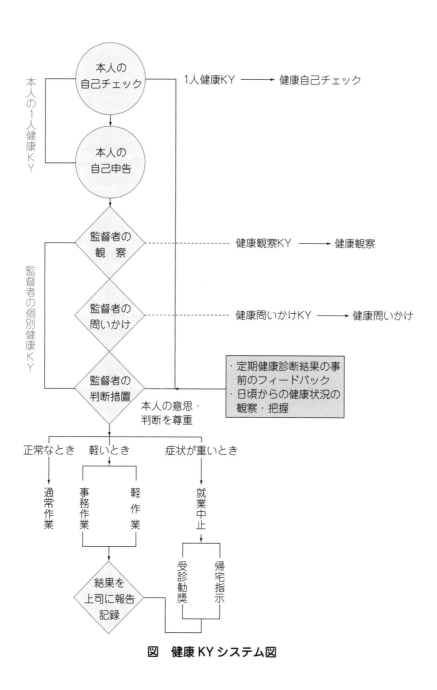

図　健康 KY システム図

資料 4　検査が必要な機械等（安全関係等）

1　使用（作業）開始前等に点検が必要な機械等

対　象　機　械　等	関　係　規　則	点　検　実　施　時　期
クレーン	ク則 36 条 37 条	その日の作業開始前 暴風、地震の後に作業を行う時
移動式クレーン	ク則 78 条	その日の作業開始前
デリック	ク則 121 条 122 条	その日の作業開始前 暴風、地震の後に作業を行う時
屋外設置のエレベーター	ク則 156 条	暴風、地震の後に作業を行う時
建設用リフト	ク則 193 条 194 条	その日の作業開始前 暴風、地震の後に作業を行う時
簡易リフト	ク則 210 条	その日の作業開始前
玉掛け用ワイヤロープ	ク則 220 条	その日の作業開始前
ゴンドラ	ゴ則 22 条	その日の作業開始前
研削といし	安則 118 条	その日の作業開始前（試運転）
動力プレス、動力シヤー	安則 136 条	その日の作業開始前
高速回転体の軸	安則 150 条	回転試験を行う前（非破壊検査）
産業用ロボット	安則 151 条	その日の作業開始前
フォークリフト	安則 151 条の 25	その日の作業開始前
ショベルローダー、フォークローダー	安則 151 条の 34	その日の作業開始前
ストラドルキャリヤー	安則 151 条の 41	その日の作業開始前
不整地運搬車の繊維ロープ 不整地運搬車	安則 151 条の 47 安則 151 条の 57	その日の作業開始前 その日の作業開始前
構内運搬車	安則 151 条の 63	その日の作業開始前
貨物自動車用繊維ロープ 貨物自動車	安則 151 条の 69 安則 151 条の 75	その日の作業開始前 その日の作業開始前
コンベヤー	安則 151 条の 82	その日の作業開始前
車両系木材伐出機械	安則 151 の 110	その日の作業開始前
架線集材機械	安則 151 の 122	その日の作業開始前
林業架線作業	安則 151 の 146	その日の作業開始前 組立て・変更時、悪天候・地震後
車両系建設機械	安則 170 条	その日の作業開始前
簡易林業架線作業	安則 151 の 171	その日の作業開始前 悪天候・地震後
高所作業車	安則 194 条の 27	その日の作業開始前
軌道装置	安則 232 条	その日の作業開始前
型わく支保工	安則 244 条	コンクリート打設前
化学設備及び附属設備	安則 277 条	はじめて使用、改造修理後使用前、引き続き一月以上休止後

防爆電気機械器具	安則284条	その日の使用開始前
溶接棒ホルダー 交流アーク溶接機の自動電撃防止装置 感電防止用漏電しゃ断装置 電気機械器具の接地 移動電線及び接続器具 検電器具 短絡接地器具 絶縁用保護具・防具 絶縁用防護具 活線作業用装置・器具	安則352条	その日の使用開始前
土止め支保工	安則373条	地震、大雨の後作業開始前
ずい道内浮石等 ずい道内自動警報装置 ずい道支保工	安則382条 安則382条の3 安則396条	毎日、地震・発破後 その日の作業開始前 毎日、地震後
採石場所の地山	安則401条	その日の作業開始前、強風・大雨・地震の後
貨車の荷掛け用繊維ロープ	安則419条	その日の作業開始前
船のハッチビーム等 揚貨装置 揚貨装置のスリング等	安則456条 安則465条 安則476条	その日の作業開始前 その日の作業開始前 その日の作業開始前
木馬 雪そり 集材機、運材機等	安則490条 安則495条 安則511条	その日の作業開始前 その日の作業開始前 その日の作業開始前、強風・大雨・大雪・地震の後
足場 つり足場	安則567条 安則568条	その日の作業開始前、強風・大雨・大雪・地震の後等に作業を開始する前 その日の作業開始前
作業構台	安則575条の8	その日の作業開始前、強風・大雨・大雪・地震の後等に作業を開始する前
高圧室送気設備 潜水用器具	高則22条の2 高則34条	はじめて使用、分解修理後、引き続き一月以上休止後 潜水前
燃焼器具	事則6条	その日の使用開始前

（安全関係のみ掲載）

略称一覧　ク則＝クレーン等安全規則、ゴ則＝ゴンドラ安全規則、安則＝労働安全衛生規則、高則＝高気圧作業安全衛生規則、事則＝事務所衛生基準規則

始業点検記録表の例

	（フォークリフト） 始 業 点 検 記 録
月度	

点検項目	(1) フォーク	(2)油圧装置 （マストティルト）	(3)マスト チェーン	(4) タイヤ	(5) ガスボンベ	(6)エンジン オイル
点検内容	曲がり・亀裂	油洩れ	左右差	キズ・摩耗 ナット落	取付金具 接続ゆるみ	オイルレベル
判定基準	有・無	有・無	良・否	良・否	良・否	ゲージ F～L間

点検項目	(14) ハンドル	(15) ウィンカー	(16) 前・後照灯	(17)ストップ バックランプ	(18)ホーン バックブザー	
点検内容	遊び	点滅	点灯	点灯	音量	
判定基準	10～45	良・否	良・否	良・否	良・否	

1. 点検者は、フォークリフト運転技能講習修了者とする。（安衛法 第61条）

2. 始業点検に不合格のものは、必ず補修完了後でなければ使用してはならない。

点検時の注意
1. エンジンを必ず停止して行うこと。
2. フォークは、床におろす。
3. サイドブレーキは、必ず引くこと。
4. 冷却水点検は、停止後30分以上まつこと。
5. ボンネットの開閉は、静かに行うこと。

点 検 者 記 入			職 長 記 入				
異常処置記録	月/日	異 常 内 容	応 急 処 置	恒 久 処 置 内 容	担当	実施月日	確認（主任）

確 認	日	1	2	3	4	5	6	7	8	9	10
点 検 者 サ イ ン	1直										
	2直										
	3直										
職 長 サ イ ン	1直										
	2直										
	3直										
主 任 サ イ ン （1回/週）											

工程	設置場所又は名称	容量	号機

点 検 担 当 者		

(7) ブレーキオイル	(8) 冷却水	(9) バッテリー	(10) バックレスト	(11)サイド ブレーキ	(12)フート ブレーキ	(13) クラッチ
オイルレベル	液レベル	液レベル	上下作動	効き具合	踏みしろ	踏みしろ
ゲージ F～L間	コア以上	極板上 5mm以上	全ストローク 引掛かり無し	良・否	40～70%	40～70%

(3)マスト
チェーン

(7)ブレーキオイル

(8)冷却水

(2)マストティルト

(15)ウィンカー

(17)ストップ
バックランプ

(16)前・後照灯

(6)エンジンオイル

(11)サイドブレーキ

(10)バックレスト

(5)ガスボンベ

(1)フォーク

(18)ホーン
バックブザー

(4)タイヤ

(9)バッテリー

(14)ハンドル

10～45°

(12)フートブレーキ
(13)クラッチ

ペダル高さ

70
40
40⑫
70⑬

11	12	13	14	15	16	17	18	19	20	21	22	23	24	25	26	27	28	29	30	31

2　労働安全衛生法令に基づく自主検査（抜すい）

No	定期自主検査・点検を行うべき対象	自　主　検　査			
		再開時	定　　　　期		
			月1回	年1回	その他
	Ⅰ労働安全衛生規則				
1	動力プレス	134 の 3（2）		134 の 3	特定自主検査 135 の 3
2	シャー	135（2）		135	
3	動力遠心機械	141（2）		141	
4	フォークリフト	151 の 21（2）151 の 22（2）	151 の 22	151 の 21	特定自主検査 151 の 24
5	車両系木材伐出機械		151 の 109	151 の 108	
6	車両系建設機械		168	167	特定自主検査 169 の 2
7	高所作業車		194 の 24	194 の 23	特定自主検査 194 の 26
8	電気機関車等	228（2）229（2）230（2）	230	229	228（3 年以内ごとに 1 回）
9	化学設備等	276（2）			276（2 年以内ごとに 1 回）
10	アセチレン溶接装置ガス集合装置	317（2）		317	
11	絶縁用保護具等	351（2）			351（6 月以内ごとに 1 回）
12	乾燥設備等	299（2）		299	
	Ⅱボイラー及び圧力容器安全規則				
1	ボイラー	32（2）	32		
2	第一種圧力容器	67（2）	67		
3	第二種圧力容器	88（2）		88	
4	小型ボイラー小型圧力容器	94（2）		94	
	Ⅲクレーン等安全規則				
1	クレーン	34（2）35（2）	35	34	
2	エレベーター	154（2）155（2）	155	154	
3	簡易リフト	208（2）209（2）	209	208	
	Ⅳゴンドラ安全規則				
1	ゴンドラ	21（2）	21		

（注）1　表中の数字は該当条文を示す。
　　　2　条文の次の（　　）内数字は項を示す。
　　　3　労働衛生関係事項は省略した。

3　公表されている定期自主検査指針（安全関係）

指　針　の　種　類	公表日	指　針　番　号
移動式クレーンの定期自主検査指針	昭 56. 12. 28	自主検査指針公示第 1 号
化学設備等定期自主検査指針	昭 59. 9. 17	自主検査指針公示第 7 号
天井クレーンの定期自主検査指針	昭 60. 12. 18 平 10. 3. 31	自主検査指針公示第 8 号 自主検査指針公示第 2 号
ショベルローダー等の定期自主検査指針	昭 60. 12. 18	自主検査指針公示第 9 号
ゴンドラの定期自主検査指針	昭 61. 5. 26	自主検査指針公示第 10 号
不整地運搬車の定期自主検査指針	平 3. 7. 26	自主検査指針公示第 12 号
高所作業車の定期自主検査指針	平 3. 7. 26	自主検査指針公示第 13 号
車両系建設機械の定期自主検査指針	平 25. 7. 1 平 27. 11. 6	自主検査指針公示第 19 号 自主検査指針公示第 20 号
フォークリフトの定期自主検査指針	平 5. 12. 20 平 8. 9. 25	自主検査指針公示第 15 号 自主検査指針公示第 17 号
ボイラーの定期自主検査指針	平 10. 3. 31	自主検査指針公示第 1 号
エレベーターの定期自主検査指針	平 10. 3. 31	自主検査指針公示第 3 号
動力プレスの定期自主検査指針	平 24. 3. 30	自主検査指針公示第 1 号

4　性能検査の必要な機械

機械の種類	関係規則	有　効　期　間
ボイラー	ボ則 37 条等	1 年（1 年未満～2 年以内の特例有）
第一種圧力容器	ボ則 72 条等	1 年（1 年未満～2 年以内の特例有）
クレーン	ク則 10 条等	2 年（2 年未満～3 年以内の特例有）
移動式クレーン	ク則 60 条等	2 年（2 年未満～3 年以内の特例有）
デリック	ク則 100 条等	2 年（2 年未満～3 年以内の特例有）
エレベーター	ク則 144 条等	1 年（1 年未満～2 年以内の特例有）
ゴンドラ	ゴ則 9 条等	1 年（1 年未満の場合有）

略称一覧　ボ則＝ボイラー及び圧力容器安全規則、ク則＝クレーン等安全規則、ゴ則
　　　　　＝ゴンドラ安全規則

資料 5　事故の型・起因物、不安全な状態・不安全な行動の分類

1　事故の型

墜落・転落	切れ・こすれ	破裂
転倒	踏抜き	火災
激突	おぼれ	交通事故（道路）
飛来・落下	高温・低温物との接触	交通事故（その他）
崩壊・倒壊	有害物との接触	動作の反動・無理な動作
激突され	感電	その他
はさまれ・巻き込まれ	爆発	分類不能

2　起因物

動力機械	原動機 動力伝導機構 木材加工用機械 建設機械等 金属加工用機械 一般動力機械 車両系木材伐出機械等	その他の 装置等	電気設備 人力機械工具等 用具 その他の装置・設備
		仮設物、建築物、構築物	
物上げ装置、 運搬機械	動力クレーン等 動力運搬機 乗物	物質、材料	危険物、有害物等 材料
		荷	
その他の 装置等	圧力容器 化学設備 溶接装置 炉窯等	環境等	
		その他	その他の起因物 起因物なし 分類不能

3　不安全な状態

物自体の欠陥 　設計不良、構成材料・工作の欠陥、老朽、疲労、使用限界、故障未修理、整備不良、その他
防護措置・安全装置の欠陥 　無防備、防護不十分、接地または絶縁なし・不十分、遮へいなし・不十分、区間・表示の欠陥、その他
物の置き方、作業場所の欠陥 　通路が確保されていない、作業箇所の空間の不足、機械・装置・用具・什器等の配置の欠陥、物の置き方の不適切、物の積み方の欠陥、物の立て掛け方の欠陥、その他
保護具・服装等の欠陥 　はき物を指定していない、手袋の使用禁止をしていない、その他保護具を指定していない、その他服装を指定していない
作業環境の欠陥 　換気の欠陥、その他作業環境の欠陥

部外的・自然的不安全な状態 　物自体の欠陥（部外の）、防護措置の欠陥（部外の）、物の置き方・作業場所の欠陥（部外の）、作業環境の欠陥（部外の）、交通の危険、自然の危険	
作業方法の欠陥 　不適当な機械・装置の使用、不適当な工具・用具の使用、作業手順の誤り、技術的・肉体的な無理、安全の不確認（以前の）、その他	
その他および分類不能 　その他の不安全な状態、不安全な状態がないもの 　分類不能	

4　不安全な行動

防護・安全装置を無効にする 　安全装置をはずす、無効にする 　安全装置の調整を誤る 　その他防護物をなくする	保護具、服装の欠陥 　保護具を使わない 　保護具の選択、使用方法の誤り 　不安全な服装をする
安全措置の不履行 　不意の危険に対する措置の不履行 　機械・装置を不意に動かす 　合図・確認なしに車を動かす 　合図なしに物を動かしまたは放す 　その他	その他の危険場所への接近 　動いている機械・装置等に接近しまたは触れる 　つり荷に触れ、下に入りまたは近づく 　危険有害な場所に入る 　確認なしに崩れやすい物に乗りまたは触れる 　不安全な場所へ乗る 　その他
不安全な放置 　機械・装置等を運転したまま離れる 　機械・装置を不安全な状態にして放置する 　工具・用具・材料くず等を不安全な場所に置く 　その他	その他の不安全な行為 　道具の代わりに手などを用いる 　荷の中ぬき、下ぬきをする 　確認しないで次の動作をする 　手渡しの代わりに投げる 　飛び下り、飛び乗り 　不必要に走る 　いたずら、悪ふざけ 　その他
危険な状態を作る 　荷等の積み過ぎ 　組み合わせては危険なものを混ぜる 　所定のものを不安全なものに取りかえる 　その他	運転の失敗（乗物） 　スピードの出し過ぎ 　その他の不安全な行動で
機械・装置等の指定外の使用 　欠陥のある機械・装置・工具・用具等を用いる 　機械・装置・工具・用具等の選択を誤る 　機械・装置等を指定外の方法で使う 　機械・装置等を不安全な速さで動かす	誤った動作 　荷などの持ち過ぎ 　物の支え方の誤り 　物のつかみ方が確実でない 　物の押し方、引き方の誤り 　上り方、下り方の誤り 　その他

運転中の機械・装置等の掃除、注油、修理、点検等 　運転中の機械・装置の 　通電中の電気装置の 　加圧されている容器の 　加熱されているものの 　危険物が入っているものの 　その他	その他および分類不能 　その他の不安全な行動 　不安全な行動のないもの 　分類不能

資料6　機械等の規制一覧（安全関係）

この一覧は、労働災害の起因物の分類に従って、機械等の規制・基準を見やすさを優先して整理したものである。それぞれの機械等について作業に当たって就業制限、労働者教育の実施が適用となるものがあるほか、他の条文等で適用となるものもあるので、関連する法令の条文および通達を参照されたい。

| 起因物分類：機械名 | | | 構造関係 | | | 使用関係 | 検査等関係 | |
大	中	小分類・機械名	構造等に係る規制の基準	構造規格	構造・使用に係る主な指針等	使用に係る主な規制の措置（左の「構造等に係る規制の基準」以外のもの）	定期自主検査・点検等に係る規制（定期自主検査：◎　特定・性能検査：○　点検：○）	自主検査等に係る指針
全機械共通			安衛則 25, 27, 101, 103, 105, 106, 107, 108, 108の2		機械の包括的な安全基準に関する指針／機械譲渡者等が行う機械に関する危険性等の通知の促進に関する指針	安衛則 24の13, 28, 29, 85, 86, 104, 110	◎安衛則 28, 29	
原動機	原動機	原動機	安衛則 101					
動力機械	動力伝導機構	動力伝導機構（回転軸、歯車、プーリー、ベルト等）	安衛則 25, 101, 102				○安衛則 150 高速回転体の非破壊検査	
	木材加工用機械	丸のこ盤	安衛則 122, 123	木工加工用丸のこ盤並びにその反ぱつ予防装置及び歯の接触予防装置の構造規格	丸のこ盤の構造、使用等に関する安全上のガイドライン	安衛則 129, 130		
		帯のこ盤	安衛則 124, 125		帯のこ盤及び自動送材車の構造、使用等に関する安全上のガイドライン	安衛則 128, 129, 130		
		かんな盤	安衛則 126	手押しかんな盤及び歯の接触予防装置の構造規格	手押しかんな盤等の構造、使用等に関する安全上のガイドライン	安衛則 129, 130		
		面取り盤、ルーター	安衛則 127		面取り盤の構造、使用等に関する安全上のガイドライン	安衛則 111, 127, 129, 130		

大分類	中分類	機械	安衛則（使用）	規格・構造規格	ガイドライン・作業指針	安衛則（作業）	安衛則（定期自主検査）	定期自主検査指針
動力機械	木材加工用機械	チェーンソー	安衛則 152, 172, 178-183	チェーンソーの規格	イドライン ルーターの構造、使用等に関する安全上のガイドライン イドライン チェーンソー取扱いの作業指針	安衛則 36		
	建設機械等	基礎工事用機械	安衛則 152, 153	車両系建設機械構造規格		安衛則 173-177, 184-191, 193-194の3	◎安衛則 167-169の2 ○安衛則 170, 192	車両系建設機械の定期自主検査指針
		整地・運搬・積込み用機械				安衛則 363-365		
		掘削用機械				安衛則 355, 358-367		
		締固め用機械				安衛則 36, 41, 154-166, 166の2-166の4		
		解体用機械				安衛則 171の4, 171の5, 171の6, 517の14-517の19 コンクリート破砕器（安衛則321の2-321の4）	◎安衛則 167-169の2 ○安衛則 170	
		コンクリートポンプ車				安衛則 171の2, 171の3		
		高所作業車	安衛則 194の8	高所作業車構造規格		安衛則 36, 41, 194の9-194の22	◎安衛則 194の23-194の26 ○安衛則 194の27	高所作業車の定期自主検査指針

大分類	中分類	機械名	安衛則	構造規格	指針・ガイドライン	安衛則	点検関連	検査指針
動力機械	金属加工用機械	シャッキ式つり上げ機械	安衛則 194の4			安衛則 36, 194の5-194の7		
		金属加工用機械全般	安衛則 114, 115		工作機械の構造の安全基準に関する技術上の指針／工作機械等の制御機構のフェールセーフ化に関するガイドライン	安衛則 111, 116		
		旋盤	安衛則 113			安衛則 116		
		研削盤、バフ盤	安衛則 106, 117, 121	研削盤等構造規格		安衛則 36, 111, 116, 118-120		
		プレス機械	安衛則 131（附則 25 の 2「当分の間規定」）	動力プレス機械構造規格／プレス・シャーの安全装置構造規格	プレス機械の金型の安全型の安全基準に関する技術上の指針／足踏み操作式ポジティブプッシュチブプレスを両手押しボタン操作式のものに切り換えるためのガイドライン	安衛則 36, 88, 131 の 2-134 の 2	◎安衛則 134 の 3, 135 の 2, 135 の 3／○安衛則 136	動力プレスの定期自主検査指針
		シャー（布または紙の断裁機を含む）	安衛則 131	プレス・シャーの安全装置構造規格		安衛則 132	◎安衛則 135, 135 の 2／○安衛則 136	
	一般動力機械	遠心機械	安衛則 138, 149, 150			安衛則 139, 140	◎動力遠心機械（安衛則 141）	
		混合機、粉砕機	安衛則 142			安衛則 143		
		ロール機	安衛則 144	ゴム・ゴム化合物・合成樹脂を練るロール機及び急停止装置の構造規格				
		織機等	安衛則 145					

分類		機械	安衛則	ガイドライン等	安衛則	◎安衛則
動力機械	一般動力機械	伸線機、より線機	安衛則 146			
		射出成形機	安衛則 147			
		扇風機	安衛則 148			
		食品加工用機械	安衛則 101, 107, 108, 130の2, 130の5, 130の8, 130の9	食品加工用機械の労働災害防止対策ガイドライン／食品包装機械の労働災害防止対策ガイドライン	安衛則 130の3, 130の4, 130の6, 130の7	
		印刷用機械	安衛則 144			
		産業用ロボット	安衛則 150の3-150の5	産業用ロボットの使用等の安全基準に関する技術上の指針	安衛則 36	◎安衛則 151
	車両系木材伐出機械	伐木等機械	安衛則 151の85-87, 151の93			◎安衛則 151の108, 151の109／◎安衛則 151の110
		走行集材機械	安衛則 151の85-87, 151の93		安衛則 151の114, 151の115, 151の120, 151の121	◎安衛則 151の108, 151の109／◎安衛則 151の110
		架線集材機械	安衛則 151の85-87, 151の93		安衛則 151の114, 151の115, 151の120, 151の121	◎安衛則 151の108, 151の109／◎安衛則 151の110
	機械集材装置等	簡易架線集材装置	安衛則 151の155-163		安衛則 151の152-154, 151の163-170, 151の172-174	◎安衛則 151の171
		運材装置	安衛則151の129-139		安衛則151の124-125, 151の134-135, 151の140-145, 151の149-150	◎安衛則 151の146

大分類	中分類	機械名		構造規格				指針
物上げ装置・運搬機械	動力クレーン等	クレーン	クレーン則 13-15	クレーン構造規格 クレーン又は移動式クレーンの過負荷防止装置構造規格		安衛則 41, 452, 456, 459-463 クレーン則 5, 11, 12, 16-33	○クレーン則 34, 35, 38 ☆クレーン則 40-42 ○クレーン則 36, 37	天井クレーンの定期自主検査指針（クレーン則第 34 条に係るもの） 天井クレーンの定期自主検査指針（クレーン則第 35 条に係るもの）
		移動式クレーン		移動式クレーン構造規格 クレーン又は移動式クレーンの過負荷防止装置構造規格		安衛則 41, 452, 456, 459-463 クレーン則 61-75の2	○クレーン則 76, 77, 79 ☆クレーン則 81-83 ○クレーン則 78	移動式クレーンの定期自主検査指針
		デリック		デリック構造規格		安衛則 41, 452, 456, 459-463 クレーン則 96, 101-118	○クレーン則 119, 120, 123 ☆クレーン則 125-127 ○クレーン則 121, 122	
		エレベーター・リフト		エレベーター構造規格 建設用リフト構造規格 簡易リフト構造規格		エレベーター（クレーン則140, 145-153） 建設用リフト（クレーン則174, 180-191） 簡易リフト（クレーン則202-207）	エレベーター（○クレーン則 154, 155, 157 ☆クレーン則 159-161 ○クレーン則 156）, 建設用リフト（◎クレーン則 192, 195 ☆クレーン則 175, 176 ○クレーン則 193, 194）, 簡易リフト（◎クレーン則 208, 209, 211 ○クレーン則 210）	エレベーターの定期自主検査指針
		揚貨装置			可搬式ゴンドラの設置の安全基準に関する技術上の指針	安衛則 36, 41, 452, 453, 456, 459-463, 466-476	○安衛則 465	
		ゴンドラ	ゴンドラ則 11	ゴンドラ構造規格		コンドラ則 10, 12-20	○コンドラ則 21 ☆コンドラ則 24-26 ○コンドラ則 22	ゴンドラの定期自主検査指針

分類	機械	安衛則（構造等）	規格・指針	安衛則（作業等）	定期自主検査（安衛則）	定期自主検査指針
物上げ装置・運搬機械	機械集材装置、運材索道	安衛則 499, 502-504		安衛則 36, 88, 498, 500-501, 505-510, 512-517	○安衛則 511	
（運搬機械／動力運搬機）	トラック	安衛則 151の65		安衛則 151の3-151の12, 151の14, 151の15, 151の66-151の74	○安衛則 151の75	
	フォークリフト	安衛則 151の16-18	フォークリフト構造規格	安衛則 36, 41, 151の3-151の15, 151の19, 151の20	◎安衛則 151の21-24　○安衛則 151の25	フォークリフトの定期自主検査指針（安衛則第151条の21に係るもの）　フォークリフトの定期自主検査指針（安衛則151条の22に係るもの）
	軌道装置	安衛則 196-215, 218		安衛則 88, 216, 217, 219-227	◎安衛則 228-231　○安衛則 232	
	コンベヤ	安衛則 151の77-80	コンベヤの安全基準に関する技術上の指針	安衛則 151の81	○安衛則 151の82	
	ショベルローダー、フォークローダー	安衛則 151の27-28	ショベルローダー等構造規格	安衛則 36, 41, 151の3-151の15, 151の29, 151の30	◎安衛則 151の31-33　○安衛則 151の34	ショベルローダー等の定期自主検査指針
	ストラドルキャリヤー	安衛則 151の36	ストラドルキャリヤー構造規格	安衛則 151の3-151の15, 151の37	◎安衛則 151の38-40　○安衛則 151の41	
	不整地運搬車	安衛則 151の43, 45	不整地運搬車構造規格	安衛則 36, 41, 151の3-151の12, 151の14, 151の15, 151の44, 151の46-151の52	◎安衛則 151の53-56　○安衛則 151の57	不整地運搬車の定期自主検査指針
	構内運搬車	安衛則 151の59, 60		安衛則 151の3-151の15, 151の61-151の62	○安衛則 151の63	

分類		設置等	構造規格	指針	条文	◎○☆	検査指針
その他装置	ボイラー・圧力容器等	ボイラー則 18-22, 61	ボイラー構造規格 圧力容器構造規格 小型ボイラー及び小型圧力容器構造規格 簡易ボイラー等構造規格	ボイラーの低水位による事故の防止に関する技術上の指針 油炊きボイラー及びガス炊きボイラーの燃焼設備の構造及び管理に関する技術上の指針	ボイラー（ボイラー則 10, 16, 23-31, 34, 35, 41, 92）、第一種圧力容器（ボイラー則 56, 62-66, 69, 70）、第二種圧力容器（ボイラー則 86, 87）、小型ボイラー・小型圧力容器（ボイラー則 92, 93）	◎ボイラー、圧力容器、小型ボイラー及び小型圧力容器（ボイラー則 32, 67, 88, 94）☆ボイラー（ボイラー則 38, 40）、第一種圧力容器（ボイラー則 59, 73, 75）	ボイラーの定期自主検査指針 ボイラーの低水位による事故の防止に関する技術上の指針
	化学設備	安衛則 268-273の5, 278		化学設備の非定常作業における安全衛生対策のためのガイドライン	安衛則 36, 88, 256-260, 274-275の2, 279	◎安衛則 276 ○安衛則 277	化学設備等定期自主検査指針
	ガス溶接装置	安衛則 301-311	アセチレン溶接装置のアセチレン発生器構造規格、アセチレン溶接装置の安全器及びガス集合溶接装置の安全器の規格		安衛則 41, 88, 263, 301, 312-316, 389の3-389の5	◎安衛則 317	
	アーク溶接装置	安衛則 331-334	交流アーク溶接機用自動電撃防止装置構造規格	交流アーク溶接機用自動電撃防止装置の接続及び使用の安全基準に関する技術上の指針	安衛則 36, 325, 328の3, 389の4, 389の5		
	電気設備	安衛則 280-282, 329, 330, 334, 336, 337	絶縁用保護具等の規格、電気機械器具防爆構造規格	感電防止用漏電しゃ断装置の接続及び使用の安全基準に関する技術上の指針	安衛則 36, 335, 338-350	◎電気機械器具等（安衛則 284, 352, 353）	
	乾燥設備	安衛則 293-295			安衛則 88, 296-298	◎安衛則 299	

略称一覧　安衛則＝労働安全衛生規則、クレーン則＝クレーン等安全規則、ゴンドラ則＝ゴンドラ安全規則、ボイラー則＝ボイラー及び圧力容器安全規則

239

資料7　主な危険物の性状一覧

1　爆発性の危険物

物質名	分解温度（℃）	安定性	反応性	混触危険物質
アジ化ナトリウム	275以下	融点（275℃）以上に、特に急速に加熱すると爆発することがあり、火災や爆発の危険をもたらす。	銅、鉛、銀、水銀、二硫化水素と反応し、特に衝撃に敏感な化合物を生成する。酸と反応し、有毒で爆発性のアジ化水素を生成する。	銅、鉛、銀、水銀、二硫化水素、酸
過酢酸	（発火点200）	衝撃、摩擦、または振動を加えると、爆発的に分解することがある。加熱すると爆発することがある。	強力な酸化剤であり、可燃性物質や還元性物質と激しく反応する。弱酸である。アルミニウムなど多くの金属を侵す。	可燃性物質、還元性物質、アルミニウムなど多くの金属
過酸化ベンゾイル	103〜105	衝撃、摩擦、または振動を加えると、爆発的に分解することがある。103〜105℃以上で加熱すると、爆発することがある。	強力な酸化剤であり、可燃性物質や還元性物質と激しく反応する。多くの有機および無機酸、アルコール、アミンと激しく反応して、火災や爆発の危険をもたらす。	可燃性物質、還元性物質、多くの有機および無機酸、アルコール、アミン
トリニトロトルエン	240	衝撃、摩擦、または振動を加えると、爆発的に分解することがある。240℃に加熱すると爆発する。加熱すると、有毒なフュームを生じる。	多くの化学物質と激しく反応し、火災や爆発の危険をもたらす。	多くの化学物質
トリニトロベンゼン	―	衝撃を与えられたり、熱に曝されたりすると激しい爆発の危険性がある。熱に不安定である。	加熱分解し、NOxのきわめて毒性の高いガスを発し、爆発する。還元物質と激しく反応。	還元剤、重金属、その塩類
ニトログリコール	114で爆発	加熱すると、激しく燃焼または爆発し、有毒なフューム（窒素酸化物）を生じることがある。衝撃、摩擦または振動を加えると、爆発的に分解することがある。	酸と反応する。ゆっくりと水と反応してエチレングリコールと硝酸を生じる。	酸、塩基

物質名	分解温度 (℃)	安定性	反応性	混触危険物質
ニトログリセリン	218以下	加熱すると、激しく燃焼または爆発することがある。衝撃、摩擦、または振動を加えると、爆発的に分解することがある。	燃焼すると、窒素酸化物を含む有毒なフュームを生成する。オゾンと反応し、爆発の危険をもたらす。少量の酸があると分解する。	オゾン、塩素酸ナトリウム、過酸化水素、酸類、有機溶剤
ニトロセルロース	—	乾燥すると自然発火する。	燃焼すると急速に分解し、窒素酸化物を生成し、火災や爆発の危険をもたらす。	酸化剤、塩基、酸
ピクリン酸	300	衝撃、摩擦、または振動を加えると、爆発的に分解することがある。加熱すると、爆発することがある。	金属、とくに銅、鉛、水銀、亜鉛により、衝撃に敏感な化合物を生じる。酸化剤、還元剤と激しく反応する。	酸化剤、還元剤、金属
メチルエチルケトンパーオキサイド	>80	加熱すると、激しく燃焼または爆発することがある。40℃以上で分解が促進され、80〜100℃で激しく発泡分解する。110℃を超えると白煙を発生し、分解ガスに異物が触れると爆発する。	燃焼すると、有毒で腐食性の気体を生成する。この物質は強力な酸化剤であり、可燃性物質や還元性物質、アミン、金属、強酸、強塩基と激しく反応し、火災や爆発の危険をもたらす。	可燃性物質、還元性物質、アミン、金属、強酸、強塩基

2　発火性の危険物

物質名	分解温度 (℃)	安定性	反応性	混触危険物質
亜二チオン酸ナトリウム	100	100℃を超えて加熱すると分解し、イオウ酸化物を含む有毒なフュームを生じる。	この物質は強力な還元剤であり、酸化剤と反応する。酸と接触すると分解し、有毒なガスを生じる。酸の影響下で水、水蒸気、湿った空気と接触すると自然発火を起こす。	酸化剤
アルミニウム粉	(発火点590)	粉末や顆粒状で空気と混合すると、粉じん爆発の可能性あり。	酸化剤、強酸、塩素化炭化水素、水、アルコールと反応して火災や爆発の危険。	酸化剤、強酸、塩素化炭化水素、水、アルコール

黄りん	（発火点30)	空気に触れると自然発火し、有毒なフューム（リン酸化物）を生じることがある。	酸化剤、ハロゲン、イオウと激しく反応し、火災や爆発の危険をもたらす。強塩基と反応し、有毒な気体（ホスフィン）を生成する。	酸化剤、ハロゲン、イオウ、強塩基
金属「カリウム」		空気、水分の影響下で急速に分解し、引火性/爆発性の気体（水素）を生成する。	水と激しく反応し、火災や爆発の危険をもたらす。酸、ハロゲン、水と接触すると、火災や爆発の危険性がある。	水、二酸化炭素、四塩化炭素、ハロゲン、酸類
金属「ナトリウム」		空気、水分の影響下で急速に分解し、引火性/爆発性の気体（水素）を生成する。	水と激しく反応し、火災や爆発の危険をもたらす。酸、ハロゲン、水と接触すると、火災や爆発の危険性がある。	水、二酸化炭素、四塩化炭素、ハロゲン、ハロゲン化合物、硝酸、硫酸、塩酸、塩化水素、アンモニア、塩化第二鉄、銅、水銀
金属「リチウム」	（発火点179)	微粒子状に分散した場合、空気に触れると自然発火のおそれ。加熱すると激しく燃焼または爆発のおそれ。	強酸化剤、酸のほか多くの化合物と激しく反応。水と激しく反応	強酸化剤、酸、可燃性物質、その他多くの化合物
五硫化りん	（発火点142)	粉末や顆粒状で空気と混合すると、粉じん爆発の可能性がある。衝撃、摩擦、または振動を加えると、爆発的に分解することがある。	水、酸と激しく反応し、硫化水素、リン酸を生成し、火災や爆発の危険をもたらす。塩基、有機物、強力な酸化剤と反応する。	塩基、有機物、酸化剤、水
赤りん	発火点260、416で昇華	粉じんまたは粉末が舞い上がるとき、発火しやすい粉じん・空気混合物が生じる。強く加熱される場合（周辺火災等）260℃から発火が起こる。発火は衝撃または摩擦によっても起こりうる。	酸素に富む物質（強酸化剤）および有機物質と接触または混合すると反応する。	塩素酸塩、硝酸塩、過塩素酸塩、過マンガン酸塩と爆発性の混合物を作る。

セルロイド類	（発火点165）	極めて燃えやすく酸素の供給がなくとも燃焼は持続する。古いセルロイドは熱分解が進み自然発火しやすい。145℃で白煙を発生し、引火する。	加熱により容器が爆発する。燃焼により有毒ガスを発生する。	
炭化カルシウム	－	湿気や水と接触すると激しく分解し、引火性および爆発性の高いアセチレンガスを生じ、火災および爆発の危険をもたらす。	硝酸銀や銅塩により、衝撃に敏感な化合物を生じる。塩素、臭素、ヨウ素、塩化水素、鉛、フッ化マグネシウム、過酸化ナトリウム、イオウと反応し、火災および爆発の危険をもたらす。塩化鉄（Ⅲ）、酸化鉄（Ⅲ）、塩化スズ（Ⅱ）との混合物は発火しやすく、激しく燃焼する。	硝酸銀、銅塩、塩素、臭素、ヨウ素、塩化水素、鉛、フッ化マグネシウム、過酸化ナトリウム、イオウ、塩化鉄（Ⅲ）、酸化鉄（Ⅲ）、塩化スズ（Ⅱ）
マグネシウム粉	（発火点473）	空気や湿気に触れると自然発火し、刺激性もしくは有毒なフュームを生成することがある。	強力な酸化剤と激しく反応する。多くの物質と激しく反応し、火災および爆発の危険をもたらす。酸、水と反応し、引火性の水素ガスを生成し、火災および爆発の危険をもたらす。	強酸化剤、酸、水、その他多くの物質
リン化石灰	－	酸、水、湿った空気と激しく反応してホスフィンを生成し、火災や毒性の危険をもたらす。	強酸化剤と激しく反応し、火災や爆発の危険をもたらす。	酸、水、強酸化剤

3 酸化性の危険物

物質名	分解温度 (℃)	安定性	反応性	混触危険物質
亜塩素酸ナトリウム	180～200 以下	200℃に加熱すると分解し、有毒で腐食性のフュームを生じ、火災や爆発の危険をもたらす。	強力な酸化剤であり、可燃性物質や還元性物質と激しく反応する。酸、アンモニア化合物、リン、硫黄、ジチオン酸ナトリウムと激しく反応し、爆発の危険をもたらす。	可燃性物質、還元性物質、酸
塩素酸アンモニウム	—	100℃以上に加熱されると分解して爆発する場合がある。	可燃物と混ぜると発火するおそれがある。強酸、強還元剤に接触すると、発火・爆発のおそれがある。	可燃物、強酸、強還元剤
塩素酸カリウム	400以下	400℃以上に加熱、強酸との接触により分解し、有毒なフューム（二酸化塩素、塩素など）や酸素を生成する。	強力な酸化剤であり、可燃性物質や還元性物質と激しく反応し、火災や爆発の危険をもたらす。水の存在下で、多くの金属を侵す。	有機物、還元性物質、金属粉末、アンモニア化合物
塩素酸ナトリウム	約300	300℃以上に加熱すると分解し、火災の危険性を増大させる酸素や有毒なフューム（塩素）を生じる。	強力な酸化剤であり、可燃性物質や還元性物質と激しく反応し、火災や爆発の危険をもたらす。多くの有機物と反応し、衝撃に敏感な混合物を生成し、爆発の危険をもたらす。	可燃性物質、還元性物質、有機物
過塩素酸アンモニウム	>200	衝撃、摩擦、振動を加える、および加熱すると爆発的に分解することがある。	強力な酸化剤であり、可燃性物質、還元性物質、金属と激しく反応し、有毒で腐食性のフューム（アンモニア、塩化水素など）を生成し、火災や爆発の危険をもたらす。	可燃性物質、還元性物質、有機物

過塩素酸カリウム	400	加熱すると分解し、有毒で腐食性のフューム（塩素、塩素酸化物）を生じる。	強力な酸化剤であり、可燃性物質や還元性物質と反応し、火災や爆発の危険をもたらす。有機物が混じると、衝撃に敏感になる。	可燃性物質、還元性物質、有機物
過塩素酸ナトリウム	482	加熱すると分解し、有毒なフューム（塩素、塩素酸化物）を生じる。	強力な酸化剤であり、可燃性物質や還元性物質と反応し、火災および爆発の危険をもたらす。有機物が混じると、衝撃に敏感になる。	可燃性物質、還元性物質、有機物
過酸化カリウム	－	水と激しく反応して水酸化カリウム溶液、過酸化水素と酸素を生じる。		
過酸化ナトリウム	－	水と反応し、火災の危険をもたらす。	有機物、金属粉末と反応し、爆発の危険をもたらす。この物質は強力な酸化剤であり、可燃性物質や還元性物質と激しく反応する。	有機物、金属粉末、可燃性物質、還元性物質
過酸化バリウム	800 以下	加熱、あるいは水や酸と接触すると分解し、酸素、過酸化水素を生じて、火災の危険性を増大させる。	強力な酸化剤であり、可燃性物質や還元性物質と激しく反応する。	可燃性物質、還元性物質
次亜塩素酸カルシウム	100	175℃以上への加熱、酸との接触により急速に分解し、塩素、酸素を生じ、火災や爆発の危険をもたらす。	強力な酸化剤であり、可燃性物質や還元性物質と激しく反応する。アンモニア、アミン、窒素化合物他多くの物質と激しく反応し、爆発の危険をもたらす。	可燃性物質、還元性物質、アンモニア、アミン、窒素化合物
硝酸アンモニウム	210 以下	加熱すると、激しく燃焼または爆発することがある。	加熱や燃焼により分解し、有毒なフューム（窒素酸化物）を生じる。強力な酸化剤であり、可燃性物質や還元性物質と反応する。	可燃性物質、還元性物質

関係資料

硝酸カリウム	400以下	加熱や燃焼により分解して窒素酸化物、酸素を生じ、火災の危険性を増大させる。	強力な酸化剤であり、可燃性物質や還元性物質と反応する。	可燃性物質、還元性物質
硝酸ナトリウム	380	加熱により分解して窒素酸化物、酸素を生じ、火災の危険性を増大させる。	強力な酸化剤で、可燃性や還元性の物質と反応し、火災や爆発の危険をもたらす。	可燃性物質、還元性物質

4　引火性の危険物

物質名	引火点（℃）	爆発限界（容量%）	発火点（℃）	蒸気密度（空気=1）
アセトアルデヒド	−38（密閉式）	4〜60	185	1.5
アセトン	−18（密閉式）	2.2〜13	465	2.0
イソペンチルアルコール	45（密閉式）55（開放式）	1.2〜9	350	3.0
エタノール	13（密閉式）	3.3〜19	363	1.6
エチルエーテル	−45（密閉式）	1.7〜48	160〜180	2.6
エチレンオキシド	−29（密閉式）	3〜100（空気中）	429	1.5
ガソリン	<−21	1.3〜7.1	約250	3〜4
m−キシレン	27（密閉式）	1.1〜7.0（空気中）	527	3.7
o−キシレン	32（密閉式）	0.9〜6.7（空気中）	463	3.7
p−キシレン	27（密閉式）	1.1〜7.0（空気中）	528	3.7
軽油（ディーゼル燃料油No.1）	21〜55	0.7〜5	177〜329	7
酢酸	39（密閉式）	6.0〜17	485	2.1
酢酸ノルマル−ペンチル	25（密閉式）	1.1〜7.5（空気中）	360	4.5
酸化プロピレン	−37（密閉式）	1.9〜36.3（空気中）	430	2.0
テレビン油	30〜46（密閉式）	0.8〜6（空気中）	220〜255	4.6〜4.8
灯油	37〜65	0.7〜5	220	4.5
二硫化炭素	−30（開放式）	1〜50	90	2.63
ノルマルヘキサン	−22（密閉式）	1.1〜7.5（空気中）	225	3.0
ベンゼン	−11（密閉式）	1.2〜8.0（空気中）	498	2.7

| メタノール | 12（密閉式） | 5.5〜44 | 464 | 1.1 |
| メチルエチルケトン | −9（密閉式） | 1.8〜11.5（空気中） | 505 | 2.41 |

5　可燃性のガス

物質名	爆発限界（容量%）	発火点（℃）	蒸気密度（空気＝1）
アセチレン	2.5〜100	305	0.907
エタン	3.0〜12.5	472	1.05
エチレン	2.7〜36	490	0.98
水素	4〜76（空気中）	500〜571	0.07
ブタン	1.8〜8.4	365	2.1
プロパン	2.1〜9.5（空気中）	450	1.6
メタン	5〜15	537	0.6

資料：「GHS モデルラベル・SDS 情報」（職場のあんぜんサイト）
　　　「国際化学物質安全性カード─日本語版─」（国立医薬品食品衛生研究所）

関係資料

資料8　労働安全衛生マネジメントシステムに関する指針

（平成11年4月30日労働省告示第53号。最終改正：令和元年7月1日
厚生労働省告示第54号）

（目的）

第1条　この指針は、事業者が労働者の協力の下に一連の過程を定めて継続的に行う
自主的な安全衛生活動を促進することにより、労働災害の防止を図るとともに、労
働者の健康の増進及び快適な職場環境の形成の促進を図り、もって事業場における
安全衛生の水準の向上に資することを目的とする。

第2条　この指針は、労働安全衛生法（昭和47年法律第57号。以下「法」という。）
の規定に基づき機械、設備、化学物質等による危険又は健康障害を防止するため事
業者が講ずべき具体的な措置を定めるものではない。

（定義）

第3条　この指針において次の各号に掲げる用語の意義は、それぞれ当該各号に定め
るところによる。

　　1　労働安全衛生マネジメントシステム　事業場において、次に掲げる事項を体系
　　的かつ継続的に実施する安全衛生管理に係る一連の自主的活動に関する仕組みで
　　あって、生産管理等事業実施に係る管理と一体となって運用されるものをいう。
　　　イ　安全衛生に関する方針（以下「安全衛生方針」という。）の表明
　　　ロ　危険性又は有害性等の調査及びその結果に基づき講ずる措置
　　　ハ　安全衛生に関する目標（以下「安全衛生目標」という。）の設定
　　　ニ　安全衛生に関する計画（以下「安全衛生計画」という。）の作成、実施、評
　　　価及び改善
　　2　システム監査　労働安全衛生マネジメントシステムに従って行う措置が適切に
　　実施されているかどうかについて、安全衛生計画の期間を考慮して事業者が行う
　　調査及び評価をいう。

（適用）

第4条　労働安全衛生マネジメントシステムに従って行う措置は、事業場又は法人が
同一である2以上の事業場を一の単位として実施することを基本とする。ただし、

建設業に属する事業の仕事を行う事業者については、当該仕事の請負契約を締結している事業場及び当該事業場において締結した請負契約に係る仕事を行う事業場を併せて一の単位として実施することを基本とする。

（安全衛生方針の表明）

第5条　事業者は、安全衛生方針を表明し、労働者及び関係請負人その他の関係者に周知させるものとする。

②　安全衛生方針は、事業場における安全衛生水準の向上を図るための安全衛生に関する基本的考え方を示すものであり、次の事項を含むものとする。

　1　労働災害の防止を図ること。

　2　労働者の協力の下に、安全衛生活動を実施すること。

　3　法又はこれに基づく命令、事業場において定めた安全衛生に関する規程（以下「事業場安全衛生規程」という。）等を遵守すること。

　4　労働安全衛生マネジメントシステムに従って行う措置を適切に実施すること。

（労働者の意見の反映）

第6条　事業者は、安全衛生目標の設定並びに安全衛生計画の作成、実施、評価及び改善に当たり、安全衛生委員会等（安全衛生委員会、安全委員会又は衛生委員会をいう。以下同じ。）の活用等労働者の意見を反映する手順を定めるとともに、この手順に基づき、労働者の意見を反映するものとする。

（体制の整備）

第7条　事業者は、労働安全衛生マネジメントシステムに従って行う措置を適切に実施する体制を整備するため、次の事項を行うものとする。

　1　システム各級管理者（事業場においてその事業の実施を統括管理する者（法人が同一である二以上の事業場を一の単位として労働安全衛生マネジメントシステムに従って行う措置を実施する場合には、当該単位においてその事業の実施を統括管理する者を含む。）及び製造、建設、運送、サービス等の事業実施部門、安全衛生部門等における部長、課長、係長、職長等の管理者又は監督者であって、労働安全衛生マネジメントシステムを担当するものをいう。以下同じ。）の役割、責任及び権限を定めるとともに、労働者及び関係請負人その他の関係者に周知させること。

2　システム各級管理者を指名すること。

3　労働安全衛生マネジメントシステムに係る人材及び予算を確保するよう努めること。

4　労働者に対して労働安全衛生マネジメントシステムに関する教育を行うこと。

5　労働安全衛生マネジメントシステムに従って行う措置の実施に当たり、安全衛生委員会等を活用すること。

（明文化）

第8条　事業者は、次の事項を文書により定めるものとする。

1　安全衛生方針

2　労働安全衛生マネジメントシステムに従って行う措置の実施の単位

3　システム各級管理者の役割、責任及び権限

4　安全衛生目標

5　安全衛生計画

6　第6条、次項、第10条、第13条、第15条第1項、第16条及び第17条第1項の規定に基づき定められた手順

②　事業者は、前項の文書を管理する手順を定めるとともに、この手順に基づき、当該文書を管理するものとする。

（記録）

第9条　事業者は、安全衛生計画の実施状況、システム監査の結果等労働安全衛生マネジメントシステムに従って行う措置の実施に関し必要な事項を記録するとともに、当該記録を保管するものとする。

（危険性又は有害性等の調査及び実施事項の決定）

第10条　事業者は、法第28条の2第2項に基づく指針及び法第57条の3第3項に基づく指針に従って危険性又は有害性等を調査する手順を定めるとともに、この手順に基づき、危険性又は有害性等を調査するものとする。

②　事業者は、法又はこれに基づく命令、事業場安全衛生規程等に基づき実施すべき事項及び前項の調査の結果に基づき労働者の危険又は健康障害を防止するため必要な措置を決定する手順を定めるとともに、この手順に基づき、実施する措置を決定するものとする。

（安全衛生目標の設定）

第 11 条　事業者は、安全衛生方針に基づき、次に掲げる事項を踏まえ、安全衛生目標を設定し、当該目標において一定期間に達成すべき到達点を明らかとするとともに、当該目標を労働者及び関係請負人その他の関係者に周知するものとする。

　　1　前条第 1 項の規定による調査結果

　　2　過去の安全衛生目標の達成状況

（安全衛生計画の作成）

第 12 条　事業者は、安全衛生目標を達成するため、事業場における危険性又は有害性等の調査の結果等に基づき、一定の期間を限り、安全衛生計画を作成するものとする。

②　安全衛生計画は、安全衛生目標を達成するための具体的な実施事項、日程等について定めるものであり、次の事項を含むものとする。

　　1　第 10 条第 2 項の規定により決定された措置の内容及び実施時期に関する事項

　　2　日常的な安全衛生活動の実施に関する事項

　　3　健康の保持増進のための活動の実施に関する事項

　　4　安全衛生教育及び健康教育の内容及び実施時期に関する事項

　　5　関係請負人に対する措置の内容及び実施時期に関する事項

　　6　安全衛生計画の期間に関する事項

　　7　安全衛生計画の見直しに関する事項

（安全衛生計画の実施等）

第 13 条　事業者は、安全衛生計画を適切かつ継続的に実施する手順を定めるとともに、この手順に基づき、安全衛生計画を適切かつ継続的に実施するものとする。

②　事業者は、安全衛生計画を適切かつ継続的に実施するために必要な事項について労働者及び関係請負人その他の関係者に周知させる手順を定めるとともに、この手順に基づき、安全衛生計画を適切かつ継続的に実施するために必要な事項をこれらの者に周知させるものとする。

（緊急事態への対応）

第 14 条　事業者は、あらかじめ、労働災害発生の急迫した危険がある状態（以下「緊

急事態」という。）が生ずる可能性を評価し、緊急事態が発生した場合に労働災害を防止するための措置を定めるとともに、これに基づき適切に対応するものとする。

（日常的な点検、改善等）

第15条　事業者は、安全衛生計画の実施状況等の日常的な点検及び改善を実施する手順を定めるとともに、この手順に基づき、安全衛生計画の実施状況等の日常的な点検及び改善を実施するものとする。

②　事業者は、次回の安全衛生計画を作成するに当たって、前項の日常的な点検及び改善並びに次条の調査等の結果を反映するものとする。

（労働災害発生原因の調査等）

第16条　事業者は、労働災害、事故等が発生した場合におけるこれらの原因の調査並びに問題点の把握及び改善を実施する手順を定めるとともに、労働災害、事故等が発生した場合には、この手順に基づき、これらの原因の調査並びに問題点の把握及び改善を実施するものとする。

（システム監査）

第17条　事業者は、定期的なシステム監査の計画を作成し、第5条から前条までに規定する事項についてシステム監査を適切に実施する手順を定めるとともに、この手順に基づき、システム監査を適切に実施するものとする。

②　事業者は、前項のシステム監査の結果、必要があると認めるときは、労働安全衛生マネジメントシステムに従って行う措置の実施について改善を行うものとする。

（労働安全衛生マネジメントシステムの見直し）

第18条　事業者は、前条第1項のシステム監査の結果を踏まえ、定期的に、労働安全衛生マネジメントシステムの妥当性及び有効性を確保するため、安全衛生方針の見直し、この指針に基づき定められた手順の見直し等労働衛生マネジメントシステムの全般的な見直しを行うものとする。

（参考）

労働安全衛生マネジメントシステムの概要（流れ図）

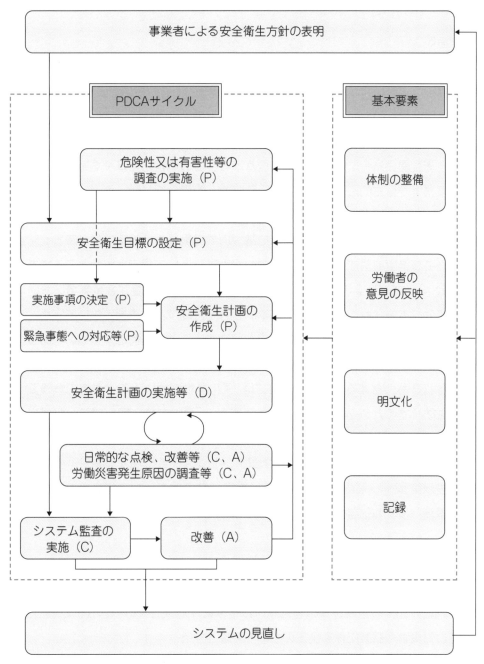

事業者による安全衛生方針の表明

PDCAサイクル

基本要素

危険性又は有害性等の
調査の実施（P）

安全衛生目標の設定（P）

実施事項の決定（P）

緊急事態への対応等（P）

安全衛生計画の
作成（P）

安全衛生計画の実施等（D）

日常的な点検、改善等（C、A）
労働災害発生原因の調査等（C、A）

システム監査の
実施（C）

改善（A）

体制の整備

労働者の
意見の反映

明文化

記録

システムの見直し

資料 9　危険性又は有害性等の調査等に関する指針

（平成 18 年 3 月 10 日　危険性又は有害性等の調査等に関する指針公示第 1 号）

1　趣旨等

　生産工程の多様化・複雑化が進展するとともに、新たな機械設備・化学物質が導入されていること等により、労働災害の原因が多様化し、その把握が困難になっている。

　このような現状において、事業場の安全衛生水準の向上を図っていくため、労働安全衛生法（昭和 47 年法律第 57 号。以下「法」という。）第 28 条の 2 第 1 項において、労働安全衛生関係法令に規定される最低基準としての危害防止基準を遵守するだけでなく、事業者が自主的に個々の事業場の建設物、設備、原材料、ガス、蒸気、粉じん等による、又は作業行動その他業務に起因する危険性又は有害性等の調査（以下単に「調査」という。）を実施し、その結果に基づいて労働者の危険又は健康障害を防止するため必要な措置を講ずることが事業者の努力義務として規定されたところである。

　本指針は、法第 28 条の 2 第 2 項の規定に基づき、当該措置が各事業場において適切かつ有効に実施されるよう、その基本的な考え方及び実施事項について定め、事業者による自主的な安全衛生活動への取組を促進することを目的とするものである。

　また、本指針を踏まえ、特定の危険性又は有害性の種類等に関する詳細な指針が別途策定されるものとする。詳細な指針には、「化学物質等による労働者の危険又は健康障害を防止するため必要な措置に関する指針」、機械安全に関して厚生労働省労働基準局長の定めるものが含まれる。

　なお、本指針は、「労働安全衛生マネジメントシステムに関する指針」（平成 11 年労働省告示第 53 号）に定める危険性又は有害性等の調査及び実施事項の特定の具体的実施事項としても位置付けられるものである。

2　適用

　本指針は、建設物、設備、原材料、ガス、蒸気、粉じん等による、又は作業行動その他業務に起因する危険性又は有害性（以下単に「危険性又は有害性」という。）であって、労働者の就業に係る全てのものを対象とする。

3　実施内容

　事業者は、調査及びその結果に基づく措置（以下「調査等」という。）として、次に掲げる事項を実施するものとする。

(1)　労働者の就業に係る危険性又は有害性の特定

(2)　(1) により特定された危険性又は有害性によって生ずるおそれのある負傷又は疾病の重篤度及び発生する可能性の度合（以下「リスク」という。）の見積り

(3)　(2) の見積りに基づくリスクを低減するための優先度の設定及びリスクを低減するための措置（以下「リスク低減措置」という。）内容の検討

(4)　(3) の優先度に対応したリスク低減措置の実施

4　実施体制等

(1)　事業者は、次に掲げる体制で調査等を実施するものとする。

ア　総括安全衛生管理者等、事業の実施を統括管理する者（事業場トップ）に調査等の実施を統括管理させること。

イ　事業場の安全管理者、衛生管理者等に調査等の実施を管理させること。

ウ　安全衛生委員会等（安全衛生委員会、安全委員会又は衛生委員会をいう。）の活用等を通じ、労働者を参画させること。

エ　調査等の実施に当たっては、作業内容を詳しく把握している職長等に危険性又は有害性の特定、リスクの見積り、リスク低減措置の検討を行わせるように努めること。

オ　機械設備等に係る調査等の実施に当たっては、当該機械設備等に専門的な知識を有する者を参画させるように努めること。

(2)　事業者は、(1) で定める者に対し、調査等を実施するために必要な教育を実施するものとする。

5　実施時期

(1)　事業者は、次のアからオまでに掲げる作業等の時期に調査等を行うものとする。

ア　建設物を設置し、移転し、変更し、又は解体するとき。

イ　設備を新規に採用し、又は変更するとき。

ウ　原材料を新規に採用し、又は変更するとき。

エ　作業方法又は作業手順を新規に採用し、又は変更するとき。

オ　その他、次に掲げる場合等、事業場におけるリスクに変化が生じ、又は生ずるおそれのあるとき。

（ア）労働災害が発生した場合であって、過去の調査等の内容に問題がある場

合

（イ） 前回の調査等から一定の期間が経過し、機械設備等の経年による劣化、労働者の入れ替わり等に伴う労働者の安全衛生に係る知識経験の変化、新たな安全衛生に係る知見の集積等があった場合

（2） 事業者は、（1）のアからエまでに掲げる作業を開始する前に、リスク低減措置を実施することが必要であることに留意するものとする。

（3） 事業者は、（1）のアからエまでに係る計画を策定するときは、その計画を策定するときにおいても調査等を実施することが望ましい。

6　対象の選定

事業者は、次により調査等の実施対象を選定するものとする。

（1） 過去に労働災害が発生した作業、危険な事象が発生した作業等、労働者の就業に係る危険性又は有害性による負傷又は疾病の発生が合理的に予見可能であるものは、調査等の対象とすること。

（2） （1）のうち、平坦な通路における歩行等、明らかに軽微な負傷又は疾病しかもたらさないと予想されるものについては、調査等の対象から除外して差し支えないこと。

7　情報の入手

（1） 事業者は、調査等の実施に当たり、次に掲げる資料等を入手し、その情報を活用するものとする。入手に当たっては、現場の実態を踏まえ、定常的な作業に係る資料等のみならず、非定常作業に係る資料等も含めるものとする。

ア　作業標準、作業手順書等

イ　仕様書、化学物質等安全データシート（MSDS）等、使用する機械設備、材料等に係る危険性又は有害性に関する情報

ウ　機械設備等のレイアウト等、作業の周辺の環境に関する情報

エ　作業環境測定結果等

オ　混在作業による危険性等、複数の事業者が同一の場所で作業を実施する状況に関する情報

カ　災害事例、災害統計等

キ　その他、調査等の実施に当たり参考となる資料等

（2） 事業者は、情報の入手に当たり、次に掲げる事項に留意するものとする。

　ア　新たな機械設備等を外部から導入しようとする場合には、当該機械設備等の
　　メーカーに対し、当該設備等の設計・製造段階において調査等を実施すること
　　を求め、その結果を入手すること。

　イ　機械設備等の使用又は改造等を行おうとする場合に、自らが当該機械設備等
　　の管理権原を有しないときは、管理権原を有する者等が実施した当該機械設備
　　等に対する調査等の結果を入手すること。

　ウ　複数の事業者が同一の場所で作業する場合には、混在作業による労働災害を
　　防止するために元方事業者が実施した調査等の結果を入手すること。

　エ　機械設備等が転倒するおそれがある場所等、危険な場所において、複数の事
　　業者が作業を行う場合には、元方事業者が実施した当該危険な場所に関する調
　　査等の結果を入手すること。

8　危険性又は有害性の特定

（1）　事業者は、作業標準等に基づき、労働者の就業に係る危険性又は有害性を特
　　定するために必要な単位で作業を洗い出した上で、各事業場における機械設備、
　　作業等に応じてあらかじめ定めた危険性又は有害性の分類に則して、各作業にお
　　ける危険性又は有害性を特定するものとする。

（2）　事業者は、（1）の危険性又は有害性の特定に当たり、労働者の疲労等の危険
　　性又は有害性への付加的影響を考慮するものとする。

9　リスクの見積り

（1）　事業者は、リスク低減の優先度を決定するため、次に掲げる方法等により、危
　　険性又は有害性により発生するおそれのある負傷又は疾病の重篤度及びそれらの
　　発生の可能性の度合をそれぞれ考慮して、リスクを見積もるものとする。ただし、
　　化学物質等による疾病については、化学物質等の有害性の度合及びばく露の量を
　　それぞれ考慮して見積もることができる。

　ア　負傷又は疾病の重篤度とそれらが発生する可能性の度合を相対的に尺度化
　　し、それらを縦軸と横軸とし、あらかじめ重篤度及び可能性の度合に応じてリ
　　スクが割り付けられた表を使用してリスクを見積もる方法

　イ　負傷又は疾病の発生する可能性とその重篤度を一定の尺度によりそれぞれ数
　　値化し、それらを加算又は乗算等してリスクを見積もる方法

　ウ　負傷又は疾病の重篤度及びそれらが発生する可能性等を段階的に分岐してい

くことによりリスクを見積もる方法

(2) 事業者は、(1) の見積りに当たり、次に掲げる事項に留意するものとする。

ア　予想される負傷又は疾病の対象者及び内容を明確に予測すること。

イ　過去に実際に発生した負傷又は疾病の重篤度ではなく、最悪の状況を想定した最も重篤な負傷又は疾病の重篤度を見積もること。

ウ　負傷又は疾病の重篤度は、負傷や疾病等の種類にかかわらず、共通の尺度を使うことが望ましいことから、基本的に、負傷又は疾病による休業日数等を尺度として使用すること。

エ　有害性が立証されていない場合でも、一定の根拠がある場合は、その根拠に基づき、有害性が存在すると仮定して見積もるよう努めること。

(3) 事業者は、(1) の見積りを、事業場の機械設備、作業等の特性に応じ、次に掲げる負傷又は疾病の類型ごとに行うものとする。

ア　はさまれ、墜落等の物理的な作用によるもの

イ　爆発、火災等の化学物質の物理的効果によるもの

ウ　中毒等の化学物質等の有害性によるもの

エ　振動障害等の物理因子の有害性によるもの

また、その際、次に掲げる事項を考慮すること。

ア　安全装置の設置、立入禁止措置その他の労働災害防止のための機能又は方策（以下「安全機能等」という。）の信頼性及び維持能力

イ　安全機能等を無効化する又は無視する可能性

ウ　作業手順の逸脱、操作ミスその他の予見可能な意図的・非意図的な誤使用又は危険行動の可能性

10　リスク低減措置の検討及び実施

(1) 事業者は、法令に定められた事項がある場合にはそれを必ず実施するとともに、次に掲げる優先順位でリスク低減措置内容を検討の上、実施するものとする。

ア　危険な作業の廃止・変更等、設計や計画の段階から労働者の就業に係る危険性又は有害性を除去又は低減する措置

イ　インターロック、局所排気装置等の設置等の工学的対策

ウ　マニュアルの整備等の管理的対策

エ　個人用保護具の使用

(2) (1) の検討に当たっては、リスク低減に要する負担がリスク低減による労働

災害防止効果と比較して大幅に大きく、両者に著しい不均衡が発生する場合であって、措置を講ずることを求めることが著しく合理性を欠くと考えられるときを除き、可能な限り高い優先順位のリスク低減措置を実施する必要があるものとする。

（3）　なお、死亡、後遺障害又は重篤な疾病をもたらすおそれのあるリスクに対して、適切なリスク低減措置の実施に時間を要する場合は、暫定的な措置を直ちに講ずるものとする。

11　記録

事業者は、次に掲げる事項を記録するものとする。

（1）　洗い出した作業

（2）　特定した危険性又は有害性

（3）　見積もったリスク

（4）　設定したリスク低減措置の優先度

（5）　実施したリスク低減措置の内容

以下に、通達「危険性又は有害性等の調査等に関する指針について」（平成 18 年 3 月 10 日付け基発第 0310001 号）の（別添 3）および（別添 4）を参考として掲載する（一部省略）。

（別添 3）

危険性又は有害性の分類例

1　危険性

（1）　機械等による危険性

（2）　爆発性の物、発火性の物、引火性の物、腐食性の物等による危険性

「引火性の物」には、可燃性のガス、粉じん等が含まれ、「等」には、酸化性の物、硫酸等が含まれること。

（3）　電気、熱その他のエネルギーによる危険性

「その他のエネルギー」には、アーク等の光のエネルギー等が含まれること。

（4）　作業方法から生ずる危険性

「作業」には、掘削の業務における作業、採石の業務における作業、荷役の業務における作業、伐木の業務における作業、鉄骨の組立ての作業等が含まれること。

(5) 作業場所に係る危険性

「場所」には、墜落するおそれのある場所、土砂等が崩壊するおそれのある場所、足を滑らすおそれのある場所、つまずくおそれのある場所、採光や照明の影響による危険性のある場所、物体の落下するおそれのある場所等が含まれること。

(6) 作業行動等から生ずる危険性

(7) その他の危険性

「その他の危険性」には、他人の暴力、もらい事故による交通事故等の労働者以外の者の影響による危険性が含まれること。

2 有害性

(1) 原材料、ガス、蒸気、粉じん等による有害性

「等」には、酸素欠乏空気、病原体、排気、排液、残さい物が含まれること。

(2) 放射線、高温、低温、超音波、騒音、振動、異常気圧等による有害性

「等」には、赤外線、紫外線、レーザー光等の有害光線が含まれること。

(3) 作業行動等から生ずる有害性

「作業行動等」には、計器監視、精密工作、重量物取扱い等の重筋作業、作業姿勢、作業態様によって発生する腰痛、頸肩腕症候群等が含まれること。

(4) その他の有害性

(別添 4)

リスク見積り及びそれに基づく優先度の設定方法の例

1 負傷又は疾病の重篤度

「負傷又は疾病の重篤度」については、基本的に休業日数等を尺度として使用するものであり、以下のように区分する例がある。

① 致命的：死亡災害や身体の一部に永久損傷を伴うもの

② 重　大：休業災害（1 か月以上のもの）、一度に多数の被災者を伴うもの

③ 中程度：休業災害（1 か月未満のもの）、一度に複数の被災者を伴うもの

④ 軽　度：不休災害やかすり傷程度のもの

2 負傷又は疾病の可能性の度合

「負傷又は疾病の可能性の度合」は、危険性又は有害性への接近の頻度や時間、回避の可能性等を考慮して見積もるものであり、以下のように区分する例がある。

① 可能性が極めて高い：日常的に長時間行われる作業に伴うもので回避困難なもの

② 可能性が比較的高い：日常的に行われる作業に伴うもので回避可能なもの

③　可能性がある：非定常的な作業に伴うもので回避可能なもの

④　可能性がほとんどない：まれにしか行われない作業に伴うもので回避可能なもの

3　リスク見積りの例

リスク見積り方法の例には、以下の例1〜3のようなものがある。

例1：マトリクスを用いた方法

重篤度「②重大」、可能性の度合「②比較的高い」の場合の見積り例

		負傷又は疾病の重篤度			
		致命的	重大	中程度	軽度
負傷又は疾病の発生可能性の度合	極めて高い	5	5	4	3
	比較的高い	5	4	3	2
	可能性あり	4	3	2	1
	ほとんどない	4	3	1	1

リスク		優先度
4〜5	高	直ちにリスク低減措置を講ずる必要がある。 措置を講ずるまで作業停止する必要がある。 十分な経営資源を投入する必要がある。
2〜3	中	速やかにリスク低減措置を講ずる必要がある。 措置を講ずるまで使用しないことが望ましい。 優先的に経営資源を投入する必要がある。
1	低	必要に応じてリスク低減措置を実施する。

例2：数値化による方法

重篤度「②重大」、可能性の度合「②比較的高い」の場合の見積り例

（1）負傷又は疾病の重篤度

致命的	重大	中程度	軽度
30点	20点	7点	2点

（2）負傷又は疾病の発生可能性の度合

極めて高い	比較的高い	可能性あり	ほとんどない
20点	15点	7点	2点

20点（重篤度「重大」）＋15点（可能性の度合「比較的高い」）＝35点（リスク）

リスク		優先度
30点以上	高	直ちにリスク低減措置を講ずる必要がある。 措置を講ずるまで作業停止する必要がある。 十分な経営資源を投入する必要がある。
10〜29点	中	速やかにリスク低減措置を講ずる必要がある。 措置を講ずるまで使用しないことが望ましい。 優先的に経営資源を投入する必要がある。
10点未満	低	必要に応じてリスク低減措置を実施する。

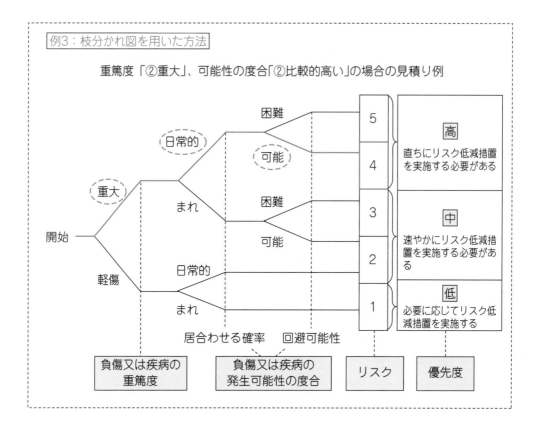

資料10　化学物質等による危険性又は有害性等の調査等に関する指針

（平成 27 年 9 月 18 日　危険性又は有害性等の調査等に関する指針公示第 3 号）

1　趣旨等

　本指針は、労働安全衛生法（昭和 47 年法律第 57 号。以下「法」という。）第 57 条の 3 第 3 項の規定に基づき、事業者が、化学物質、化学物質を含有する製剤その他の物で労働者の危険又は健康障害を生ずるおそれのあるものによる危険性又は有害性等の調査（以下「リスクアセスメント」という。）を実施し、その結果に基づいて労働者の危険又は健康障害を防止するため必要な措置（以下「リスク低減措置」という。）が各事業場において適切かつ有効に実施されるよう、リスクアセスメントからリスク低減措置の実施までの一連の措置の基本的な考え方及び具体的な手順の例を示すとともに、これらの措置の実施上の留意事項を定めたものである。

　また、本指針は、「労働安全衛生マネジメントシステムに関する指針」（平成 11 年労働省告示第 53 号）に定める危険性又は有害性等の調査及び実施事項の特定の具体的実施事項としても位置付けられるものである。

2　適用

　本指針は、法第 57 条の 3 第 1 項の規定に基づき行う「第 57 条第 1 項の政令で定める物及び通知対象物」（以下「化学物質等」という。）に係るリスクアセスメントについて適用し、労働者の就業に係る全てのものを対象とする。

3　実施内容

　事業者は、法第 57 条の 3 第 1 項に基づくリスクアセスメントとして、（1）から（3）までに掲げる事項を、労働安全衛生規則（昭和 47 年労働省令第 32 号。以下「安衛則」という。）第 34 条の 2 の 8 に基づき（5）に掲げる事項を実施しなければならない。また、法第 57 条の 3 第 2 項に基づき、法令の規定による措置を講ずるほか（4）に掲げる事項を実施するよう努めなければならない。

（1）　化学物質等による危険性又は有害性の特定

（2）　（1）により特定された化学物質等による危険性又は有害性並びに当該化学物質等を取り扱う作業方法、設備等により業務に従事する労働者に危険を及ぼし、又は当該労働者の健康障害を生ずるおそれの程度及び当該危険又は健康障害の程度（以下「リスク」という。）の見積り

（3）　（2）の見積りに基づくリスク低減措置の内容の検討

（4）　（3）のリスク低減措置の実施

（5）　リスクアセスメント結果の労働者への周知

4　実施体制等

（1）　事業者は、次に掲げる体制でリスクアセスメント及びリスク低減措置（以下「リスクアセスメント等」という。）を実施するものとする。

　　ア　総括安全衛生管理者が選任されている場合には、当該者にリスクアセスメント等の実施を統括管理させること。総括安全衛生管理者が選任されていない場合には、事業の実施を統括管理する者に統括管理させること。

　　イ　安全管理者又は衛生管理者が選任されている場合には、当該者にリスクアセスメント等の実施を管理させること。安全管理者又は衛生管理者が選任されていない場合には、職長その他の当該作業に従事する労働者を直接指導し、又は監督する者としての地位にあるものにリスクアセスメント等の実施を管理させること。

　　ウ　化学物質等の適切な管理について必要な能力を有する者のうちから化学物質等の管理を担当する者（以下「化学物質管理者」という。）を指名し、この者に、上記イに掲げる者の下でリスクアセスメント等に関する技術的業務を行わせることが望ましいこと。

　　エ　安全衛生委員会、安全委員会又は衛生委員会が設置されている場合には、これらの委員会においてリスクアセスメント等に関することを調査審議させ、また、当該委員会が設置されていない場合には、リスクアセスメント等の対象業務に従事する労働者の意見を聴取する場を設けるなど、リスクアセスメント等の実施を決定する段階において労働者を参画させること。

　　オ　リスクアセスメント等の実施に当たっては、化学物質管理者のほか、必要に応じ、化学物質等に係る危険性及び有害性や、化学物質等に係る機械設備、化学設備、生産技術等についての専門的知識を有する者を参画させること。

　　カ　上記のほか、より詳細なリスクアセスメント手法の導入又はリスク低減措置の実施に当たっての、技術的な助言を得るため、労働衛生コンサルタント等の外部の専門家の活用を図ることが望ましいこと。

（2）　事業者は、（1）のリスクアセスメントの実施を管理する者、技術的業務を行う者等（カの外部の専門家を除く。）に対し、リスクアセスメント等を実施する

ために必要な教育を実施するものとする。

5　実施時期

（1）　事業者は、安衛則第34条の2の7第1項に基づき、次のアからウまでに掲げる時期にリスクアセスメントを行うものとする。

　ア　化学物質等を原材料等として新規に採用し、又は変更するとき。

　イ　化学物質等を製造し、又は取り扱う業務に係る作業の方法又は手順を新規に採用し、又は変更するとき。

　ウ　化学物質等による危険性又は有害性等について変化が生じ、又は生ずるおそれがあるとき。具体的には、化学物質等の譲渡又は提供を受けた後に、当該化学物質等を譲渡し、又は提供した者が当該化学物質等に係る安全データシート（以下「SDS」という。）の危険性又は有害性に係る情報を変更し、その内容が事業者に提供された場合等が含まれること。

（2）　事業者は、（1）のほか、次のアからウまでに掲げる場合にもリスクアセスメントを行うよう努めること。

　ア　化学物質等に係る労働災害が発生した場合であって、過去のリスクアセスメント等の内容に問題がある場合

　イ　前回のリスクアセスメント等から一定の期間が経過し、化学物質等に係る機械設備等の経年による劣化、労働者の入れ替わり等に伴う労働者の安全衛生に係る知識経験の変化、新たな安全衛生に係る知見の集積等があった場合

　ウ　既に製造し、又は取り扱っていた物質がリスクアセスメントの対象物質として新たに追加された場合など、当該化学物質等を製造し、又は取り扱う業務について過去にリスクアセスメント等を実施したことがない場合

（3）　事業者は、（1）のア又はイに掲げる作業を開始する前に、リスク低減措置を実施することが必要であることに留意するものとする。

（4）　事業者は、（1）のア又はイに係る設備改修等の計画を策定するときは、その計画策定段階においてもリスクアセスメント等を実施することが望ましいこと。

6　リスクアセスメント等の対象の選定

　事業者は、次に定めるところにより、リスクアセスメント等の実施対象を選定するものとする。

（1）　事業場における化学物質等による危険性又は有害性等をリスクアセスメント

等の対象とすること。

(2)　リスクアセスメント等は、対象の化学物質等を製造し、又は取り扱う業務ごとに行うこと。ただし、例えば、当該業務に複数の作業工程がある場合に、当該工程を1つの単位とする、当該業務のうち同一場所において行われる複数の作業を1つの単位とするなど、事業場の実情に応じ適切な単位で行うことも可能であること。

(3)　元方事業者にあっては、その労働者及び関係請負人の労働者が同一の場所で作業を行うこと（以下「混在作業」という。）によって生ずる労働災害を防止するため、当該混在作業についても、リスクアセスメント等の対象とすること。

7　情報の入手等

(1)　事業者は、リスクアセスメント等の実施に当たり、次に掲げる情報に関す資料等を入手するものとする。

入手に当たっては、リスクアセスメント等の対象には、定常的な作業のみならず、非定常作業も含まれることに留意すること。

また、混在作業等複数の事業者が同一の場所で作業を行う場合にあっては、当該複数の事業者が同一の場所で作業を行う状況に関する資料等も含めるものとすること。

ア　リスクアセスメント等の対象となる化学物質等に係る危険性又は有害性に関する情報（SDS等）

イ　リスクアセスメント等の対象となる作業を実施する状況に関する情報（作業標準、作業手順書等、機械設備等に関する情報を含む。）

(2)　事業者は、(1)のほか、次に掲げる情報に関する資料等を、必要に応じ入手するものとすること。

ア　化学物質等に係る機械設備等のレイアウト等、作業の周辺の環境に関する情報

イ　作業環境測定結果等

ウ　災害事例、災害統計等

エ　その他、リスクアセスメント等の実施に当たり参考となる資料等

(3)　事業者は、情報の入手に当たり、次に掲げる事項に留意するものとする。

ア　新たに化学物質等を外部から取得等しようとする場合には、当該化学物質等を譲渡し、又は提供する者から、当該化学物質等に係るSDSを確実に入手す

ること。

　イ　化学物質等に係る新たな機械設備等を外部から導入しようとする場合には、当該機械設備等の製造者に対し、当該設備等の設計・製造段階においてリスクアセスメントを実施することを求め、その結果を入手すること。

　ウ　化学物質等に係る機械設備等の使用又は改造等を行おうとする場合に、自らが当該機械設備等の管理権原を有しないときは、管理権原を有する者等が実施した当該機械設備等に対するリスクアセスメントの結果を入手すること。

(4)　元方事業者は、次に掲げる場合には、関係請負人におけるリスクアセスメントの円滑な実施に資するよう、自ら実施したリスクアセスメント等の結果を当該業務に係る関係請負人に提供すること。

　ア　複数の事業者が同一の場所で作業する場合であって、混在作業における化学物質等による労働災害を防止するために元方事業者がリスクアセスメント等を実施したとき。

　イ　化学物質等にばく露するおそれがある場所等、化学物質等による危険性又は有害性がある場所において、複数の事業者が作業を行う場合であって、元方事業者が当該場所に関するリスクアセスメント等を実施したとき。

8　危険性又は有害性の特定

　事業者は、化学物質等について、リスクアセスメント等の対象となる業務を洗い出した上で、原則としてア及びイに即して危険性又は有害性を特定すること。また、必要に応じ、ウに掲げるものについても特定することが望ましいこと。

　ア　国際連合から勧告として公表された「化学品の分類及び表示に関する世界調和システム（GHS）」（以下「GHS」という。）又は日本工業規格 Z 7252 に基づき分類された化学物質等の危険性又は有害性（SDS を入手した場合には、当該 SDS に記載されている GHS 分類結果）

　イ　日本産業衛生学会の許容濃度又は米国産業衛生専門家会議（ACGIH）の TLV-TWA 等の化学物質等のばく露限界（以下「ばく露限界」という。）が設定されている場合にはその値（SDS を入手した場合には、当該 SDS に記載されているばく露限界）

　ウ　ア又はイによって特定される危険性又は有害性以外の、負傷又は疾病の原因となるおそれのある危険性又は有害性。この場合、過去に化学物質等による労働災害が発生した作業、化学物質等による危険又は健康障害のおそれがある事象が発

生した作業等により事業者が把握している情報があるときには、当該情報に基づく危険性又は有害性が必ず含まれるよう留意すること。

9　リスクの見積り

（1）　事業者は、リスク低減措置の内容を検討するため、安衛則第34条の2の7第2項に基づき、次に掲げるいずれかの方法（危険性に係るものにあっては、ア又はウに掲げる方法に限る。）により、又はこれらの方法の併用により化学物質等によるリスクを見積もるものとする。

ア　化学物質等が当該業務に従事する労働者に危険を及ぼし、又は化学物質等により当該労働者の健康障害を生ずるおそれの程度（発生可能性）及び当該危険又は健康障害の程度（重篤度）を考慮する方法。具体的には、次に掲げる方法があること。

（ア）　発生可能性及び重篤度を相対的に尺度化し、それらを縦軸と横軸とし、あらかじめ発生可能性及び重篤度に応じてリスクが割り付けられた表を使用してリスクを見積もる方法

（イ）　発生可能性及び重篤度を一定の尺度によりそれぞれ数値化し、それらを加算又は乗算等してリスクを見積もる方法

（ウ）　発生可能性及び重篤度を段階的に分岐していくことによりリスクを見積もる方法

（エ）　ILOの化学物質リスク簡易評価法（コントロール・バンディング）等を用いてリスクを見積もる方法

（オ）　化学プラント等の化学反応のプロセス等による災害のシナリオを仮定して、その事象の発生可能性と重篤度を考慮する方法

イ　当該業務に従事する労働者が化学物質等にさらされる程度（ばく露の程度）及び当該化学物質等の有害性の程度を考慮する方法。具体的には、次に掲げる方法があるが、このうち、（ア）の方法を採ることが望ましいこと。

（ア）　対象の業務について作業環境測定等により測定した作業場所における化学物質等の気中濃度等を、当該化学物質等のばく露限界と比較する方法

（イ）　数理モデルを用いて対象の業務に係る作業を行う労働者の周辺の化学物質等の気中濃度を推定し、当該化学物質のばく露限界と比較する方法

（ウ）　対象の化学物質等への労働者のばく露の程度及び当該化学物質等による有害性を相対的に尺度化し、それらを縦軸と横軸とし、あらかじめばく露の

程度及び有害性の程度に応じてリスクが割り付けられた表を使用してリスク
を見積もる方法

ウ　ア又はイに掲げる方法に準ずる方法。具体的には、次に掲げる方法があるこ
と。

（ア）　リスクアセスメントの対象の化学物質等に係る危険又は健康障害を防止
するための具体的な措置が労働安全衛生法関係法令（主に健康障害の防止を
目的とした有機溶剤中毒予防規則（昭和 47 年労働省令第 36 号）、鉛中毒予
防規則（昭和 47 年労働省令第 37 号）、四アルキル鉛中毒予防規則（昭和 47
年労働省令第 38 号）及び特定化学物質障害予防規則（昭和 47 年労働省令第
39 号）の規定並びに主に危険の防止を目的とした労働安全衛生法施行令（昭
和 47 年政令第 318 号）別表第 1 に掲げる危険物に係る安衛則の規定）の各
条項に規定されている場合に、当該規定を確認する方法。

（イ）　リスクアセスメントの対象の化学物質等に係る危険を防止するための具
体的な規定が労働安全衛生法関係法令に規定されていない場合において、当
該化学物質等の SDS に記載されている危険性の種類（例えば「爆発物」な
ど）を確認し、当該危険性と同種の危険性を有し、かつ、具体的措置が規定
されている物に係る当該規定を確認する方法

(2)　事業者は、(1) のア又はイの方法により見積りを行うに際しては、用いるリ
スクの見積り方法に応じて、7 で入手した情報等から次に掲げる事項等必要な情
報を使用すること。

ア　当該化学物質等の性状

イ　当該化学物質等の製造量又は取扱量

ウ　当該化学物質等の製造又は取扱い（以下「製造等」という。）に係る作業の
内容

エ　当該化学物質等の製造等に係る作業の条件及び関連設備の状況

オ　当該化学物質等の製造等に係る作業への人員配置の状況

カ　作業時間及び作業の頻度

キ　換気設備の設置状況

ク　保護具の使用状況

ケ　当該化学物質等に係る既存の作業環境中の濃度若しくはばく露濃度の測定結
果又は生物学的モニタリング結果

（3）　事業者は、（1）のアの方法によるリスクの見積りに当たり、次に掲げる事項等に留意するものとする。

　　ア　過去に実際に発生した負傷又は疾病の重篤度ではなく、最悪の状況を想定した最も重篤な負傷又は疾病の重篤度を見積もること。

　　イ　負傷又は疾病の重篤度は、傷害や疾病等の種類にかかわらず、共通の尺度を使うことが望ましいことから、基本的に、負傷又は疾病による休業日数等を尺度として使用すること。

　　ウ　リスクアセスメントの対象の業務に従事する労働者の疲労等の危険性又は有害性への付加的影響を考慮することが望ましいこと。

（4）　事業者は、一定の安全衛生対策が講じられた状態でリスクを見積もる場合には、用いるリスクの見積り方法における必要性に応じて、次に掲げる事項等を考慮すること。

　　ア　安全装置の設置、立入禁止措置、排気・換気装置の設置その他の労働災害防止のための機能又は方策（以下「安全衛生機能等」という。）の信頼性及び維持能力

　　イ　安全衛生機能等を無効化する又は無視する可能性

　　ウ　作業手順の逸脱、操作ミスその他の予見可能な意図的・非意図的な誤使用又は危険行動の可能性

　　エ　有害性が立証されていないが、一定の根拠がある場合における当該根拠に基づく有害性

10　リスク低減措置の検討及び実施

（1）　事業者は、法令に定められた措置がある場合にはそれを必ず実施するほか、法令に定められた措置がない場合には、次に掲げる優先順位でリスク低減措置の内容を検討するものとする。ただし、法令に定められた措置以外の措置にあっては、9（1）イの方法を用いたリスクの見積り結果として、ばく露濃度等がばく露限界を相当程度下回る場合は、当該リスクは、許容範囲内であり、リスク低減措置を検討する必要がないものとして差し支えないものであること。

　　ア　危険性又は有害性のより低い物質への代替、化学反応のプロセス等の運転条件の変更、取り扱う化学物質等の形状の変更等又はこれらの併用によるリスクの低減

　　イ　化学物質等に係る機械設備等の防爆構造化、安全装置の二重化等の工学的対

策又は化学物質等に係る機械設備等の密閉化、局所排気装置の設置等の衛生工学的対策

ウ　作業手順の改善、立入禁止等の管理的対策

エ　化学物質等の有害性に応じた有効な保護具の使用

（2）　（1）の検討に当たっては、より優先順位の高い措置を実施することにした場合であって、当該措置により十分にリスクが低減される場合には、当該措置よりも優先順位の低い措置の検討まで要するものではないこと。また、リスク低減に要する負担がリスク低減による労働災害防止効果と比較して大幅に大きく、両者に著しい不均衡が発生する場合であって、措置を講ずることを求めることが著しく合理性を欠くと考えられるときを除き、可能な限り高い優先順位のリスク低減措置を実施する必要があるものとする。

（3）　死亡、後遺障害又は重篤な疾病をもたらすおそれのあるリスクに対して、適切なリスク低減措置の実施に時間を要する場合は、暫定的な措置を直ちに講ずるほか、（1）において検討したリスク低減措置の内容を速やかに実施するよう努めるものとする。

（4）　リスク低減措置を講じた場合には、当該措置を実施した後に見込まれるリスクを見積もることが望ましいこと。

11　リスクアセスメント結果等の労働者への周知等

（1）　事業者は、安衛則第34条の2の8に基づき次に掲げる事項を化学物質等を製造し、又は取り扱う業務に従事する労働者に周知するものとする。

ア　対象の化学物質等の名称

イ　対象業務の内容

ウ　リスクアセスメントの結果

（ア）　特定した危険性又は有害性

（イ）　見積もったリスク

エ　実施するリスク低減措置の内容

（2）　（1）の周知は、次に掲げるいずれかの方法によること。

ア　各作業場の見やすい場所に常時掲示し、又は備え付けること

イ　書面を労働者に交付すること

ウ　磁気テープ、磁気ディスクその他これらに準ずる物に記録し、かつ、各作業場に労働者が当該記録の内容を常時確認できる機器を設置すること

(3) 法第59条第1項に基づく雇入れ時教育及び同条第2項に基づく作業変更時教育においては、安衛則第35条第1項第1号、第2号及び第5号に掲げる事項として、(1)に掲げる事項を含めること。

なお、5の(1)に掲げるリスクアセスメント等の実施時期のうちアからウまでについては、法第59条第2項の「作業内容を変更したとき」に該当するものであること。

(4) リスクアセスメントの対象の業務が継続し(1)の労働者への周知等を行っている間は、事業者は(1)に掲げる事項を記録し、保存しておくことが望ましい。

12 その他

表示対象物又は通知対象物以外のものであって、化学物質、化学物質を含有する製剤その他の物で労働者に危険又は健康障害を生ずるおそれのあるものについては、法第28条の2に基づき、この指針に準じて取り組むよう努めること。

　以下に、通達「化学物質等による危険性又は有害性等の調査等に関する指針について」（平成 27 年 9 月 18 日付け基発 0918 第 3 号）の（別紙 1）～（別紙 4）を参考として掲載する（一部省略）。

（別紙 1）

　　　化学品の分類及び表示に関する世界調和システム（GHS）で示されている危険性又は有害性の分類

1　物理化学的危険性
　（1）　爆発物
　（2）　可燃性／引火性ガス
　（3）　エアゾール
　（4）　支燃性／酸化性ガス
　（5）　高圧ガス
　（6）　引火性液体
　（7）　可燃性固体
　（8）　自己反応性化学品
　（9）　自然発火性液体
　（10）　自然発火性固体
　（11）　自己発熱性化学品
　（12）　水反応可燃性化学品
　（13）　酸化性液体
　（14）　酸化性固体
　（15）　有機過酸化物
　（16）　金属腐食性物質
2　健康有害性
　（1）　急性毒性
　（2）　皮膚腐食性／刺激性
　（3）　眼に対する重篤な損傷性／眼刺激性
　（4）　呼吸器感作性又は皮膚感作性
　（5）　生殖細胞変異原性
　（6）　発がん性
　（7）　生殖毒性

(8)　特定標的臓器毒性（単回ばく露）

(9)　特定標的臓器毒性（反復ばく露）

(10)　吸引性呼吸器有害性

（別紙2）

リスク見積りの例

1　労働者の危険又は健康障害の程度（重篤度）

　　「労働者の危険又は健康障害の程度（重篤度）」については、基本的に休業日数等を尺度として使用するものであり、以下のように区分する例がある。

①　死亡：死亡災害

②　後遺障害：身体の一部に永久損傷を伴うもの

③　休業：休業災害、一度に複数の被災者を伴うもの

④　軽度：不休災害やかすり傷程度のもの

2　労働者に危険又は健康障害を生ずるおそれの程度（発生可能性）

　　「労働者に危険又は健康障害を生ずるおそれの程度（発生可能性）」は、危険性又は有害性への接近の頻度や時間、回避の可能性等を考慮して見積もるものであり、以下のように区分する例がある。

①　（可能性が）極めて高い：日常的に長時間行われる作業に伴うもので回避困難なもの

②　（可能性が）比較的高い：日常的に行われる作業に伴うもので回避可能なもの

③　（可能性が）あ　る　：非定常的な作業に伴うもので回避可能なもの

④　（可能性が）ほとんどない：まれにしか行われない作業に伴うもので回避可能なもの

3　リスク見積りの例

　　リスク見積り方法の例には、以下の例1〜3のようなものがある。

［例1：マトリクスを用いた方法］

※重篤度「②後遺障害」、発生可能性「②比較的高い」の場合の見積り例

| | | 危険又は健康障害の程度（重篤度） | | | |
		死亡	後遺障害	休業	軽傷
危険又は健康障害を生ずるおそれの程度（発生可能性）	極めて高い	5	5	4	3
	比較的高い	5	4	3	2
	可能性あり	4	3	2	1
	ほとんどない	4	3	1	1

リスク		優先度
4～5	高	直ちにリスク低減措置を講ずる必要がある。 措置を講ずるまで作業停止する必要がある。
2～3	中	速やかにリスク低減措置を講ずる必要がある。 措置を講ずるまで使用しないことが望ましい。
1	低	必要に応じてリスク低減措置を実施する。

[例2：数値化による方法]

※重篤度「②後遺障害」、発生可能性「②比較的高い」の場合の見積り例

(1) 危険又は健康障害の程度（重篤度）

死亡	後遺障害	休業	軽傷
30 点	20 点	7 点	2 点

(2) 危険又は健康障害を生ずるおそれの程度（発生可能性）

極めて高い	比較的高い	可能性あり	ほとんどない
20 点	15 点	7 点	2 点

20 点（重篤度「後遺障害」）＋15 点（発生可能性「比較的高い」）＝35 点（リスク）

リスク		優先度
30 点以上	高	直ちにリスク低減措置を講ずる必要がある。 措置を講ずるまで作業停止する必要がある。
10～29 点	中	速やかにリスク低減措置を講ずる必要がある。 措置を講ずるまで使用しないことが望ましい。
10 点未満	低	必要に応じてリスク低減措置を実施する。

[例3：コントロールバンディングの概要]（一部省略）

　「化学物質リスク簡易評価法」（コントロール・バンディング）とは、簡易なリスクアセスメント手法であり、厚労省のホームページ内「職場のあんぜんサイト」（http://anzeninfo.mhlw.go.jp/）で「リスクアセスメント実施支援システム」として提供している。

　必要な情報（作業内容（選択）、GHS 区分（選択）、固液の別、取扱量（選択）、取扱温度、沸点等）を入力することによって、リスクレベルと参考となる対策管理シートが得られる。

（別紙3）

化学物質等による有害性に係るリスク見積りについて

1 定量的評価について

（1） ばく露限界の設定がなされている化学物質等については、労働者のばく露量を測定又は推定し、ばく露限界と比較する。

　　作業環境測定の評価値（第一評価値又は第二評価値）、個人ばく露測定結果（8時間加重平均濃度）、検知管等による簡易な気中濃度の測定結果を、ばく露限界と比較する。その際、測定方法により濃度変動等の誤差を生じることから、必要に応じ、適切な安全率を考慮する必要がある。

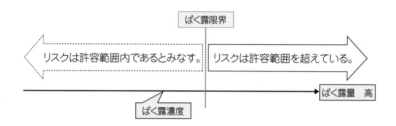

（2） 数理モデルを用いて、対象の業務に従事する労働者の周辺の空気中濃度を定量的に推定する方法も用いられている。

　　主な数理モデルの例

　・換気を考慮しない数理モデルを用いた空気中濃度の推定

　　飽和蒸気圧モデルや完全蒸発モデルを用いた方法

　・換気を考慮した数理モデルを用いた空気中濃度の推定

　　発生モデルや分散モデルを用いた方法

　　欧州化学物質生態毒性・毒性センターのリスクアセスメントツール ECETOC-TRA も数理モデルの一つである（例4参照）。

［例4：ECETOC-TRA の情報］

　ECETOC-TRA は、欧州化学物質生態毒性・毒性センター（ECETOC）が、欧州におけるREACH 規則に対応するスクリーニング評価を目的として、化学物質のばく露によるリスクの程度を定量化するために開発した数理モデルである。

　ECETOC のホームページからEXCEL ファイルのマクロプログラムをダウンロードして入手する。（無償。http://www.ecetoc.org/tra（英語））

　必要な入力項目
　・対象物質の同定
　・物理化学的特性（蒸気圧など）
　・シナリオ名
　・作業形態
　・プロセスカテゴリー（選択）
　・物質の性状（固液の別）（選択）
　・ダスト発生レベル（選択）
　・作業時間（選択）
　・換気条件（選択）
　・製品中含有量（選択）
　・呼吸用保護具と除去率（選択）
　・手袋の使用と除去率（選択）

　計算により推定ばく露濃度が算出されるので、これをばく露限界と比較することで
リスクアセスメントを行う。

2　化学物質による有害性に係る定性的リスク評価
　　定性的リスク評価の一例を例 5 として示す。

［例 5：化学物質等による有害性に係るリスクの定性評価法の例］
　（1）　化学物質等による有害性のレベル分け
　　　化学物質等について、SDS のデータを用いて、GHS 等を参考に有害性のレベ
　　ルを付す。レベル分けは、有害性を A から E の 5 段階に分けた表のような例に
　　基づき行う。
　　　なお、この表は ILO が公表しているコントロール・バンディング（ILO（国際
　　労働機関）の公表している International Chemical Control Toolkit。http://www.
　　ilo.org/legacy/english/protection/safework/ctrl_banding/toolkit/icct/（英 語））
　　に準拠しており、S は皮膚又は眼への接触による有害性レベルであるので、(2)
　　以降の見積り例では用いないが、参考として示したものである。
　　　例えば GHS 分類で急性毒性 区分 3 とされた化学物質は、この表に当てはめ、
　　有害性レベル C となる。

有害性のレベル （HL：Hazard Level）	GHS 分類における健康有害性クラス及び区分
A	・皮膚刺激性　区分2 ・眼刺激性　区分2 ・吸引性呼吸器有害性　区分1 ・他のグループに割り当てられない粉体、蒸気
B	・急性毒性　区分4 ・特定標的臓器毒性（単回ばく露）　区分2
C	・急性毒性　区分3 ・皮膚腐食性　区分1（細区分1A、1B、1C） ・眼刺激性　区分1 ・皮膚感作性　区分1 ・特定標的臓器毒性（単回ばく露）　区分1 ・特定標的臓器毒性（反復ばく露）　区分2
D	・急性毒性　区分1、2 ・発がん性　区分2 ・特定標的臓器毒性（反復ばく露）　区分1 ・生殖毒性　区分1、2
E	・生殖細胞変異原性　区分1、2 ・発がん性　区分1 ・呼吸器感作性　区分1
S （皮膚又は眼への 接触）	・急性毒性（経皮）　区分1、2、3、4 ・皮膚腐食性　区分1（細区分1A、1B、1C） ・皮膚刺激性　区分2 ・眼刺激性　区分1、2 ・皮膚感作性　区分1 ・特定標的臓器毒性（単回ばく露）（経皮）　区分1、2 ・特定標的臓器毒性（反復ばく露）（経皮）　区分1、2

※国連の GHS 分類においては、上記に加え急性毒性区分5、皮膚刺激性区分3、吸引性呼吸器有害性区分2を設定している。

(2)　ばく露レベルの推定

　作業環境レベルを推定し、それに作業時間等作業の状況を組み合わせ、ばく露レベルを推定する。アからウの3段階を経て作業環境レベルを推定する具体例を次に示す。

　ア　作業環境レベル（ML）の推定

　　化学物質等の製造等の量、揮発性・飛散性の性状、作業場の換気の状況等に応じてポイントを付し、そのポイントを加減した合計数を表1に当てはめ作業環境レベルを推定する。労働者の衣服、手足、保護具に対象化学物質等による汚れが見られる場合には、1ポイントを加える修正を加え、次の式で総合ポイントを算

定する。

> A（取扱量ポイント）＋B（揮発性・飛散性ポイント）－C（換気ポイント）
> ＋D（修正ポイント）

ここで、AからDのポイントの付け方は次のとおりである。

A：製造等の量のポイント

　　3　大量（トン、kl単位で計る程度の量）

　　2　中量（kg、l単位で計る程度の量）

　　1　少量（g、ml単位で計る程度の量）

B：揮発性・飛散性のポイント

　　3　高揮発性（沸点50℃未満）、高飛散性（微細で軽い粉じんの発生する物）

　　2　中揮発性（沸点50-150℃）、中飛散性（結晶質、粒状、すぐに沈降する物）

　　1　低揮発性（沸点150℃超過）、低飛散性（小球状、薄片状、小塊状）

C：換気のポイント

　　4　遠隔操作・完全密閉

　　3　局所排気

　　2　全体換気・屋外作業

　　1　換気なし

D：修正ポイント

　　1　労働者の衣服、手足、保護具が、調査対象となっている化学物質等による
　　　汚れが見られる場合

　　0　労働者の衣服、手足、保護具が、調査対象となっている化学物質等による
　　　汚れが見られない場合

表1　作業環境レベルの区分　（例）

作業環境レベル（ML）	a	b	c	d	e
A＋B－C＋D	6、5	4	3	2	1～（－2）

　イ　作業時間・作業頻度のレベル（FL）の推定

　　　労働者の当該作業場での当該化学物質等にばく露される年間作業時間を次の
　　　表2に当てはめ作業頻度を推定する。

表2　作業時間・作業頻度レベルの区分　（例）

作業時間・作業頻度レベル（FL）	i	ii	iii	iv	v
年間作業時間	400時間超過	100〜400時間	25〜100時間	10〜25時間	10時間未満

　ウ　ばく露レベル（EL）の推定

　　　アで推定した作業環境レベル（ML）及びイで推定した作業時間・作業頻度（FL）を次の表3に当てはめて、ばく露レベル（EL）を推定する。

表3　ばく露レベル（EL）の決定　（例）

(FL)＼(ML)	a	b	c	d	e
i	V	V	IV	IV	III
ii	V	IV	IV	III	II
iii	IV	IV	III	III	II
iv	IV	III	III	II	II
v	III	II	II	II	I

（3）　リスクの見積り

　　（1）で分類した有害性のレベル及び（2）で推定したばく露レベルを組合せ、リスクを見積もる。次に一例を示す。数字の値が大きいほどリスク低減措置の優先度が高いことを示す。

表4　リスクの見積り　（例）

HL＼EL	V	IV	III	II	I
E	5	5	4	4	3
D	5	4	4	3	2
C	4	4	3	3	2
B	4	3	3	2	2
A	3	2	2	2	1

リスク低減の優先順位

（別紙4）

記録の記載例

調査等の対象	実施年月日	実施管理者		実施者
○○○○製造工場	○年○月○日	衛生管理者 ○○○○	化学物質管理者 ○○○○ 工務課	○○○○ ○○○○係長

工場長	環境安全衛生部長	総務課長

化学物質名：○○○
GHS分類等：酸化性固体・区分3・事業場内区分 s-C、皮膚刺激性・区分2・事業場内区分 h-C
荷姿：粉状、10kg紙袋、月200kg

No.	化学物質等の名称	危険性又は有害性 社内ランク	作業の種類	負傷が発生する可能性の度合又はばく露の程度 作業の状況 危険性又は有害性	取扱量	負傷又は疾病の発生可能性	リスク低減対策	採用したリスク低減対策	措置後のリスク
1	○○○	s-C h-C	倉庫搬入	パレット上の袋をフォークリフトで搬入 防じんマスク、保護手袋、保護眼鏡着用 1人での作業 破袋のおそれ	200kg/月1回	Ⅳ	包装を袋からコンテナへ変更 粉状形態から粒状形態に変更 誘導者の配置 保護具着用の一層の徹底	粉状形態から粒状形態に変更 （納入者との協議開始） 保護具着用の一層の徹底	3
2	同上	同上	反応槽への投入	袋の上端を開封し、投入口から投入 1人での作業 全体換気装置あり 防じんマスク、保護手袋、保護眼鏡着用 周辺に3名の持ち場 周辺への飛散のおそれ	10kg/1日1回	Ⅲ	包装を袋からコンテナへ変更 粉状形態から粒状形態に変更 局所排気装置の増設 保護具着用の一層の徹底		1

No.	物質	区分	作業名	作業状況	取扱量	リスク	対策の検討	実施する対策	優先度
3	同上	同上	空袋の処理	投入後空袋を折りたたんで所定の置き場へ 1人での作業 換気・保護具は同上 周辺に3名の持ち場 残留物の飛散のおそれ	1袋/1日1回	Ⅲ	包装を袋からコンテナへ変更 粉状形態から粒状形態に変更 局所排気装置の増設 保護具着用の一層の徹底		2
4	同上	同上	反応	物質Bとの反応。発熱反応。反応槽周囲5名の持ち場 温度で制御 制御失敗のおそれ	10kg/1日1回	Ⅰ	制御用温度センサーの二重化 現状リスクの受け入れ	制御用温度センサーの二重化	2

化学物質名：△△△
GHS分類等：急性毒性・区分4・事業場内区分 h-D
荷姿：液体、500gビン入り
沸点50℃

No.	物質	区分	作業名	作業状況	取扱量	リスク	対策の検討	実施する対策	優先度
5	△△△	h-D	製品Aの加工時付着油脂払拭	1人での作業 個人ばく露測定結果あり、MOEは3.4	10g/d 2h/d	<ばく露露限界	代替化学物質等の調査 現状の維持	現状の維持	1

資料11　機械の包括的な安全基準に関する指針

（平成 19 年 7 月 31 日　基発第 0731001 号（厚生労働省労働基準局長通達））

（注　「第3　機械を労働者に使用させる事業者の実施事項」において引用されている調査等指針の内容を読み替えたものを注釈として掲載した。）

第1　趣旨等

1　趣旨

　機械による労働災害の一層の防止を図るには、機械を労働者に使用させる事業者において、その使用させる機械に関して、労働安全衛生法（昭和 47 年法律第 57 号。以下「法」という。）第 28 条の 2 第 1 項の規定に基づく危険性又は有害性等の調査及びその結果に基づく労働者の危険又は健康障害を防止するため必要な措置が適切かつ有効に実施されるようにする必要がある。

　また、法第 3 条第 2 項において、機械その他の設備を設計し、製造し、若しくは輸入する者は、機械が使用されることによる労働災害の発生の防止に資するよう努めなければならないとされているところであり、機械の設計・製造段階においても危険性又は有害性等の調査及びその結果に基づく措置（以下「調査等」という。）が実施されること並びに機械を使用する段階において調査等を適切に実施するため必要な情報が適切に提供されることが重要である。

　このため、機械の設計・製造段階及び使用段階において、機械の安全化を図るため、すべての機械に適用できる包括的な安全確保の方策に関する基準として本指針を定め、機械の製造等を行う者が実施に努めるべき事項を第 2 に、機械を労働者に使用させる事業者において法第 28 条の 2 の調査等が適切かつ有効に実施されるよう、「危険性又は有害性等の調査等に関する指針」（平成 18 年危険性又は有害性等の調査等に関する指針公示第 1 号。以下「調査等指針」という。）の 1 の「機械安全に関して厚生労働省労働基準局長の定める」詳細な指針を第 3 に示すものである。

2　適用

　本指針は、機械による危険性又は有害性（機械の危険源をいい、以下単に「危険性又は有害性」という。）を対象とし、機械の設計、製造、改造等又は輸入（以下「製造等」という。）を行う者及び機械を労働者に使用させる事業者の実施事項を示す。

3　用語の定義

　本指針において、次の各号に掲げる用語の意義は、それぞれ当該各号に定めるところによる。

(1)　機械　連結された構成品又は部品の組合せで、そのうちの少なくとも一つは機械的な作動機構、制御部及び動力部を備えて動くものであって、特に材料の加工、処理、移動、梱包等の特定の用途に合うように統合されたものをいう。

(2)　保護方策　機械のリスク（危険性又は有害性によって生ずるおそれのある負傷又は疾病の重篤度及び発生する可能性の度合をいう。以下同じ。）の低減（危険性又は有害性の除去を含む。以下同じ。）のための措置をいう。これには、本質的安全設計方策、安全防護、付加保護方策、使用上の情報の提供及び作業の実施体制の整備、作業手順の整備、労働者に対する教育訓練の実施等及び保護具の使用を含む。

(3)　本質的安全設計方策　ガード又は保護装置（機械に取り付けることにより、単独で、又はガードと組み合わせて使用する光線式安全装置、両手操作制御装置等のリスクの低減のための装置をいう。）を使用しないで、機械の設計又は運転特性を変更することによる保護方策をいう。

(4)　安全防護　ガード又は保護装置の使用による保護方策をいう。

(5)　付加保護方策　労働災害に至る緊急事態からの回避等のために行う保護方策（本質的安全設計方策、安全防護及び使用上の情報以外のものに限る。）をいう。

(6)　使用上の情報　安全で、かつ正しい機械の使用を確実にするために、製造等を行う者が、標識、警告表示の貼付、信号装置又は警報装置の設置、取扱説明書等の交付等により提供する指示事項等の情報をいう。

(7)　残留リスク　保護方策を講じた後に残るリスクをいう。

(8)　機械の意図する使用　使用上の情報により示される、製造等を行う者が予定している機械の使用をいい、設定、教示、工程の切替え、運転、そうじ、保守点検等を含むものであること。

(9)　合理的に予見可能な誤使用　製造等を行う者が意図していない機械の使用であって、容易に予見できる人間の挙動から行われるものをいう。

第2　機械の製造等を行う者の実施事項

1　製造等を行う機械の調査等の実施

　機械の製造等を行う者は、製造等を行う機械に係る危険性又は有害性等の調査（以下単に「調査」という。）及びその結果に基づく措置として、次に掲げる事項を実施

するものとする。

(1)　機械の制限（使用上、空間上及び時間上の限度・範囲をいう。）に関する仕様の
　　指定

(2)　機械に労働者が関わる作業等における危険性又は有害性の同定（機械による危
　　険性又は有害性として例示されている事項の中から同じものを見い出して定めるこ
　　とをいう。）

(3)　(2)により同定された危険性又は有害性ごとのリスクの見積り及び適切なリスク
　　の低減が達成されているかどうかの検討

(4)　保護方策の検討及び実施によるリスクの低減

　　(1)から(4)までの実施に当たっては、同定されたすべての危険性又は有害性に対
　　して、別図に示すように反復的に実施するものとする。

2　実施時期

　機械の製造等を行う者は、次の時期に調査等を行うものとする。

　ア　機械の設計、製造、改造等を行うとき

　イ　機械を輸入し譲渡又は貸与を行うとき

　ウ　製造等を行った機械による労働災害が発生したとき

　エ　新たな安全衛生に係る知見の集積等があったとき

3　機械の制限に関する仕様の指定

　機械の製造等を行う者は、次に掲げる機械の制限に関する仕様の指定を行うものと
する。

　ア　機械の意図する使用、合理的に予見可能な誤使用、労働者の経験、能力等の使
　　　用上の制限

　イ　機械の動作、設置、保守点検等に必要とする範囲等の空間上の制限

　ウ　機械、その構成品及び部品の寿命等の時間上の制限

4　危険性又は有害性の同定

　機械の製造等を行う者は、次に掲げる機械に労働者が関わる作業等における危険性
又は有害性を、別表第1に例示されている事項を参照する等して同定するものとする。

　ア　機械の製造の作業（機械の輸入を行う場合を除く。）

　イ　機械の意図する使用が行われる作業

ウ　運搬、設置、試運転等の機械の使用の開始に関する作業

エ　解体、廃棄等の機械の使用の停止に関する作業

オ　機械に故障、異常等が発生している状況における作業

カ　機械の合理的に予見可能な誤使用が行われる作業

キ　機械を使用する労働者以外の者（合理的に予見可能な者に限る。）が機械の危険性又は有害性に接近すること

5　リスクの見積り等

（1）　機械の製造等を行う者は、4で同定されたそれぞれの危険性又は有害性ごとに、発生するおそれのある負傷又は疾病の重篤度及びそれらの発生の可能性の度合いをそれぞれ考慮して、リスクを見積もり、適切なリスクの低減が達成されているかどうか検討するものとする。

（2）　リスクの見積りに当たっては、それぞれの危険性又は有害性により最も発生するおそれのある負傷又は疾病の重篤度によってリスクを見積もるものとするが、発生の可能性が低くても予見される最も重篤な負傷又は疾病も配慮するよう留意すること。

6　保護方策の検討及び実施

（1）　機械の製造等を行う者は、3から5までの結果に基づき、法令に定められた事項がある場合はそれを必ず実施するとともに、適切なリスクの低減が達成されていないと判断した危険性又は有害性について、次に掲げる優先順位により、機械に係る保護方策を検討し実施するものとする。

ア　別表第2に定める方法その他適切な方法により本質的安全設計方策を行うこと。

イ　別表第3に定める方法その他適切な方法による安全防護及び別表第4に定める方法その他適切な方法による付加保護方策を行うこと。

ウ　別表第5に定める方法その他適切な方法により、機械を譲渡又は貸与される者に対し、使用上の情報を提供すること。

（2）　(1)の検討に当たっては、本質的安全設計方策、安全防護又は付加保護方策を適切に適用すべきところを使用上の情報で代替してはならないものとする。

また、保護方策を行うときは、新たな危険性又は有害性の発生及びリスクの増加が生じないよう留意し、保護方策を行った結果これらが生じたときは、当該リ

スクの低減を行うものとする。

7　記録

　機械の製造等を行う者は、実施した機械に係る調査等の結果について次の事項を記録し、保管するものとする。

　仕様や構成品の変更等によって実際の機械の条件又は状況と記録の内容との間に相異が生じた場合は、速やかに記録を更新すること。

　ア　同定した危険性又は有害性

　イ　見積もったリスク

　ウ　実施した保護方策及び残留リスク

第 3　機械を労働者に使用させる事業者の実施事項

1　実施内容

　機械を労働者に使用させる事業者は、調査等指針の3の実施内容により、機械に係る調査等を実施するものとする。

　この場合において、調査等指針の3(1)は、「機械に労働者が関わる作業等における危険性又は有害性の同定」と読み替えて実施するものとする。

（注釈）

　機械を労働者に使用させる事業者は、調査等として、次に掲げる事項を実施するものとする。

(1)　機械に労働者が関わる作業等における危険性又は有害性の同定

(2)　(1)により同定された危険性又は有害性によって生ずるリスクの見積り

(3)　(2)の見積りに基づくリスクを低減するための優先度の設定及び保護方策の
　　検討

(4)　(3)の優先度に対応した保護方策の実施

2　実施体制等

　機械を労働者に使用させる事業者は、調査等指針の4の実施体制等により機械に係る調査等を実施するものとする。

　この場合において、調査等指針の4(1)オは「生産・保全部門の技術者、機械の製造等を行う者等機械に係る専門的な知識を有する者を参画させること。」と読み替えて実施するものとする。

（注釈）

(1)　機械を労働者に使用させる事業者は、次に掲げる体制により機械に係る調査等を実施するものとする。

　ア　総括安全衛生管理者等、事業の実施を統括管理する者（事業場トップ）に調査等の実施を統括管理させること。

　イ　事業場の安全管理者、衛生管理者等に調査等の実施を管理させること。

　ウ　安全衛生委員会等（安全衛生委員会、安全委員会又は衛生委員会をいう。）の活用等を通じ、労働者を参画させること。

　エ　調査等の実施に当たっては、作業内容を詳しく把握している職長等に危険性又は有害性の同定、リスクの見積り、リスク低減措置の検討を行わせるように努めること。

　オ　生産・保全部門の技術者、機械の製造等を行う者等機械に係る専門的な知識を有する者を参画させること。

(2)　機械を労働者に使用させる事業者は、(1)で定める者に対し、調査等を実施するために必要な教育を実施するものとする。

3　実施時期

　機械を労働者に使用させる事業者は、調査等指針の5の実施時期の(1)のイからオまで及び(2)により機械に係る調査等を行うものとする。

（注釈）

(1)　機械を労働者に使用させる事業者は、次のイからエまでに掲げる作業等の時期に機械に係る調査等を行うものとする。

　ア　（略）

　イ　原材料を新規に採用し、又は変更するとき。

　ウ　作業方法又は作業手順を新規に採用し、又は変更するとき。

　エ　その他、次に掲げる場合等、事業場におけるリスクに変化が生じ、又は生ずるおそれのあるとき。

　（ア）　労働災害が発生した場合であって、過去の調査等の内容に問題がある場合

　（イ）　前回の調査等から一定の期間が経過し、機械設備等の経年による劣化、労働者の入れ替わり等に伴う労働者の安全衛生に係る知識経験の変化、新たな安全衛生に係る知見の集積等があった場合

---

(2)　機械を労働者に使用させる事業者は、(1) のアからウまでに掲げる作業を開始する前に、保護方策を実施することが必要であることに留意するものとする。

4　対象の選定

機械を労働者に使用させる事業者は、調査等指針の6により機械に係る調査等の実施対象を選定するものとする。

（注釈）

機械を労働者に使用させる事業者は、次により機械に係る調査等の実施対象を選定するものとする。

(1)　過去に労働災害が発生した作業、危険な事象が発生した作業等、労働者の就業に係る危険性又は有害性による負傷又は疾病の発生が合理的に予見可能であるものは、調査等の対象とすること。

(2)　(1) のうち、明らかに軽微な負傷又は疾病しかもたらさないと予想されるものについては、調査等の対象から除外して差し支えないこと。

5　情報の入手

機械を労働者に使用させる事業者は、機械に係る調査等の実施に当たり、調査等指針の7により情報を入手し、活用するものとする。

この場合において、調査等指針の7(1)イは「機械の製造等を行う者から提供される意図する使用、残留リスク等別表第5の1に掲げる使用上の情報」と読み替えて実施するものとする。

（注釈）

(1)　機械を労働者に使用させる事業者は、機械に係る調査等の実施に当たり、次に掲げる資料等を入手し、その情報を活用するものとする。入手に当たっては、現場の実態を踏まえ、定常的な作業に係る資料等のみならず、非定常作業に係る資料等も含めるものとする。

ア　作業標準、作業手順書等

イ　機械の製造等を行う者から提供される意図する使用、残留リスク等別表第5の1に掲げる使用上の情報

ウ　機械設備等のレイアウト等、作業の周辺の環境に関する情報

エ　作業環境測定結果等

オ　混在作業による危険性等、複数の事業者が同一の場所で作業を実施する状況に関する情報

カ　災害事例、災害統計等

キ　その他、調査等の実施に当たり参考となる資料等

(2)　機械を労働者に使用させる事業者は、機械に係る情報の入手に当たり、次に掲げる事項に留意するものとする。

ア　新たな機械を外部から導入しようとする場合には、当該機械のメーカーに対し、当該機械の設計・製造段階において調査等を実施することを求め、その結果を入手すること。

イ　機械の使用又は改造等を行おうとする場合に、自らが当該機械の管理権原を有しないときは、管理権原を有する者等が実施した当該機械に対する調査等の結果を入手すること。

ウ　複数の事業者が同一の場所で作業する場合には、混在作業による労働災害を防止するために元方事業者が実施した調査等の結果を入手すること。

エ　機械が転倒するおそれがある場所等、危険な場所において、複数の事業者が作業を行う場合には、元方事業者が実施した当該危険な場所に関する調査等の結果を入手すること。

6　危険性又は有害性の同定

　機械を労働者に使用させる事業者は、使用上の情報を確認し、次に掲げる機械に労働者が関わる作業等における危険性又は有害性を、別表第1に例示されている事項を参照する等して同定するものとする。

ア　機械の意図する使用が行われる作業

イ　運搬、設置、試運転等の機械の使用の開始に関する作業

ウ　解体、廃棄等の機械の使用の停止に関する作業

エ　機械に故障、異常等が発生している状況における作業

オ　機械の合理的に予見可能な誤使用が行われる作業

カ　機械を使用する労働者以外の者（合理的に予見可能な場合に限る。）が機械の危険性又は有害性に接近すること

7　リスクの見積り等

（1）　機械を労働者に使用させる事業者は、6 で同定されたそれぞれの危険性又は有害性ごとに、調査等指針の 9 の(1)のアからウまでに掲げる方法等により、リスクを見積もり、適切なリスクの低減が達成されているかどうか及びリスクの低減の優先度を検討するものとする。

（2）　機械を労働者に使用させる事業者は、(1)のリスクの見積りに当たり、それぞれの危険性又は有害性により最も発生するおそれのある負傷又は疾病の重篤度によってリスクを見積もるものとするが、発生の可能性が低くても、予見される最も重篤な負傷又は疾病も配慮するよう留意するものとする。

（注釈）

（1）　機械を労働者に使用させる事業者は、6 で同定されたそれぞれの危険性又は有害性ごとに、次に掲げる方法等により、リスクを見積もり、適切なリスクの低減が達成されているかどうか及びリスクの低減の優先度を検討するものとする。

　ア　負傷又は疾病の重篤度とそれらが発生する可能性の度合を相対的に尺度化し、それらを縦軸と横軸とし、あらかじめ重篤度及び可能性の度合に応じてリスクが割り付けられた表を使用してリスクを見積もる方法

　イ　負傷又は疾病の発生する可能性とその重篤度を一定の尺度によりそれぞれ数値化し、それらを加算又は乗算等してリスクを見積もる方法

　ウ　負傷又は疾病の重篤度及びそれらが発生する可能性等を段階的に分岐していくことによりリスクを見積もる方法

（2）　機械を労働者に使用させる事業者は、(1) のリスクの見積りに当たり、それぞれの危険性又は有害性により最も発生するおそれのある負傷又は疾病の重篤度によってリスクを見積もるものとするが、発生の可能性が低くても、予見される最も重篤な負傷又は疾病も配慮するよう留意するものとする。

8　保護方策の検討及び実施

（1）機械を労働者に使用させる事業者は、使用上の情報及び 7 の結果に基づき、法令に定められた事項がある場合はそれを必ず実施するとともに、適切なリスクの低減が達成されていないと判断した危険性又は有害性について、次に掲げる優先順位により、機械に係る保護方策を検討し実施するものとする。

　ア　別表第 2 に定める方法その他適切な方法による本質的安全設計方策のうち、

機械への加工物の搬入・搬出又は加工の作業の自動化等可能なものを行うこと。

イ　別表第3に定める方法その他適切な方法による安全防護及び別表第4に定める方法その他適切な方法による付加保護方策を行うこと。

ウ　ア及びイの保護方策を実施した後の残留リスクを労働者に伝えるための作業手順の整備、労働者教育の実施等を行うこと。

エ　必要な場合には個人用保護具を使用させること。

(2)　(1)の検討に当たっては、調査等指針の10の(2)及び(3)に留意するものとする。また、保護方策を行う際は、新たな危険性又は有害性の発生及びリスクの増加が生じないよう留意し、保護方策を行った結果これらが生じたときは、当該リスクの低減を行うものとする。

（注釈）

(2)　(1)の検討に当たっては、リスク低減に要する負担がリスク低減による労働災害防止効果と比較して大幅に大きく、両者に著しい不均衡が発生する場合であって、措置を講ずることを求めることが著しく合理性を欠くと考えられるときを除き、可能な限り高い優先順位のリスク低減措置を実施する必要があるものとする。

(3)　なお、死亡、後遺障害又は重篤な疾病をもたらすおそれのあるリスクに対して、適切なリスク低減措置の実施に時間を要する場合は、暫定的な措置を直ちに講ずるものとする。

9　記録

機械を労働者に使用させる事業者は、機械に係る調査等の結果について、同定した危険性又は有害性、見積もったリスク、設定した保護方策の優先順位並びに実施した保護方策及び残留リスクについて記録し、使用上の情報とともに保管するものとする。

10　注文時の配慮事項等

機械を労働者に使用させる事業者は、別表第2から別表第5までに掲げる事項に配慮した機械を採用するものとし、必要に応じ、注文時の条件にこれら事項を含めるものとする。

また、使用開始後に明らかになった当該機械の安全に関する知見等を製造等を行う者に伝達するものとする。

別図　機械の製造等を行う者による危険性又は有害性等の調査及びリスクの低減の手順

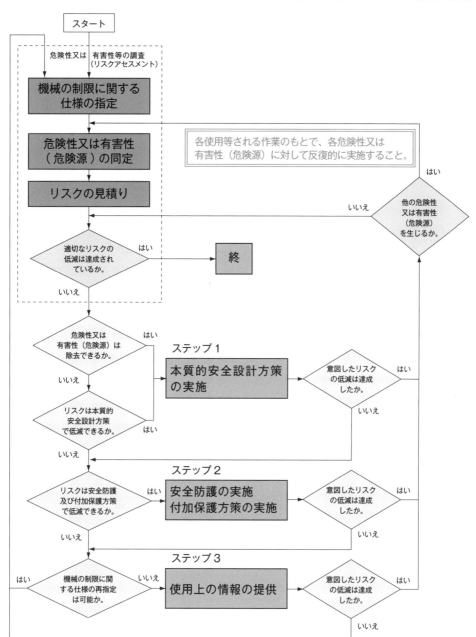

別表第 1　機械の危険性又は有害性

1　機械的な危険性又は有害性

2　電気的な危険性又は有害性

3　熱的な危険性又は有害性

4　騒音による危険性又は有害性

5　振動による危険性又は有害性

6　放射による危険性又は有害性

7　材料及び物質による危険性又は有害性

8　機械の設計時における人間工学原則の無視による危険性又は有害性

9　滑り、つまずき及び墜落の危険性又は有害性

10　危険性又は有害性の組合せ

11　機械が使用される環境に関連する危険性又は有害性

別表第 2　本質的安全設計方策

1　労働者が触れるおそれのある箇所に鋭利な端部、角、突起物等がないようにすること。

2　労働者の身体の一部がはさまれることを防止するため、機械の形状、寸法等及び機械の駆動力等を次に定めるところによるものとすること。

　（1）　はさまれるおそれのある部分については、身体の一部が進入できない程度に狭くするか、又ははさまれることがない程度に広くすること。

　（2）　はさまれたときに、身体に被害が生じない程度に駆動力を小さくすること。

　（3）　激突されたときに、身体に被害が生じない程度に運動エネルギーを小さくすること。

3　機械の運動部分が動作する領域に進入せず又は危険性又は有害性に接近せずに、当該領域の外又は危険性又は有害性から離れた位置で作業が行えるようにすること。例えば、機械への加工物の搬入（供給）・搬出（取出し）又は加工等の作業を自動化又は機械化すること。

4　機械の損壊等を防止するため、機械の強度等については、次に定めるところによること。

　（1）　適切な強度計算等により、機械各部に生じる応力を制限すること。

　（2）　安全弁等の過負荷防止機構により、機械各部に生じる応力を制限すること。

　（3）　機械に生じる腐食、経年劣化、摩耗等を考慮して材料を選択すること。

5　機械の転倒等を防止するため、機械自体の運動エネルギー、外部からの力等を考慮し安定性を確保すること。

6　感電を防止するため、機械の電気設備には、直接接触及び間接接触に対する感電保護手段を採用すること。

7　騒音、振動、過度の熱の発生がない方法又はこれらを発生源で低減する方法を採用すること。

8　電離放射線、レーザー光線等（以下「放射線等」という。）の放射出力を機械が機能を果たす最低レベルに制限すること。

9　火災又は爆発のおそれのある物質は使用せず又は少量の使用にとどめること。また、可燃性のガス、液体等による火災又は爆発のおそれのあるときは、機械の過熱を防止すること、爆発の可能性のある濃度となることを防止すること、防爆構造電気機械器具を使用すること等の措置を講じること。

10　有害性のない又は少ない物質を使用すること。

11　労働者の身体的負担の軽減、誤操作等の発生の抑止等を図るため、人間工学に基づく配慮を次に定めるところにより行うこと。

　(1)　労働者の身体の大きさ等に応じて機械を調整できるようにし、作業姿勢及び作業動作を労働者に大きな負担のないものとすること。

　(2)　機械の作動の周期及び作業の頻度については、労働者に大きな負担を与えないものとすること。

　(3)　通常の作業環境の照度では十分でないときは、照明設備を設けることにより作業に必要な照度を確保すること。

12　制御システムの不適切な設計等による危害を防止するため、制御システムについては次に定めるところによるものとすること。

　(1)　起動は、制御信号のエネルギーの低い状態から高い状態への移行によること。また、停止は、制御信号のエネルギーの高い状態から低い状態への移行によること。

　(2)　内部動力源の起動又は外部動力源からの動力供給の開始によって運転を開始しないこと。

　(3)　機械の動力源からの動力供給の中断又は保護装置の作動等によって停止したときは、当該機械は、運転可能な状態に復帰した後においても再起動の操作をしなければ運転を開始しないこと。

　(4)　プログラム可能な制御装置にあっては、故意又は過失によるプログラムの

変更が容易にできないこと。

(5) 電磁ノイズ等の電磁妨害による機械の誤動作の防止及び他の機械の誤動作を引き起こすおそれのある不要な電磁エネルギーの放射の防止のための措置が講じられていること。

13 安全上重要な機構や制御システムの故障等による危害を防止するため、当該機構や制御システムの部品及び構成品には信頼性の高いものを使用するとともに、当該機構や制御システムの設計において、非対称故障モードの構成品の使用、構成品の冗長化、自動監視の使用等の方策を考慮すること。

14 誤操作による危害を防止するため、操作装置等については、次に定める措置を講じること。

(1) 操作部分等については、次に定めるものとすること。

ア 起動、停止、運転制御モードの選択等が容易にできること。

イ 明瞭に識別可能であり、誤認のおそれがある場合等必要に応じて適切な表示が付されていること。

ウ 操作の方向とそれによる機械の運動部分の動作の方向とが一致していること。

エ 操作の量及び操作の抵抗力が、操作により実行される動作の量に対応していること。

オ 危険性又は有害性となる機械の運動部分については、意図的な操作を行わない限り操作できないこと。

カ 操作部分を操作しているときのみ機械の運動部分が動作する機能を有する操作装置については、操作部分から手を放すこと等により操作をやめたときは、機械の運動部分が停止するとともに、当該操作部分が直ちに中立位置に戻ること。

キ キーボードで行う操作のように操作部分と動作との間に一対一の対応がない操作については、実行される動作がディスプレイ等に明確に表示され、必要に応じ、動作が実行される前に操作を解除できること。

ク 保護手袋又は保護靴等の個人用保護具の使用が必要な場合又はその使用が予見可能な場合には、その使用による操作上の制約が考慮されていること。

ケ 非常停止装置等の操作部分は、操作の際に予想される負荷に耐える強度を有すること。

コ 操作が適正に行われるために必要な表示装置が操作位置から明確に視認で

きる位置に設けられていること。

サ　迅速かつ確実で、安全に操作できる位置に配置されていること。

シ　安全防護を行うべき領域（以下「安全防護領域」という。）内に設けることが必要な非常停止装置、教示ペンダント等の操作装置を除き、当該領域の外に設けられていること。

(2)　起動装置については、次に定めるところによるものとすること。

ア　起動装置を意図的に操作したときに限り、機械の起動が可能であること。

イ　複数の起動装置を有する機械で、複数の労働者が作業に従事したときにいずれかの起動装置の操作により他の労働者に危害が生ずるおそれのあるものについては、一つの起動装置の操作により起動する部分を限定すること等当該危害を防止するための措置が講じられていること。

ウ　安全防護領域に労働者が進入していないことを視認できる位置に設けられていること。視認性が不足する場合には、死角を減らすよう機械の形状を工夫する又は鏡等の間接的に当該領域を視認する手段を設ける等の措置が講じられていること。

(3)　機械の運転制御モードについては、次に定めるところによるものとすること。

ア　保護方策又は作業手順の異なる複数の運転制御モードで使用される機械については、個々の運転制御モードの位置で固定でき、キースイッチ、パスワード等によって意図しない切換えを防止できるモード切替え装置を備えていること。

イ　設定、教示、工程の切替え、そうじ、保守点検等のために、ガードを取り外し、又は保護装置を解除して機械を運転するときに使用するモードには、次のすべての機能を備えていること。

（ア）　選択したモード以外の運転モードが作動しないこと。

（イ）　危険性又は有害性となる運動部分は、イネーブル装置、ホールド・ツゥ・ラン制御装置又は両手操作制御装置の操作を続けることによってのみ動作できること。

（ウ）　動作を連続して行う必要がある場合、危険性又は有害性となる運動部分の動作は、低速度動作、低駆動力動作、寸動動作又は段階的操作による動作とされていること。

(4)　通常の停止のための装置については、次に定めるところによるものとする

こと。

ア　停止命令は、運転命令より優先されること。

イ　複数の機械を組み合せ、これらを連動して運転する機械にあっては、いずれかの機械を停止させたときに、運転を継続するとリスクの増加を生じるおそれのある他の機械も同時に停止する構造であること。

ウ　各操作部分に機械の一部又は全部を停止させるためのスイッチが設けられていること。

15　保守点検作業における危害を防止するため次の措置を行うこと。

（1）　機械の部品及び構成品のうち、安全上適切な周期での点検が必要なもの、作業内容に応じて交換しなければならないもの又は摩耗若しくは劣化しやすいものについては、安全かつ容易に保守点検作業が行えるようにすること。

（2）　保守点検作業は、次に定める優先順位により行うことができるようにすること。

ア　ガードの取外し、保護装置の解除及び安全防護領域への進入をせずに行えるようにすること。

イ　ガードの取外し若しくは保護装置の解除又は安全防護領域への進入を行う必要があるときは、機械を停止させた状態で行えるようにすること。

ウ　機械を停止させた状態で行うことができないときは、14の（3）イに定める措置を講じること。

別表第3　安全防護の方法

1　安全防護は、安全防護領域について、固定式ガード、インターロック付き可動式ガード等のガード又は光線式安全装置、両手操作制御装置等の保護装置を設けることにより行うこと。

2　安全防護領域は次に定める領域を考慮して定めること。

（1）　機械的な危険性又は有害性となる運動部分が動作する最大の領域（以下「最大動作領域」という。）

（2）　機械的な危険性又は有害性について、労働者の身体の一部が最大動作領域に進入する場合には、進入する身体の部位に応じ、はさまれ等の危険が生じることを防止するために必要な空間を確保するための領域

（3）　設置するガードの形状又は保護装置の種類に応じ、当該ガード又は保護装置が有効に機能するために必要な距離を確保するための領域

（4）　その他、危険性又は有害性に暴露されるような機械周辺の領域

3　ガード又は保護装置の設置は、機械に労働者が関わる作業に応じ、次に定めるところにより行うこと。

（1）　動力伝導部分に安全防護を行う場合は、固定式ガード又はインターロック付き可動式ガードを設けること。

（2）　動力伝導部分以外の運動部分に安全防護を行う場合は、次に定めるところによること。

　ア　機械の正常な運転において、安全防護領域に進入する必要がない場合は、当該安全防護領域の全周囲を固定式ガード、インターロック付き可動式ガード等のガード又は光線式安全装置、圧力検知マット等の身体の一部の進入を検知して機械を停止させる保護装置で囲むこと。

　イ　機械の正常な運転において、安全防護領域に進入する必要があり、かつ、危険性又は有害性となる運動部分の動作を停止させることにより安全防護を行う場合は、次に定めるところにより行うこと。

　　（ア）　安全防護領域の周囲のうち労働者の身体の一部が進入するために必要な開口部以外には、固定式ガード、インターロック付き可動式ガード等のガード又は光線式安全装置、圧力検知マット等の身体の一部の進入を検知して機械を停止させる保護装置を設けること。

　　（イ）　開口部には、インターロック付き可動式ガード、自己閉鎖式ガード等のガード又は光線式安全装置、両手操作制御装置等の保護装置を設けること。

　　（ウ）　開口部を通って労働者が安全防護領域に全身を進入させることが可能であるときは、当該安全防護領域内の労働者を検知する装置等を設けること。

　ウ　機械の正常な運転において、安全防護領域に進入する必要があり、かつ、危険性又は有害性となる運動部分の動作を停止させることにより安全防護を行うことが作業遂行上適切でない場合は、調整式ガード（全体が調整できるか、又は調整可能な部分を組み込んだガードをいう。）等の当該運動部分の露出を最小限とする手段を設けること。

（3）　油、空気等の流体を使用する場合において、ホース内の高圧の流体の噴出等による危害が生ずるおそれのあるときは、ホースの損傷を受けるおそれのある部分にガードを設けること。

(4)　感電のおそれのあるときは、充電部分に囲い又は絶縁覆いを設けること。囲いは、キー若しくは工具を用いなければ又は充電部分を断路しなければ開けることができないものとすること。

(5)　機械の高温又は低温の部分への接触による危害が生ずるおそれのあるときは、当該高温又は低温の部分にガードを設けること。

(6)　騒音又は振動による危害が生ずるおそれのあるときは、音響吸収性の遮蔽板、消音器、弾力性のあるシート等を使用すること等により発生する騒音又は振動を低減すること。

(7)　放射線等による危害が生ずるおそれのあるときは、放射線等が発生する部分を遮蔽すること、外部に漏洩する放射線等の量を低減すること等の措置を講じること。

(8)　有害物質及び粉じん（以下「有害物質等」という。）による危害が生ずるおそれのあるときは、有害物質等の発散源を密閉すること、発散する有害物質等を排気すること等当該有害物質等へのばく露低減化の措置を講じること。

(9)　機械から加工物等が落下又は放出されるおそれのあるときは、当該加工物等を封じ込め又は捕捉する措置を講じること。

4　ガードについては、次によること。

(1)　ガードは、次に定めるところによるものとすること。

　ア　労働者が触れるおそれのある箇所に鋭利な端部、角、突起物等がないこと。

　イ　十分な強度を有し、かつ、容易に腐食、劣化等しない材料を使用すること。

　ウ　開閉の繰返し等に耐えられるようヒンジ部、スライド部等の可動部品及びそれらの取付部は、十分な強度を有し、緩み止め又は脱落防止措置が施されていること。

　エ　溶接等により取り付けるか又は工具を使用しなければ取外しできないようボルト等で固定されていること。

(2)　ガードに製品の通過等のための開口部を設ける場合は、次に定めるところによるものとすること。

　ア　開口部は最小限の大きさとすること。

　イ　開口部を通って労働者の身体の一部が最大動作領域に達するおそれがあるときは、トンネルガード等の構造物を設けることによって当該労働者の身体の一部が最大動作領域に達することを防止し、又は3（2）イ（イ）若しくは（ウ）に定めるところによること。

（3）　可動式ガードについては、次に定めるところによるものとすること。

　ア　可動式ガードが完全に閉じていないときは、危険性又は有害性となる運動部分を動作させることができないこと。

　イ　可動式ガードを閉じたときに、危険性又は有害性となる運動部分が自動的に動作を開始しないこと。

　ウ　ロック機構（危険性又は有害性となる運動部分の動作中はガードが開かないように固定する機構をいう。以下同じ。）のない可動式ガードは、当該可動ガードを開けたときに危険性又は有害性となる運動部分が直ちに動作を停止すること。

　エ　ロック機構付きの可動式ガードは、危険性又は有害性となる運動部分が完全に動作を停止した後でなければガードを開けることができないこと。

　オ　危険性又は有害性となる運動部分の動作を停止する操作が行われた後一定時間を経過しなければガードを開くことができない構造とした可動式ガードにおいては、当該一定時間が当該運動部分の動作が停止するまでに要する時間より長く設定されていること。

　カ　ロック機構等を容易に無効とすることができないこと。

（4）　調整式ガードは、特殊な工具等を使用することなく調整でき、かつ、特定の運転中は安全防護領域を覆うか又は当該安全防護領域を可能な限り囲うことができるものとすること。

5　保護装置については、次に定めるところによるものとすること。

（1）　使用の条件に応じた十分な強度及び耐久性を有すること。

（2）　信頼性が高いこと。

（3）　容易に無効とすることができないこと。

（4）　取外すことなしに、工具の交換、そうじ、給油及び調整等の作業が行えるよう設けられること。

6　機械に蓄積されたエネルギー、位置エネルギー、機械の故障若しくは誤動作又は誤操作等により機械の運動部分の動作を停止させた状態が維持できないとリスクの増加を生じるおそれのあるときは、当該運動部分の停止状態を確実に保持できる機械的拘束装置を備えること。

7　固定式ガードを除くガード及び保護装置の制御システムについては、次に定めるところによるものとすること。

（1）　別表第 2 の 12 及び 13 に定めるところによること。

（2）　労働者の安全が確認されている場合に限り機械の運転が可能となるものであること。

（3）　危険性又は有害性等の調査の結果に基づき、当該制御システムに要求されるリスクの低減の効果に応じて、適切な設計方策及び構成品が使用されていること。

別表第4　付加保護方策の方法

1　非常停止の機能を付加すること。非常停止装置については、次に定めるところによるものとすること。

（1）　明瞭に視認でき、かつ、直ちに操作可能な位置に必要な個数設けられていること。

（2）　操作されたときに、機械のすべての運転モードで他の機能よりも優先して実行され、リスクの増加を生じることなく、かつ、可能な限り速やかに機械を停止できること。また、必要に応じ、保護装置等を始動するか又は始動を可能とすること。

（3）　解除されるまで停止命令を維持すること。

（4）　定められた解除操作が行われたときに限り、解除が可能であること。

（5）　解除されても、それにより直ちに再起動することがないこと。

2　機械へのはさまれ・巻き込まれ等により拘束された労働者の脱出又は救助のための措置を可能とすること。

3　機械の動力源を遮断するための措置及び機械に蓄積又は残留したエネルギーを除去するための措置を可能とすること。動力源の遮断については、次に定めるところによるものとすること。

（1）　すべての動力源を遮断できること。

（2）　動力源の遮断装置は、明確に識別できること。

（3）　動力源の遮断装置の位置から作業を行う労働者が視認できないもの等必要な場合は、遮断装置は動力源を遮断した状態で施錠できること。

（4）　動力源の遮断後においても機械にエネルギーが蓄積又は残留するものにおいては、当該エネルギーを労働者に危害が生ずることなく除去できること。

4　機械の運搬等における危害の防止のため、つり上げのためのフック等の附属用具を設けること等の措置を講じること。

5　墜落、滑り、つまずき等の防止については、次によること。

(1)　高所での作業等墜落等のおそれのあるときは、作業床を設け、かつ、当該作業床の端に手すりを設けること。

(2)　移動時に転落等のおそれのあるときは、安全な通路及び階段を設けること。

(3)　作業床における滑り、つまずき等のおそれのあるときは、床面を滑りにくいもの等とすること。

別表第 5　使用上の情報の内容及び提供方法

1　使用上の情報の内容には、次に定める事項その他機械を安全に使用するために通知又は警告すべき事項を含めること。

(1)　製造等を行う者の名称及び住所

(2)　型式又は製造番号等の機械を特定するための情報

(3)　機械の仕様及び構造に関する情報

(4)　機械の使用等に関する情報

　ア　意図する使用の目的及び方法（機械の保守点検等に関する情報を含む。）

　イ　運搬、設置、試運転等の使用の開始に関する情報

　ウ　解体、廃棄等の使用の停止に関する情報

　エ　機械の故障、異常等に関する情報（修理等の後の再起動に関する情報を含む。）

　オ　合理的に予見可能な誤使用及び禁止する使用方法

(5)　安全防護及び付加保護方策に関する情報

　ア　目的（対象となる危険性又は有害性）

　イ　設置位置

　ウ　安全機能及びその構成

(6)　機械の残留リスク等に関する情報

　ア　製造等を行う者による保護方策で除去又は低減できなかったリスク

　イ　特定の用途又は特定の付属品の使用によって生じるおそれのあるリスク

　ウ　機械を使用する事業者が実施すべき安全防護、付加保護方策、労働者教育、個人用保護具の使用等の保護方策の内容

　エ　意図する使用において取り扱われ又は放出される化学物質の化学物質等安全データシート

2　使用上の情報の提供の方法は、次に定める方法その他適切な方法とすること。

(1)　標識、警告表示等の貼付を、次に定めるところによるものとすること。

　　　ア　危害が発生するおそれのある箇所の近傍の機械の内部、側面、上部等の適切な場所に貼り付けられていること。

　　　イ　機械の寿命を通じて明瞭に判読可能であること。

　　　ウ　容易にはく離しないこと。

　　　エ　標識又は警告表示は、次に定めるところによるものとすること。

　　　（ア）危害の種類及び内容が説明されていること。

　　　（イ）禁止事項又は行うべき事項が指示されていること。

　　　（ウ）明確かつ直ちに理解できるものであること。

　　　（エ）再提供することが可能であること。

　(2)　警報装置を、次に定めるところによるものとすること。

　　　ア　聴覚信号又は視覚信号による警報が必要に応じ使用されていること。

　　　イ　機械の内部、側面、上部等の適切な場所に設置されていること。

　　　ウ　機械の起動、速度超過等重要な警告を発するために使用する警報装置は、次に定めるところによるものとすること。

　　　（ア）危険事象を予測して、危険事象が発生する前に発せられること。

　　　（イ）曖昧でないこと。

　　　（ウ）確実に感知又は認識でき、かつ、他のすべての信号と識別できること。

　　　（エ）感覚の慣れが生じにくい警告とすること。

　　　（オ）信号を発する箇所は、点検が容易なものとすること。

　(3)　取扱説明書等の文書の交付を、次に定めるところによるものとすること。

　　　ア　機械本体の納入時又はそれ以前の適切な時期に提供されること。

　　　イ　機械が廃棄されるときまで判読が可能な耐久性のあるものとすること。

　　　ウ　可能な限り簡潔で、理解しやすい表現で記述されていること。

　　　エ　再提供することが可能であること。

資料12　機能安全による機械等に係る安全確保に関する技術上の指針（抄）
（平成 28 年 9 月 26 日　厚生労働省告示第 353 号。最終改正：令和元年 6 月 28 日　厚生労働省告示第 48 号）

1　総則
1−1　趣旨
　本指針は、近年、電気・電子技術やコンピュータ技術の進歩に伴い、これらの技術を活用することにより、機械、器具その他の設備（以下「機械等」という。）に対して高度かつ信頼性の高い制御が可能となってきている中で、従来の機械式の安全装置等に加え、新たに制御の機能を付加することによって、機械等の安全を確保する方策が広く利用されるようになっていることを踏まえ、危険性又は有害性等の調査等に関する指針（平成 18 年危険性又は有害性等の調査等に関する指針公示第 1 号）及び機械の包括的な安全基準に関する指針（平成 19 年 7 月 31 日付け基発第 0731001 号厚生労働省労働基準局長通達。以下「包括指針」という。）と相まって、従来の機械式の安全装置等に加え、新たに制御の機能を付加することによって機械等の安全を確保するための必要な基準等について規定したものである。

1−2　適用
　本指針に示す事項は、新たに機械等に電気・電子・プログラマブル電子制御（以下「電子等制御」という。）の機能を付加することにより、当該機械等による労働者の就業に係る負傷又は疾病の重篤度及び発生の可能性の度合い（以下「リスク」という。）を低減するための措置（以下「機能安全」という。）及びその決定方法を対象とする。

2　機能安全に係る実施事項
2−1　実施内容
　機械等を製造する者（以下「製造者」という。）は、機能安全に係る実施事項として次に掲げる事項を実施すること。
（1）　機械等による労働者の就業に係る危険性又は有害性を特定した上で、それによるリスクを低減するために要求される電子等制御の機能（以下「要求安全機能」という。）を特定すること。
（2）　要求安全機能を実行する電子等制御のシステム（以下「安全関連システム」という。）に要求される信頼性の水準（以下「要求安全度水準」という。）を決

定すること。

(3) 安全関連システムが要求安全度水準を満たすために求められる事項を決定し、それに従って機械等を製造すること。

2－2 要求安全機能及び要求安全度水準の内容

(1) 要求安全機能には、機械等による労働者の就業に係る危険性又は有害性の結果として労働者に就業上の負傷又は疾病を生じさせる事象（以下「危険事象」という。）を防止するための機能及び危険事象によって生じる被害を緩和する機能が含まれること。

(2) 要求安全度水準は、要求安全機能の作動が要求された時に、安全関連システムが当該要求安全機能を作動させることができない確率であり、その水準を表す指標として、国際電気標準会議の規格 61508 の安全度水準又は国際標準化機構の規格 13849 のパフォーマンスレベルが用いられること。

2－3 実施に当たっての留意事項

製造者は、機能安全に係る実施事項を適切に実施するために、次に掲げる事項に留意すること。

(1) 安全関連システムには、検出部（センサー）等の入力部、論理処理部及びアクチュエータ等の出力部が含まれるものであり、機械等の運転制御のためのシステムから独立していることが望ましいこと。

(2) 安全度水準又はパフォーマンスレベルについては、国際電気標準会議の規格 61508 若しくは国際標準化機構の規格 13849 の基準又はこれらと同等以上の基準に適合するものとすること。

(3) 機能安全を含む機械等の設計等を行う者に対して、必要な教育を実施するものとすること。

3 要求安全度水準の決定

3－1 危険性又は有害性及び危険事象の特定

製造者は、機械等における機能安全を適切に実現するため、リスクを解析することにより、労働者の就業に係る危険性又は有害性を特定し、その結果として発生する危険事象を特定すること。

3－2 要求安全機能及び安全関連システムの特定

(1) 製造者は、特定された危険事象を防止するために必要な要求安全機能を特定すること。

（2）　製造者は、要求安全機能を実現するために必要な安全関連システムを特定すること。

3－3　要求安全度水準の決定

（1）　製造者は、労働者が危険性又は有害性にさらされる頻度、生ずる負傷又は疾病の重篤度、危険事象を回避する可能性、要求安全機能の作動が求められる頻度等を用いた定性的評価によって要求安全度水準の決定を行うこと（別紙1から別紙3まで（略））。ただし、個別の機械等に関する日本産業規格又は国際規格において、安全関連システムの要求安全度水準が指定されている場合は、それに従って要求安全度水準を決定することができること。

（2）　要求安全度水準は、要求安全機能の作動が求められる頻度（以下「作動要求モード」という。）により、その基準値が異なるため、製造者は、要求安全機能ごとに、作動要求モードを適切に決定する必要があること（別紙4（略））。

3－4　要求安全度水準の決定に当たっての留意事項

製造者は、要求安全度水準を適切に決定するため、次に掲げる事項に留意すること。

（1）　要求安全度水準の評価尺度である危険性又は有害性にさらされる頻度、負傷又は疾病の重篤度等について客観的な評価を行うため、複数の担当者により評価を実施すること。

（2）　要求安全度水準の決定には、機械等の設置場所等の機械等の使用条件に関する情報が必要であるため、包括指針を踏まえ、機械等の使用者と製造者が連携して要求安全度水準を決定すること。ただし、大量に生産される同一型式の機械等については、あらかじめ機械等の使用条件に関する情報を得ることは困難であるため、一定の使用条件を仮定してリスクを解析し、機械等の取扱説明書等により使用条件の制限やメンテナンス頻度の指定等を行うこと。

（3）　リスクの解析の実施に当たっては、故障モード影響分析（FMEA）やハザード・オペレーション分析（HAZOP）、フォールトツリー解析（FTA）等の手法を実施するものとし、安全関連システムの故障のみならず、予見可能な機械等の誤使用（ヒューマンエラー）を含めて解析を行うこと。

（4）　負傷又は疾病の重篤度については、負傷や疾病の程度に加え、被災する者の人数も含めた指標とすること（別紙1（略））。

（5）　作動要求モードの決定に当たっては、以下の事項に留意すること。

　ア　機械式の安全弁の故障時に作動する燃料遮断リミッターのように、機械式

　　　の安全装置の故障によって作動が求められる安全関連システムには、低頻度
　　　の作動要求モードを適用するのが妥当であること。

　イ　非常停止ボタンのように、使用頻度が１年に１回を下回ることが想定され
　　　る安全関連システムについても同様であるが、非常停止ボタンの安全関連シ
　　　ステムが運転用の制御システムから独立していない場合は、高頻度の作動要
　　　求モードの適用が妥当であること。

　ウ　その他の保護停止装置（プレス機械の光線式安全装置等）の安全関連シス
　　　テムについては、一般的に、高頻度の作動要求モードの適用が妥当であるこ
　　　と。

4　要求安全度水準に適合するために設計上求められる事項の決定等

4−1　数値計算による要求安全度水準への適合

（1）　要求安全度水準のうち、安全度水準については、危険事象に至る安全関連
　　　システムの故障（以下「危険側故障」という。）の確率（以下「危険側故障確
　　　率」という。）で表され、概念的には、安全関連システムが機能していない時
　　　間を安全関連システムが機能している時間で除したもの等であり、平均危険側
　　　故障確率（検知できる危険側故障に係る確率（λDD）及び検知できない危険
　　　側故障に係る確率（λDU））、検査間隔（proof test interval）、平均修理時間
　　　（MTTR）及び共通原因故障（CCF）によって計算されること。

（2）　製造者は、要求安全度水準を達成できるよう、安全関連システムの多重化
　　　による共通原因故障の低減、自動的な診断等による検知できない危険側故障に
　　　係る確率の低減、検査間隔の短縮等を安全関連システムに設計上求められる事
　　　項（以下「要求事項」という。）として定め、これらに基づいて機械等を製造
　　　すること（別紙5（略））。

4−2　要件の組み合わせによる要求安全度水準への適合

（1）　要求安全度水準のうち、パフォーマンスレベルについては、安全関連シス
　　　テムの構造等に係る要件（以下「カテゴリ」という。）、平均危険側故障時間
　　　（MTTFd）、平均診断範囲（DCavg）及び共通原因故障の組み合わせによって
　　　決定されること。

（2）　製造者は、要求されるパフォーマンスレベルを達成できるよう、カテゴリ、
　　　平均危険側故障時間、平均診断範囲、共通原因故障等を要求事項として定め、
　　　これらに基づいて機械等を製造すること（別紙6（略））。

4－3　要求事項の決定に当たっての留意事項

　製造者は、要求事項を適切に決定するため、次に掲げる事項に留意すること。

（1）　機械等の使用者と連携し、機械等を含む設備全体のリスクを低減するための対策を検討する場合、危険側故障確率の低減だけではなく、運転用の制御システムの信頼性の向上、機械等の誤使用（ヒューマンエラー）を防止するための対策、避難待避方法の検討等、多重的な防護による設備の設計方針に従い安全方策を検討し、それでもなお残るリスクについて、機能安全によるリスクの低減を図ることが望ましいこと。

（2）　機能安全によるリスクの低減を図る場合、包括指針の本質的安全設計方策等を踏まえ、機械等の構造要件等を優先して検討することが望ましいこと。

（3）　機械等を譲渡又は貸与する者に対し、包括指針別表第5の使用上の情報に加え、危険事象を特定するための前提となる機械等の使用条件等に関する情報も提供すること。

（4）　特定の要求安全機能について要求安全度水準を実現できたことにより、他の要求安全機能の要求安全度水準を低下させないこと。

5　記録

　製造者は、製造した機械等に関する機能安全に係る実施事項について、次の事項を記録し、保管すること。

（1）　リスクの解析により特定された要求安全機能及び当該要求安全機能を実現する安全関連システム

（2）　要求安全機能ごとの要求安全度水準

（3）　要求安全機能ごとの要求安全度水準を満たすための要求事項

資料 13　第 13 次労働災害防止計画（抄）

（平成 30 年 2 月　厚生労働省）

はじめに

　労働災害防止計画は、戦後の高度成長期における産業災害や職業性疾病の急増を踏まえ、1958 年に第 1 次の計画が策定されたものであり、その後、社会経済の情勢や技術革新、働き方の変化等に対応しながら、これまで 12 次にわたり策定してきた。

　この間、産業災害や職業性疾病の防止に取り組む国、事業者、労働者等の関係者に対し、安全衛生活動を推進する際の実施事項や目標等を示して取組を促進することにより、我が国の労働現場における安全衛生の水準は大幅に改善した。

　しかしながら、近年の状況を見ると、労働災害による死亡者の数（以下「死亡者数」という。）こそ減少しているものの、いまだその水準は低いといえず、第三次産業の労働者数の急速な増加や労働力の高齢化もあって、労働災害による休業 4 日以上の死傷者の数（以下「死傷者数」という。）に至ってはかつてのような減少は望めず、これまでとは異なった切り口や視点での対策が求められている。

　また、過労死やメンタルヘルス不調が社会問題としてクローズアップされる中で、働き方改革実行計画（平成 29 年 3 月 28 日働き方改革実現会議決定）を踏まえ、過労死研究の推進とその成果を活用しつつ、労働者の健康確保対策やメンタルヘルス対策等に取り組むことが必要になっているほか、治療と仕事の両立への取組を推進することも求められている。このほか、胆管がんや膀胱がんといった化学物質による重篤な健康障害の防止や、今後増加が見込まれる石綿使用建築物の解体等工事への対策強化も必要となっている。

　その他、大規模な自然災害による被害からの復旧・復興工事や東京電力福島第一原子力発電所の廃炉作業における安全衛生の確保はもとより、2020 年東京オリンピック・パラリンピック競技大会の開催を契機として我が国全体の安全や健康への意識の底上げにつなげていくことも考えられる。

　このような状況を踏まえ、労働災害を少しでも減らし、安心して健康に働くことができる職場の実現に向け、2018 年度を初年度として、5 年間にわたり国、事業者、労働者等の関係者が目指す目標や重点的に取り組むべき事項を定めた「第 13 次労働災害防止計画」をここに策定する。

1　計画のねらい

(1)　計画が目指す社会

　働く方々の一人一人がかけがえのない存在であり、それぞれの事業場において、一人の被災者も出さないという基本理念の下、働く方々の一人一人がより良い将来の展望を持ち得るような社会としていくためには、日々の仕事が安全で健康的なものとなるよう、不断の努力が必要である。

　また、一人一人の意思や能力、そして置かれた個々の事情に応じた、多様で柔軟な働き方を選択する社会への移行が進んでいく中で、従来からある単線型のキャリアパスを前提とした働き方だけでなく、正規・非正規といった雇用形態の違いにかかわらず、副業・兼業、個人請負といった働き方においても、安全や健康が確保されなければならない。

　さらに、就業構造の変化等に対応し、高年齢労働者、非正規雇用労働者、外国人労働者、障害者である労働者の安全と健康の確保を当然のこととして受け入れていく社会を実現しなければならない。

(2)　計画期間

　2018 年度から 2022 年度までの 5 か年を計画期間とする。

(3)　計画の目標

　国、事業者、労働者等の関係者が一体となって、一人の被災者も出さないという基本理念の実現に向け、以下の目標を計画期間中に達成することを目指す。

① 死亡災害については、一たび発生すれば取り返しがつかない災害であることを踏まえ、死亡者数を 2017 年と比較して、2022 年までに 15％以上減少させる。

② 死傷災害（休業 4 日以上の労働災害をいう。以下同じ。）については、死傷者数の増加が著しい業種、事故の型に着目した対策を講じることにより、死傷者数を 2017 年と比較して、2022 年までに 5％以上減少させる。

③ 重点とする業種の目標は以下のとおりとする。

・建設業、製造業及び林業については、死亡者数を 2017 年と比較して、2022 年までに 15％以上減少させる。

・陸上貨物運送事業、小売業、社会福祉施設及び飲食店については、死傷者数を 2017 年と比較して、2022 年までに死傷年千人率で 5％以上減少させる。

④ 上記以外の目標については、以下のとおりとする。

・仕事上の不安、悩み又はストレスについて、職場に事業場外資源を含めた相

談先がある労働者の割合を 90％ 以上（71.2％：2016 年）とする。

・メンタルヘルス対策に取り組んでいる事業場の割合を 80％ 以上（56.6％：2016 年）とする。

・ストレスチェック結果を集団分析し、その結果を活用した事業場の割合を 60％ 以上（37.1％：2016 年）とする。

・化学品の分類及び表示に関する世界調和システム（以下「GHS」という。）による分類の結果、危険性又は有害性等を有するとされる全ての化学物質について、ラベル表示と安全データシート（以下「SDS」という。）の交付を行っている化学物質譲渡・提供者の割合を 80％ 以上（ラベル表示 60.0％、SDS 交付 51.6％：2016 年）とする。

・第三次産業及び陸上貨物運送事業の腰痛による死傷者数を 2017 年と比較して、2022 年までに死傷年千人率で 5％ 以上減少させる。

・職場での熱中症による死亡者数を 2013 年から 2017 年までの 5 年間と比較して、2018 年から 2022 年までの 5 年間で 5％ 以上減少させる。

(4)　計画の評価と見直し（略）

2　安全衛生を取り巻く現状と施策の方向性（項目のみ掲載）

(1)　死亡災害の発生状況と対策の方向性

(2)　死傷災害の発生状況と対策の方向性

(3)　労働者の健康確保を巡る動向と対策の方向性

(4)　疾病を抱える労働者の治療と職業生活の両立を巡る状況と対策の方向性

(5)　化学物質による健康障害の現状と対策の方向性

3　計画の重点事項

先に述べた安全衛生を取り巻く現状と対策の方向性を踏まえ、以下の 8 項目を重点事項とする。

(1)　死亡災害の撲滅を目指した対策の推進

(2)　過労死等の防止等の労働者の健康確保対策の推進

(3)　就業構造の変化及び働き方の多様化に対応した対策の推進

(4)　疾病を抱える労働者の健康確保対策の推進

(5)　化学物質等による健康障害防止対策の推進

(6)　企業・業界単位での安全衛生の取組の強化

(7)　安全衛生管理組織の強化及び人材育成の推進

(8)　国民全体の安全・健康意識の高揚等

4　重点事項ごとの具体的取組（項目のみ掲載）

(1)　死亡災害の撲滅を目指した対策の推進

　ア　業種別・災害種別の重点対策の実施

　　（ア）建設業における墜落・転落災害等の防止

　　（イ）製造業における施設、設備、機械等に起因する災害等の防止

　　（ウ）林業における伐木等作業の安全対策

　イ　重篤な災害の防止対策

　ウ　最新基準が適用されていない既存の機械等の更新促進

(2)　過労死等の防止等の労働者の健康確保対策の推進

　ア　労働者の健康確保対策の強化

　　（ア）企業における健康確保措置の推進

　　（イ）産業医・産業保健機能の強化

　イ　過重労働による健康障害防止対策の推進

　ウ　職場におけるメンタルヘルス対策等の推進

　　（ア）メンタルヘルス不調の予防

　　（イ）パワーハラスメント対策の推進

　エ　雇用形態の違いにかかわらない安全衛生の推進

　オ　副業・兼業、テレワークへの対応

　カ　過労死等の実態解明と防止対策に関する研究の実施

(3)　就業構造の変化及び働き方の多様化に対応した対策の推進

　ア　災害の件数が増加傾向にある又は減少がみられない業種等への対応

　　（ア）第三次産業対策

　　（イ）陸上貨物運送事業対策

　　（ウ）転倒災害の防止

　　（エ）腰痛の予防

　　（オ）熱中症の予防

　　（カ）交通労働災害対策

　　（キ）職場における「危険の見える化」の推進

　　イ　高年齢労働者、非正規雇用労働者、外国人労働者及び障害者である労働者の
　　　労働災害の防止

　　　（ア）高年齢労働者対策

　　　（イ）非正規雇用労働者対策

　　　（ウ）外国人労働者、技能実習生対策

　　　（エ）障害者である労働者対策

　　ウ　個人請負等の労働者の範疇に入らない者への対応

　　エ　技術革新への対応

（4）　疾病を抱える労働者の健康確保対策の推進

　　ア　企業における健康確保対策の推進、企業と医療機関の連携の促進

　　イ　疾病を抱える労働者を支援する仕組みづくり

　　ウ　脊髄に損傷を負った労働者等の職場復帰支援

（5）　化学物質等による健康障害防止対策の推進

　　ア　化学物質による健康障害防止対策

　　　（ア）国際動向等を踏まえた化学物質による健康障害防止対策

　　　（イ）リスクアセスメントの結果を踏まえた作業等の改善

　　　（ウ）化学物質の有害性情報の的確な把握

　　　（エ）有害性情報等に基づく化学物質の有害性評価と対応の加速

　　　（オ）遅発性の健康障害の把握

　　　（カ）化学物質を取り扱う労働者への安全衛生教育の充実

　　イ　石綿による健康障害防止対策

　　　（ア）解体等作業における石綿ばく露防止

　　　（イ）労働者による石綿等の化学物質の取扱履歴等の記録の保存

　　ウ　受動喫煙防止対策

　　エ　電離放射線による健康障害防止対策

　　オ　粉じん障害防止対策

（6）　企業・業界単位での安全衛生の取組の強化

　　ア　企業のマネジメントへの安全衛生の取込み

　　イ　労働安全衛生マネジメントシステムの普及と活用

　　ウ　企業単位での安全衛生管理体制の推進

　　エ　企業における健康確保措置の推進

　　オ　業界団体内の体制整備の促進

　　カ　元方事業者等による健康確保対策の推進

　　キ　業所管官庁との連携の強化

　　ク　中小規模事業場への支援

　　ケ　民間検査機関等の活用の促進

(7)　安全衛生管理組織の強化及び人材育成の推進

(8)　国民全体の安全・健康意識の高揚等

　　ア　高校、大学等と連携した安全衛生教育の実施

　　イ　危険体感教育及び震災に備えた対策の推進

　　ウ　2020 年東京オリンピック・パラリンピック競技大会を活用した健康促進

　　エ　技能検定試験の関係団体との連携

　　オ　科学的根拠、国際動向を踏まえた施策推進

資料14　安全衛生教育体系等

（「安全衛生教育及び研修の推進について」（平成3年1月21日付け基発第39号。

最終改正：平成28年10月12日付け基発1012第1号）より抜粋、一部編集）

1　安全衛生教育等の対象者・種類・実施時期及び内容

対象者	種類	実施時期	教育等の内容	備考
1. 作業者				
(1) 就業制限業務に従事する者	危険有害業務従事者教育（労働安全衛生法（以下「法」という。）第60条の2）	イ．定期（おおむね5年ごとに） ロ．随時（取り扱う設備等が新たなものに変わった時等）	当該業務に関連する労働災害の動向、技術革新の進展等に対応した事項	危険又は有害な業務に現に就いている者に対する安全衛生教育に関する指針（平成元年5月22日安全衛生教育指針公示第1号）（以下「安全衛生教育指針」という。）
(2) 特別教育を必要とする危険有害業務に従事する者	①特別教育（法第59条第3項） ②危険有害業務従事者教育（法第60条の2）	当該業務に初めて従事する時 イ．定期（おおむね5年ごとに） ロ．随時（取り扱う設備等が新たなものに変わった時等）	安全衛生特別教育規程に規定された事項 当該業務に関連する労働災害の動向、技術革新の進展等に対応した事項	労働安全衛生規則（以下「安衛則」という。）第36条 安全衛生教育指針
(3) (1)又は(2)に準ずる危険有害業務に従事する者	①特別教育に準じた教育 ②危険有害業務従事者教育（法第60条の2）	当該業務に初めて従事する時 イ．定期（おおむね5年ごとに） ロ．随時（取り扱う設備等が新たなものに変わった時等）	当該業務に関して安全又は衛生のために必要な知識等 当該業務に関連する労働災害の動向、技術革新の進展等に対応した事項	安全衛生教育指針
(4) (1)、(2)及び(3)の業務に従事する者並びにその他の業務に従事する者	①雇入時教育（法第59条第1項） ②作業内容変更時教育（法第59条第2項）	雇入時 作業内容変更時	安衛則第35条に規定された事項 同上	

	③健康教育（法　第69条）	雇入時、定期、随時	事業場におけるメンタルヘルス、治療と職業生活の両立を含めた健康の保持増進に関する事項	労働者の心の健康の保持増進のための指針（平成18年3月31日健康保持増進のための指針公示第3号）（以下「メンタルヘルス指針」という。）事業場における治療と職業生活の両立支援のためのガイドラインについて（平成28年2月23日付け基発0223第5号）（以下「両立支援ガイドライン」という。）
(5)(1)及び②の業務のうち車両系建設機械等の運転業務に従事する者	危険再認識教育	当該業務に係る免許取得後若しくは技能講習修了後又は特別教育修了後おおむね10年以上経過した時	当該作業に対する危険性の再認識、安全な作業方法の徹底を図る事項	
(6)(1)から(3)までの業務に従事する者及び(1)から(3)までの業務以外の業務のうち作業強度の強い業務に従事する者	高齢時教育	おおむね45歳に達した時	高年齢者の心身機能の特性と労働災害に関すること、安全な作業方法・作業行動に関すること、健康の保持増進に関すること等の事項	①高年齢労働者の労働災害発生率の高い業務②高所作業、重筋作業等作業強度の強い業務に従事する高年齢労働者を対象とする。

2. 安全衛生に係る管理者				
(1) 安全管理者、衛生管理者、安全衛生推進者、安全推進者、店社安全衛生管理者、衛生推進者及び元方安全衛生管理者	①能力向上教育（法第19条の2） ②能力向上教育に準じた教育	イ．当該業務に初めて従事する時 ロ．定期（おおむね5年ごとに） ハ．随時（機械設備等に大幅な変更があった時）	当該業務に関する全般的事項 　当該業務に関連する労働災害の動向、技術革新等の社会経済情勢、事業場における職場環境の変化等に対応した事項	労働災害の防止のための業務に従事する者の能力向上教育に関する指針（平成元年5月22日能力向上教育指針公示第1号）（以下「能力向上教育指針」という。）
(2) 救護技術管理者、計画参画者及び作業主任者	能力向上教育（法第19条の2）	イ．定期（おおむね5年ごとに） ロ．随時（機械設備等に大幅な変更があった時）	当該業務に関連する労働災害の動向、技術革新等の社会経済情勢、事業場における職場環境の変化等に対応した事項	能力向上教育指針
(3) 職長等	①職長教育（法第60条） ②能力向上教育に準じた教育	当該職務に初めて就く時 イ．定期（おおむね5年ごとに） ロ．機械設備等に大幅な変更があった時	安衛則第40条に規定された事項 　当該業務に関連する労働災害の動向、技術革新等の社会経済情勢、事業場における職場環境の変化等に対応した事項	
(4) 作業指揮者	指名時教育	当該職務に初めて指名された時	作業指揮者の職務、安全な作業方法、作業設備の点検及び改善措置等に関する事項	
(5) 安全衛生責任者	①選任時教育 ②能力向上教育に準じた教育	新たに選任された時 イ．定期（おおむね5年ごとに） ロ．随時（機械設備等に大幅な変更があった時）	当該業務に関する全般的事項 　当該業務に関連する労働災害の動向、技術革新等の社会経済情勢、事業場における職場環境の変化等に対応した事項	
(6) 交通労働災害防止担当管理者	交通労働災害防止担当管理者教育	新たに選任された時	当該業務に関する全般的事項	

(7) 荷役災害防止担当者	指名時教育	当該職務に初めて指名された時	当該業務に関する全般的事項	「陸上貨物運送事業における荷役作業の安全対策ガイドライン」の策定について（平成25年3月25日基発0325第1号）陸上貨物運送事業における荷役作業の安全対策ガイドライン」に基づく安全衛生教育の推進について（平成25年6月18日基安安発0618第1号、基安労発0618第1号）
(8) 危険性又は有害性の調査等担当者労働安全衛生マネジメントシステム担当者	指名時教育	当該職務に初めて指名された時	当該業務に関する全般的事項	危険性又は有害性等の調査等に関する指針（平成18年3月10日指針公示第1号）労働安全衛生マネジメントシステムに関する指針（平成11年4月30日労働省告示第53号）
(9) 化学物質管理者	選任時教育	イ．新たに選任された時 ロ．随時（原材料、作業方法等に大幅な変更があった時）	当該業務に関する全般的事項	化学物質等による危険性又は有害性等の調査等に関する指針（平成27年9月18日指針公示第3号）

(10) 健康保持増進措置を実施するスタッフ	健康保持増進措置を実施するスタッフ養成専門研修	随時	事業場における健康保持増進措置に関する全般的事項	事業場における労働者の健康の保持増進のための指針（昭和63年9月1日健康保持増進のための指針公示第1号）
(11) 事業場内産業保健スタッフ等	メンタルヘルスケアを推進するための教育研修	随時	事業場におけるメンタルヘルスケアに関する全般的事項	メンタルヘルス指針
3. 経営トップ等				
(1) 事業者 総括安全衛生管理者 統括安全衛生責任者 安全衛生責任者	安全衛生セミナー	随時	労働災害の現状と防止対策、安全衛生と企業経営、労働安全衛生関係法令に関する事項	
(2) 管理職	安全衛生教育	随時	労働災害の現状と防止対策、安全衛生と企業経営、労働安全衛生関係法令等に関する事項 事業場におけるメンタルヘルス、治療と職業生活の両立に関する全般的事項	メンタルヘルス指針 両立支援ガイドライン
4. 安全衛生専門家				
産業医 労働安全コンサルタント 労働衛生コンサルタント 安全管理士 衛生管理士 作業環境測定士	実務向上研修	随時	当該業務に必要な専門的知識等のうち技術革新の進展等社会経済情勢及び職場環境の変化等に対応した事項	
5. 技術者等				
(1) 特定自主検査に従事する者	能力向上教育に準じた教育	おおむね5年ごとに	機械の自動化、高速化等の構造・機能の変化に対応した検査方法等に関する事項	整備を担当する者には整備に関する事項も含む。

（2）定期自主検査に従事する者	選任時教育	新たに選任された時	定期自主検査の意義、検査方法、検査結果の評価方法、検査機器等に関する事項	整備を担当する者には整備に関する事項も含む。
（3）生産技術管理者	生産技術管理者に対する機械安全教育	随時	機械の設計・製造段階のリスクアセスメントとリスク低減等	設計技術者、生産技術管理者に対する機械安全に係る教育について（平成26年4月15日基安発0415第3号）生産部門において生産設備の運転・保全等の業務を管理する技術者
（4）設計技術者	設計技術者に対する機械安全教育	随時	機械の設計・製造段階のリスクアセスメントとリスク低減等	設計技術者、生産技術管理者に対する機械安全に係る教育について（平成26年4月15日基安発0415第3号）工作担当者、仮設機材管理者等を含む。
6．その他				
（1）就職予定の実業高校生	学校教育	卒業前	安全衛生の基礎的知識に関する事項	

2 安全衛生教育等の体系

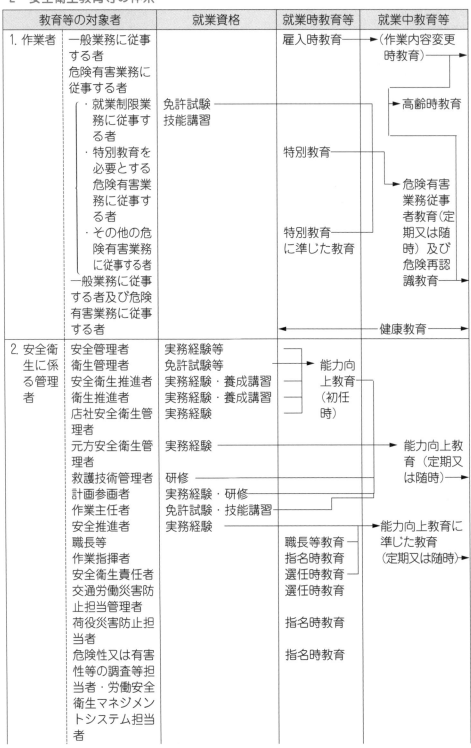

教育等の対象者		就業資格	就業時教育等	就業中教育等
1. 作業者	一般業務に従事する者		雇入時教育	→（作業内容変更時教育）
	危険有害業務に従事する者			
	・就業制限業務に従事する者	免許試験 技能講習		→高齢時教育
	・特別教育を必要とする危険有害業務に従事する者		特別教育	→危険有害業務従事者教育（定期又は随時）及び危険再認識教育
	・その他の危険有害業務に従事する者		特別教育に準じた教育	
	一般業務に従事する者及び危険有害業務に従事する者		←健康教育→	
2. 安全衛生に係る管理者	安全管理者	実務経験等	→能力向上教育（初任時）	
	衛生管理者	免許試験等		
	安全衛生推進者	実務経験・養成講習		
	衛生推進者	実務経験・養成講習		
	店社安全衛生管理者	実務経験		
	元方安全衛生管理者	実務経験		→能力向上教育（定期又は随時）
	救護技術管理者	研修		
	計画参画者	実務経験・研修		
	作業主任者	免許試験・技能講習		
	安全推進者	実務経験		→能力向上教育に準じた教育（定期又は随時）
	職長等		職長等教育	
	作業指揮者		指名時教育	
	安全衛生責任者		選任時教育	
	交通労働災害防止担当管理者		選任時教育	
	荷役災害防止担当者		指名時教育	
	危険性又は有害性等の調査等担当者・労働安全衛生マネジメントシステム担当者		指名時教育	

	化学物質管理者		選任時教育	原材料、作業方法等に大幅な変更があったとき（随時）
	健康保持増進措置を実施するスタッフ		←	健康保持増進措置を実施するスタッフ養成専門研修 →
	事業場内産業保健スタッフ		←	メンタルヘルスケアを推進するための教育研修 →
3. 経営トップ層	事業者 総括安全衛生管理者 統括安全衛生責任者 安全衛生責任者 管理職		←	安全衛生セミナー →
4. 安全衛生専門家	産業医 労働安全コンサルタント 労働衛生コンサルタント 作業環境測定士 安全管理士 衛生管理士	医師 免許試験・登録 免許試験・登録 試験・講習・登録 実務経験等 実務経験等	←	実務能力向上 →
5. 技術者等	特定自主検査に従事する者 定期自主検査に従事する者 生産技術管理者 設計技能者等	実務経験・研修 →	選任時教育	能力向上教育に準じた教育（定期又は随時）→ 技術者に対する機械安全教育（随時）→
6. その他	就職予定の実業高校生		卒業前教育	

資料 15　労働災害の防止のための業務に従事する者に対する能力向上教育に関する指針（抄）

（平成元年 5 月 22 日能力向上教育指針公示第 1 号。最終改正：平成 18 年 3 月 31 日能力向上教育指針公示第 5 号）

Ⅰ　趣旨

　この指針は、労働安全衛生法（昭和 47 年法律第 57 号）第 19 条の 2 第 2 項の規定に基づき事業者が労働災害の動向、技術革新の進展等社会経済情勢の変化に対応しつつ事業場における安全衛生の水準の向上を図るため、安全管理者、衛生管理者、安全衛生推進者、衛生推進者その他労働災害防止のための業務に従事する者（以下「安全衛生業務従事者」という。）に対して行う、当該業務に関する能力の向上を図るための教育、講習等（以下「能力向上教育」という。）について、その内容、時間、方法及び講師並びに教育の推進体制の整備等その適切かつ有効な実施のために必要な事項を定めたものである。

　事業者は、安全衛生業務従事者に対する能力向上教育の実施に当たっては、事業場の実態を踏まえつつ本指針に基づき実施するよう努めなければならない。

Ⅱ　教育の対象者及び種類

　1　対象者

　　次に掲げる者とする。

　　（1）安全管理者

　　（2）～（8）（略）

　2　種類

　　1 に掲げる者が初めて当該業務に従事することになった時に実施する能力向上教育（以下「初任時教育」という。）並びに 1 に掲げる者が当該業務に従事することになった後、一定期間ごとに実施する能力向上教育（以下「定期教育」という。）及び当該事業場において機械設備等に大幅な変更があった時に実施する能力向上教育（以下「随時教育」という。）とする。

Ⅲ　能力向上教育の内容、時間、方法及び講師

　1　内容及び時間

　　（1）内容

　　　イ　初 任 時 教 育・・・当該業務に関する全般的事項

　　　　　（編注：安全管理者選任時研修の創設に伴い、安全管理者の初任時教育

資料 15　労働災害の防止のための業務に従事する者に対する能力向上教育に関する指針（抄）

は、平成 18 年 3 月 31 日付け基発第 0331023 号により、削除された。）

□　定期教育及び随時教育‥労働災害の動向、社会経済情勢、事業場における職場環境の変化等に対応した事項

(2)　時間

原則として 1 日程度とする。

なお、能力向上教育の内容及び時間は、教育の対象者及び種類ごとに示す別表の安全衛生業務従事者に対する能力向上教育カリキュラムによるものとする。

Ⅳ　推進体制の整備等

1　能力向上教育の実施者は事業者であるが、事業者自らが行うほか、安全衛生団体等に委託して実施できるものとする。

事業者又は事業者の委託を受けた安全衛生団体等はあらかじめ能力向上教育の実施に当たって実施責任者を定めるとともに、実施計画を作成するものとする。

2　事業者は、実施した能力向上教育の記録を個人別に保存するものとする。

3　能力向上教育は、原則として就業時間内に実施するものとする。

別表

安全衛生業務従事者に対する能力向上教育カリキュラム

1　安全管理者能力向上教育（定期又は随時）

科目	範囲	時間
1　最近における安全管理上の問題とその対策	(1) 労働災害の現況 (2) 技術の進歩に伴う問題とその対策 (3) 就業形態等の変化に伴う問題とその対策	1.5
2　最近における安全管理手法の知識	(1) 事業場における安全衛生の水準の向上を図ることを目的として事業者が一連の過程を定めて行う自主的活動（危険性又は有害性等の調査及びその結果に基づき講ずる措置を含む。） (2) 教育及び指導の手法 (3) その他最新の安全管理手法	3.0
3　災害事例及び関係法令	(1) 災害事例とその防止対策 (2) 労働安全衛生法令	2.5
計		7.0

2〜20（略）

安全管理者選任時研修テキスト

平成 18 年 2 月 15 日	第 1 版第 1 刷発行
平成 18 年 5 月 22 日	第 2 版第 1 刷発行
平成 23 年 3 月 28 日	第 3 版第 1 刷発行
平成 24 年 1 月 12 日	第 4 版第 1 刷発行
平成 24 年 12 月 14 日	第 5 版第 1 刷発行
平成 28 年 2 月 29 日	第 6 版第 1 刷発行
令和 2 年 2 月 28 日	第 7 版第 1 刷発行
令和 6 年 9 月 13 日	第 9 刷発行

編　者　中央労働災害防止協会

発行者　平　山　　剛

発行所　中央労働災害防止協会
　　　　〒108-0023
　　　　東京都港区芝浦3丁目17番12号
　　　　吾妻ビル 9 階
　　　　電話　販売　03 (3452) 6401
　　　　　　　編集　03 (3452) 6209
印刷・製本　新 日 本 印 刷 株 式 会 社

落丁・乱丁本はお取り替えいたします。　　　　　　©JISHA 2020

ISBN 978-4-8059-1906-4　　C3060

中災防ホームページ　https://www.jisha.or.jp/

本書の内容は著作権法によって保護されています。本書の全部または一部を複写（コピー）、複製、転載すること（電子媒体への加工を含む）を禁じます。